Paul Schulz

Atheistischer Glaube

.

Paul Schulz

Atheistischer Glaube

Eine Lebensphilosophie
ohne Gott

marixverlag

Bibliografische Information der Deutschen Nationalbibliothek
Die Deutsche Nationalbibliothek verzeichnet diese
Publikation in der Deutschen Nationalbibliografie; detaillierte
bibliografische Daten sind im Internet über
http://dnb.d-nb.de abrufbar.

Copyright © by marixverlag GmbH, Wiesbaden 2008
Covergestaltung: Nele Schütz Design, München
Lektorat: Jens Ossadnik, Aach
Satz und Bearbeitung: Medienservice Feiß, Burgwitz
Der Text ist gesetzt in der ITC Stone Serif/Sans
Gesamtherstellung: GGP Media GmbH, Pößneck
Printed in Germany

ISBN: 978-3-86539-179-7
www.marixverlag.de

Inhalt

Einleitung

[Sokratisches Fragen]

Wenn man sich mit einem Menschen lange beschäftigt hat, weiß man natürlich viel über ihn. Mir geht das so mit Sokrates, dem Philosophen aus dem antiken Athen. Schon in der Schule hat mich dieser Mann fasziniert, weil er mit den Menschen, gerade auch mit jungen Menschen, so locker über wichtige Fragen ihres Lebens gesprochen hat. Erst später habe ich dann voll begriffen, welche große Bedeutung sein Denken für unsere moderne Zeit heute hat. Er ist schon eine der ganz wichtigen Gestalten der abendländischen Geistesgeschichte.

Trotzdem habe ich noch ein ganz anderes persönliches Bild von diesem Sokrates, gleichsam einen „selbst gefühlten Sokrates", so wie ich ihn gerne vor Augen habe: Ein älterer Herr, ein bisschen Professor Unrat, denn er konnte zusammen mit jungen Leuten viel Blödsinn machen. Aber mit offenen Augen und einem klaren Blick, immer hellwach und auf dem Sprung nachzufassen und zu hinterfragen.

Ich stelle mir die Begegnungen mit ihm ganz plastisch vor: Kommt ein junger Mann zu Sokrates. Sie reden über dies und das, Sokrates war 'ne Klatschtante. Zu einem wichtigen Punkt sagt der junge Mann: – *Das weiß ich jetzt aber ganz genau, das ist nämlich so.* Sokrates hört ihm geduldig zu, nickt freundlich. Als der junge Mann fertig ist, sagt Sokrates: – *Das finde ich wirklich toll, was du da gerade erzählt hast und dass du das so genau und sicher weißt.* Der junge Mann lächelt stolz. – *By the way,* sagt Sokrates, *hast du bei deiner Antwort eigentlich auch Folgendes bedacht?* Fast erschrocken sagt der Mann: – *Mensch nein, daran habe ich überhaupt nicht gedacht.* – *Na gut,* sagt Sokrates, *geh nach Hause und in acht Tagen kommst du wieder und erzählst mir, was du zu deiner Sache rausgekriegt hast.*

Pünktlich nach acht Tagen kommt der junge Mann zurück und ruft freudestrahlend schon von weitem: – *He, Sokrates, die ganze Woche habe ich über deine Frage nachgedacht. Jetzt weiß ich es, es ist so und so.* – *Unglaublich,* sagt Sokrates, *wie schnell du das erkannt hast. Jetzt wissen wir es doch richtig. Aber hast du dabei auch folgende Frage überlegt?* Der junge Mann guckt verblüfft, zögerlich irritiert. – *Warum ist mir das nicht selber eingefallen? Du hast Recht, das muss ich auch bedenken.* – *Natürlich,* sagt Sokrates, *darüber musst du auch nachdenken. Geh nach Hause, und wenn du es weißt, kommst du wieder und erzählst es mir. Ich bin gespannt.*

Nach 14 Tagen kommt der junge Mann wieder. – *He, Mann, das war ganz schön schwer. Aber ich hab es raus. Es kann nur so und so sein.* – *Glückwunsch,* sagt Sokrates, *jetzt wissen wir es. Es kann nur so ein, wie du es jetzt sagst. Komm, darauf trinken wir zusammen 'n Bier.* Beim Prost zum dritten Bier sagt Sokrates: – *Übrigens zu deiner Antwort von vorhin, du hast dabei doch auch sicherlich über Folgendes nachgedacht?* – *Hab ich nicht,* braust der Mann auf. – *Dann kann unsere Antwort doch wohl kaum richtig sein, oder? Denke noch einmal darüber nach.* Den letzten Satz hat der Mann gar nicht mehr gehört. Weg war er.

Es dauert ziemlich lange. Doch dann bekommt Sokrates von dem jungen Mann eine Einladung zum Abendessen. Sokrates wird freundlich empfangen. – *Eigentlich wollte ich nicht mehr mit dir reden, Alter,* sagte der junge Mann vorwurfsvoll. *Aber ich weiß jetzt wirklich, wie es richtig ist, es kann nur so sein.* Sokrates sieht ihn über seine Brille ruhig an und sagt: – *Na siehst du. Doch gut, dass ich gefragt habe, sonst wüsstest du es jetzt nicht.* Das Abendbrot schmeckt beiden. Entspannte Stimmung. Dann steht Sokrates beim Abschied schon an der Tür wie Kommissar Colombo, der aus der Krimiserie, etwas schluffrig, die Hand an die Stirn gelegt, so als sei er schwer in Gedanken. Zögerlich hebt er an: – *Da hab ich noch eine Frage. Hast du auch ... – Nein, darüber habe ich nicht nachgedacht,* brüllt es durchs Haus ...

Es ist berichtet, dass Menschen damals den Sokrates geschlagen, richtig verhauen haben. Sie sind bei seinem Nachfragen schlicht ausgerastet. Sie waren so genervt, weil sie den Eindruck hatten, dass seine Fragerei ihnen langsam den Boden unter den Füßen wegzog. In der Tat. Sokrates nahm ihnen die Sicherheit zu sagen, das weiß ich ganz genau. Er meinte vielmehr: Im Grunde weiß auch ich es nicht ganz genau. Deshalb bleib locker, Freund. Lass uns beide darüber lieber noch einmal nachdenken, oder?

– *Mein persönlicher Sokrates ist doch eigentlich ein ganz netter Kerl*, sage ich zu meinem Freund. – *Ich weiß*, sagt mein Freund, *du magst den Sokrates sehr. Du hast viel von ihm gelernt, nicht?*

Nun ja: Ich mag auch nicht, wenn Menschen immer sofort behaupten, alles richtig zu wissen, wenn Menschen also mehr antworten als fragen. Ich fände es viel besser, wenn sie sich selber häufiger, vor allem ernsthafter hinterfragen würden. Sie wären sicherlich entsetzt, auf welch dünnen Beinen ihre Antworten stehen. Doch nicht die Fragen, sondern ihre vielen falschen Antworten machen die Menschen unsicher.

Ich mag auch nicht, wenn Menschen sich bei ihrer Antwort vorschnell auf Gott berufen. – *Warum ist das Meer so salzig? – Das hat der liebe Gott gemacht.* Das sagt doch gar nichts. Das zeigt doch nur, dass der Antwortende es nicht weiß. Wüsste er es, würde er sofort richtig antworten. Er weiß es nicht, also gibt er mit Gott eine Scheinantwort, die rein gar nichts erklärt. – *Wie ist die Welt entstanden?* – *Vorsicht!* Sage ich mit Sokrates. *Vielleicht sollten wir jetzt erst einmal viele Fragen stellen ...* Deshalb ist dieses Buch für alle Fragen offen. Fragen bedeutet dabei nicht: – *Ach, ich frage mal.* „Fragen" bedeutet: Ohne Gott muss so vieles Alte in Frage gestellt werden, muss vieles ganz neu hinterfragt werden – sachbezogener, vom Bewiesenen her, dialogisch, auf gleicher menschlicher Augenhöhe, ohne ständigen Blick in den Himmel oder Herumkramen in der Dogmenkiste. Ich gebe zu: Solche Fragen können gefährlich sein. Manchmal sind sie ja nur ein äußerst interessantes Gedankenduell. Manchmal sind sie ein knallharter Kampf um Durchsetzung von Positionen. Manchmal sind sie die einzige Chance, sich aus einer Lebenskrise zu befreien. Dann vor allem muss man mutige Fragen stellen, um den alten Denk- und Lebensansatz insgesamt außer Kraft zu setzen und mit einer neuen Lebensphilosophie durchzustarten. Da gilt dann nur eins: Be ready for take off!

Der Aufbau dieses Buches hat zwei Besonderheiten:

Zum einen: Jedes der sieben Kapitel beginnt mit einer kleinen Geschichte aus dem persönlichen Leben in der Absicht, locker in das Thema einzuführen. Kein bedeutungsschwerer Einstieg also. Obwohl: Irgendwo im Kapitel spiegelt sich die Geschichte dann natürlich wider.

Zum anderen: Jedes Kapitel wird in seinem letzten Teil [5] mit fünf Schlussthesen abgeschlossen. Sie fassen den Hauptgedankengang noch einmal zusammen und bilden das Ergebnis des Kapitelthemas.

7 Kapitel x 5 Thesen ergibt in summa 35 Thesen.
Mit ihnen steht die LEBENSPHILOSOPHIE OHNE GOTT in ihren einzelnen Grundpositionen sofort zur Verfügung.

Diese 35 Thesen insgesamt sind eine in sich geschlossene Thesenreihe zum Gesamtthema ATHEISTISCHER GLAUBE.

Sie ist allein aus sich heraus zu verstehen:
Die Teile [5] entlang – eine Crash-Tour für die Eiligen.

Als eigenständigen Teil nenne ich diese 35 Thesen:
ATHEISTISCHES MANIFEST.

Paul Schulz im September 2008

1. Auf dem Weg zum eigenen Selbst
Natur kontra Kultur
[Zur Frage der Fremdbestimmung]

Über Wochen hatte ich sie beobachtet. Ein Amselpaar. Sie hatten ihr Nest an meiner Palisadenwand gebaut, gut zwei Meter hoch, mit Rosen bepflanzt. Das Nest saß etwa 60 – 70 Zentimeter im Abstand zur oberen Kante, in Entfernung zum Boden etwa mannshoch. Unten strich Nachbars Kater vorbei, taxierte immer wieder die Lage, bis er schließlich jedes Interesse verlor. Er hatte keine Chance. Das Vogelpaar hatte klug gebaut.

Die Rosenwand lief von meiner Terrassentür aus direkt in den Garten hinein. Das Nest saß kaum zwei Meter von mir entfernt. Ich hatte von meinem Schreibtisch aus verfolgt, wie das Pärchen ständig hin und her flog, das Nest erst im Rohbau fertigstellte, und es dann weich ausstaffierte. Eines Morgens saß das Weibchen fest im Nest. Der Partner flog weiter mit großer Geduld hin und her, brachte Futter an, fütterte sein Weibchen.

Dann war ich längere Zeit nicht da. Als ich wiederkam, fiel mir sofort auf, dass das Nest leer schien. Bevor ich richtig hingucken konnte, landete der eine Vogel mit Nahrung im Schnabel, stopfte sie ins Nest rein, flog sofort wieder weg. Jetzt sah ich, wie zwei, drei kleine Köpfe ihm gierig die Hälse hinterherreckten. Da landete schon die andere Amsel mit neuer Nahrung, stopfte sie in die Schnäbel. So ging es den Tag über. Immer war einer im An- und Abflug. Immer jieperten die Jungen hinterher.

Je größer die Jungen wurden, – ich sah jetzt ständig ihre Köpfe ungeduldig über dem Nestrand – desto hektischer flogen die Alten. Sie mussten mit dem immer größeren Hunger ihrer Jungen mithalten und immer schneller Nahrung anschleppen. Es war faszinierend, mit welcher Aufopferung das Elternpaar seinen Nachwuchs versorgte. Trotzdem mag eines der Jungen in dieser Phase nicht durchgekommen sein.

Ich war abends spät nach Hause gekommen, saß aber schon früh am Schreibtisch, Sonntag Morgen kurz nach acht, schöne Sonne und friedliche Morgenstille. Blick aufs Nest. Die Alte stand auf dem Nestrand, aber nicht dort, wo sie sonst immer mit dem Futter gelandet war, sondern genau gegenüber. Nichts war zu sehen von den beiden doch sonst schon so frechen Jungen. Plötzlich hackte die Alte mit ein paar harten Schnabelhieben ins Nest. Gleich noch einmal. Aufgescheucht wälzte sich das eine Junge hoch, plusternd. Die Mutter trippelte ihm auf dem Nestrand nach, hackte auf das Junge ein, bis es unsicher und zitternd auf den Nestrand hüpfte und da oben wackelig auf den Beinen stand. Die Mutter wartete einen Augenblick ganz ruhig, hackte wieder zu, noch eher vorsichtig, wartete wieder, und dann noch zwei-, dreimal kräftig.

Die junge Amsel fiel mehr aus dem Nest, als dass sie flog. Sie stürzte zu Boden, fing verzweifelt an zu flattern, fing sich kurz vor dem Aufprall ab, schaffte einen ersten, einen zweiten Aufschwung über das üppig hohe Blumenfeld und rettete sich etwa 15 Meter entfernt mit letzter Kraft auf den Kirschbaum. Von ihm aus hatten die Eltern wochenlang den Anflug auf das Nest gemacht. Jetzt saß dort ängstlich aufgeplustert das Junge. Entsetzt entdeckte ich den Kater in der anderen Gartenecke.

Die Mutter zurück in Ausgangsposition. Wieder hackte sie ins Nest. Jetzt erhob sich das zweite Junge. Wieder trieb sie ihr Jun-

ges vor sich her, ließ ihm einen Augenblick auf dem Nestrand
Zeit, hackte dann endgültig zu. Auch dieses fiel eher, als es flog,
fing sich flatternd, schaffte den ersten Aufschwung knapp über
das halbe Blumenfeld, setzte zum zweiten an, stieg hoch und
stürzte ab wie ein Stein. Keine sichtbare Regung mehr. Die Mutter trippelte noch ein paar Schritte um den Nestrand herum bis
zu der Stelle, wo sie immer gelandet und gestartet war, hob mit
kräftigem Flügelschlag ab und flog weg in die entgegengesetzte
Richtung. Das Nest blieb für immer leer.

Lange hat mich dieses Bild bewegt, eigentlich bis heute. Lässt
sich aus diesem Naturablauf ein tieferer Sinn ableiten, ein Maßstab setzen? Die Natur – Beispiel wofür?

[1] Bevormundungszwänge durch die Eltern

Natürlich sind Eltern ein einzigartiger Schutzraum für ein her-
anwachsendes Kind, vorausgesetzt die Eltern verstehen sich auf
ihr Kind hin positiv. Handeln sie gegen das Kind, ist das Kind
fast hilflos Opfer der Eltern. Die Zahl der Väter und Mütter, die
ihre Kinder nicht kindgerecht großziehen, steigt in unserer Gesellschaft stark an[1]. Zwangsläufig wächst damit auch die Zahl
der durch ihre Eltern frühgeschädigten Kinder. Dass Jugendliche
häufig schon im frühen Alter mit ihren Eltern brechen, deutet
darauf hin, dass vieles von den Eltern aus völlig falsch läuft.

Viele Probleme unserer Gesellschaft werden also allein schon
daran sichtbar, wie wenig es Eltern heute gelingt, ihre Kinder

---

1   Allein in Hamburg liegt laut BERICHT DER JUGENDÄMTER ZUM KINDERSCHUTZ die
    Zahl gemeldeter *Kinderwohlgefährdungen* für 2007 bei 5763 Fällen. Das Dunkel-
    feld ist um ein Vielfaches höher einzuschätzen.

Panikmache
* *Wie kann er aus isolift der Zahl*
auf den ken Anstieg schließen ?

bestmöglich ins Leben zu führen. Zwar stehen nach der Geburt alle um den neuen Erdenbürger herum und sind begeistert, dass er da ist. Doch je älter die Kinder werden, desto stärker werden ihre Lebenschancen gerade auch von den Eltern verspielt. Sie unterdrücken deren eigene Willensentwicklung, statt sie immer besser zu qualifizieren. Sie verdrängen Probleme, statt sie gemeinsam zu lösen. Sie reglementieren engstirnig Lebenswünsche, statt sie orientierend zu coachen. Nicht einmal die Eltern selbst bilden die Lobby für das Eigenrecht und die Eigenfähigkeit ihrer eigenen heranwachsenden Kinder.

Spätere Generationen werden sich darüber aufregen, dass in unserer so emanzipierten Gesellschaft das Recht und die Würde des Kindes und damit die Kinder selbst von den Erwachsenen derart missachtet wurden, sind doch die Kinder in unserer Welt der Erwachsenen am meisten schutz- und förderungsbedürftig. Aber Kinder werden in ihrem humanen Recht auf kindgemäße Partnerschaft und Mitverantwortung in unserer Gesellschaft nicht ernst genommen und in ihrer persönlichen Eigenentwicklung rechtlich, gerade auch verfassungsmäßig, nicht ausreichend geschützt und abgesichert.

Als Beispiel für eingeschränkte Entwicklungsfähigkeit des Kindes können selbst Familien gelten, in denen die Eltern meinen, für ihr Kind positiv zu handeln. Positiv, indem sie ihm Zuwendung schenken nicht allein im notwendig Materiellen, sondern auch im menschlichen Miteinander. Diese Eltern werden unter Erklärungsdruck von Erziehungsproblemen mit Sicherheit sagen: *Wir wollen doch nur das Beste für unser Kind.* Kaum etwas aber ist auf die Eltern hin so verdächtig wie dieser Satz[2]. Denn auch die Rechtfertigungen in Familien mit äußerst

---

2 Der Autor hat 1971 in Hamburg die erste Therapeutische Wohngemeinschaft für drogenabhängige Jugendliche gegründet und seitdem hunderte von therapeu-

negativem Konfliktstress für die Kinder enden fast immer mit den Erklärungsversuchen der Eltern: *Wir wollten doch nur das Beste für unser Kind.* In diesem Satz selbst, genauer, in dem Denken der Eltern, die diesen Satz sagen, könnte das Grundproblem elterlichen Fehlverhaltens liegen, der Grund für das Auseinanderdriften von Eltern und Kindern, denn: Was ist das Beste für das Kind? Wer bestimmt dieses Beste, setzt die Maßstäbe? Wirklich unkontrolliert die Eltern? Kann das Kind sein Bestes nur im Gehorsam gegenüber den Eltern finden? Wenn das Kind gegen die Eltern Widerstand leistet, verpasst es dann sein Bestes? Welches Mitsprache- und Einspruchsrecht aber hat das Kind selbst auf das hin, was sein Bestes sein soll?

Es wäre völlig falsch, zu glauben, die totale Bindung an Vater und Mutter sei das beste und höchste Ziel der Eltern-Kind-Beziehung. Diese These hat die BIBEL den Menschen über Jahrtausende als göttliche Maxime eingehämmert mit dem 4. GEBOT ihrer ZEHN GEBOTE[3]: *Du sollst deinen Vater und deine Mutter ehren, auf dass es dir wohlgehe und du lange lebest auf Erden.* Ein gutes und langes Leben gilt daher den Kindern als Belohnung für ein auf die Eltern positiv bezogenes Leben. Derartige Sinngebung des Verhaltens wird hier ausschließlich von den Kindern gefordert, nicht von den Eltern. Vom Verhalten der Eltern auf das Kind hin wird kein Wort gesagt.

---

tischen Gesprächen sowohl mit Eltern wie auch mit Jugendlichen geführt und protokolliert. Aus diesem ganz praktischen Erfahrungsbereich heraus entwickelt er hier das generelle Grundproblem Eltern-Kind-Beziehung. Als Beleg für seine sozialtherapeutische Arbeit seine beiden Bücher: Paul Schulz, DROGENSCENE – URSACHEN UND FOLGEN (speziell Seite 84 ff.) und Paul Schulz, DROGENTHERAPIE – ANALYSEN UND PROJEKTIONEN (speziell Seite 41 ff.), beide Frankfurt/Main 1974.
3 Hier nach der Luther-Fassung. Der Originaltext dieses Bibel-Gebotes findet sich im ALTEN TESTAMENT, EXODUS (2. Buch Mose), Kapitel 20, Vers 12.

Dieses Gebot haben seit je speziell die Väter für sich in Anspruch genommen und zu ihren Gunsten interpretiert. Denn solange das alte Patriarchatsprinzip galt, dass nämlich der Vater gleichsam der Stellvertreter Gottes in der Familie sei, war seine vorrangige Familienstellung damit eindeutig religiös legitimiert. Folglich genoss der Vater in der bürgerlich-christlichen Gesellschaft nahezu uneingeschränkte Autorität und Respekt.

Diesem autoritären Vater waren die Kinder gleichsam als Ausdruck ihres „Verehrens" zu bedingungslosem Gehorsam verpflichtet. Entsprechend war ihre Erziehung und damit ihr Kindsein streng untertänig. Jegliche Erziehungsbildung unterstand dem Willen und der Macht des Vaters. Alle Rechte liefen einseitig zugunsten des Vaters. Der Vater verwirklichte sich selbst in seiner Autorität auf Kosten der Kinder.

Das autoritäre Vaterideal hatte in unserer christlichen Kultur noch bis vor gut zwei Generationen volle Gültigkeit. Seine Legitimation (leider nicht überall seine eingeübte Praxis) ist erst in den letzten 50 Jahren in atemberaubender Geschwindigkeit zusammengebrochen. Durch den Verlust dieser Vaterlegitimation ist eine neue Gewichtung der Eltern-Kind-Beziehung entstanden, in der die Mutter eine zunehmend zentrale Bedeutung gewonnen hat.

Besonders einsichtig schlüsselt diesen elementaren Umbruch immer noch Elisabeth Badinter auf mit ihrer soziokulturellen Untersuchung DIE MUTTERLIEBE[4] . In ihr weist sie nach, dass die moderne Mutterrolle keine naturgegebene ist, sondern eine Erfindung der bürgerlichen Gesellschaft Ende des 18. bis ins 19. Jahrhundert, also Produkt gesellschaftlich-kulturellen Wandels.

---

4   Elisabeth Badinter, DIE MUTTERLIEBE, GESCHICHTE EINES GEFÜHLS VOM 17. JAHRHUNDERT BIS HEUTE, München 1984, besonders Seite 113 ff.

In dessen Folge ist das Handeln der Eltern heute in neuartiger Form durch die wachsende Dominanz der Mutter bestimmt als ein Liebesüberdruck von den Eltern auf die Kinder. Vor allem Mütter lassen ihre Kinder überhaupt nicht mehr los, decken sie zu mit ihrer Überfürsorge, nehmen ihnen mit ihrer Anteilnahme nahezu jeden eigenen Spielraum, erleben in der Jugend ihrer Kinder ihre Jugend noch einmal nach oder besser, erleben sie da überhaupt voyeurhaft zum ersten Mal. Es gibt hundert Gründe einer in Besitz nehmenden Anteilnahme, denn *schließlich will man doch nur das Beste für das Kind.*

Dies gilt auch, wenn Mütter diesem Mutterbild nur schwer oder gar nicht gerecht werden. Sie erfüllen dies Bild dann zwar nicht praktisch, aber sie haben jene Vorstellung so verinnerlicht, dass sie ständig Maß daran nehmen und sich damit ihr schlechtes Gewissen bilden, nicht so zu sein, wie sie meinen, sein zu müssen. Nicht selten bewirkt das schlechte Gewissen zumindest punktuell verstärkte Überliebe in Ersatzhandlungen, die demonstrieren sollen: *Schaut her, so liebe ich mein Kind, ich bin eine tolle Mutter* – bis hin zu einer besitzergreifenden Intensität, in der die Mutterliebe einem eher unreflektierten Kinderhass gleichkommt.

In summa: Das Grundproblem der heranwachsenden Kinder liegt gar nicht in einzelnen Negativerfahrungen mit den Eltern. Diese verfliegen als Einzeleindrücke meist schnell. Das Grundproblem liegt vielmehr in den permanenten Auseinandersetzungen mit dem elterlichen Überdruck, sei es unter dem Autoritätsgehabe des Vaters oder unter dem Liebesüberschwang der Mutter, also in einer permanenten Bevormundung durch die jeweilige ungehemmt egoistische Vater- oder Mutterdominanz über das Heranwachsen und Leben des Kindes.

Deren Zwänge verengen die Selbstentwicklung des Kindes und verfremden damit die Entfaltung des Selbst in unzulässiger Weise. Das Kind kommt dagegen mit seiner Meinungsfindung nicht zum Zuge, wird im Gegenüber zu den Eltern nicht in Selbstverantwortung gefordert, wird mangels partnerschaftlicher Dialoge in seiner eigenständigen Persönlichkeitsbildung unterdrückt.

Das Festhalten an der uneingeschränkten Meinungshoheit innerhalb der Familie wird von den Eltern oft durchgehalten bis ins eigene hohe Alte und gegen die Kinder bis in deren Erwachsenenalter durchgesetzt. Hier liegt oft der letzte Grund für die vielen Spannungen zwischen den Generationen, im Klammern der Eltern, in der Egozentrizität der Vorgeborenen, in deren Unfähigkeit loszulassen.

Befreiung von der Bevormundung der Eltern

Wie war das doch mit dem Beispiel der Amseln? Sie gewährten ihren Jungen den größtmöglichen Schutz und alle Fürsorge, solange diese hilflos waren. Sie setzten sich voll ein und taten alles für die Nachwachsenden in der Zeit, in der sie aus sich heraus noch nicht fähig waren, selbstständig zu ein.

Das Verhalten der Eltern änderte sich mit einem Schlag in dem Augenblick, als die Jungen flügge waren. Da ließen sie los, trennten sich! Sie setzten ihre Jungen in bedingungsloser Konsequenz frei – selbst unter dem Risiko des Verlustes. Gleichzeitig kehrten sie selbst zurück in ihr eigenes Leben. Richtig?

Der Vergleich zum Menschen ist natürlich nur bedingt übertragbar. Die Natur ist viel härter als das Humanum, das selbst zwingende Konsequenzen immer noch abzufedern versucht. Denn selbstverständlich ist der Weg des menschlichen Heranwachsens viel komplexer. Allein der höhere Kulturbezug schafft höherstufige Konditionen – auch für das Kind. Es muss länger heranreifen in viel differenzierteren Schritten. Das braucht Zuwendung und Solidarität über die primären Reifungsstufen hinaus.

Dennoch hat das Amselbeispiel auch für das menschliche Verhältnis Eltern – Kinder eine paradigmenhafte Gültigkeit, nämlich in dem zentralen Punkt: Allein das Selbstständigwerden des Kindes ist in allem das höchste Ziel. In der Erziehung geht es nicht um Selbstverwirklichung der Eltern, sondern um Lebensbefähigung der Kinder. Nicht um Existenzsicherung der Eltern, sondern um Zukunftssicherung der Kinder. Nicht um Lebensqualität der Eltern, sondern um Lebensqualifizierung der Kinder. Die Eltern brauchen keinen Schutzparagraphen, solange das Recht der heranwachsenden Kinder nicht gesichert ist.

Deshalb ist das höchste Ziel elterlicher Erziehung nicht die ständige und permanente Elternbindung, sondern die rechtzeitige Freisetzung des Kindes. Dieses Ziel *Freisetzung* ist überhaupt das ganz natürliche Wesen des Werdens eines jungen Menschen. Freisetzung und nicht permanente Bindung macht den Fortschritt der menschlichen Entwicklung von Anfang an aus. *Entbindung*, die Loslösung liegt von Anfang an im Werden des Kindes, denn:

– Schon die *Geburt selbst* ist die radikalste Freisetzung des Kindes. Die Natur riskiert hier einen äußerst gefährlichen Start, indem sie ein völlig unfertiges Wesen in ein völlig neues, sozialfeindliches Umfeld entlässt. In ihm muss das kleine Kind wie auch immer durchkommen. Dabei ist die Abnabelung ein ultimatives Datum ohne jegliche Möglichkeit des Zurück. Diese Freisetzung setzt sich im frühen Alter des Kindes konsequent fort in einer Reihe fortlaufender Neuerungen[5], die alle in engen Zeit-

---

5 Besonders der große Psychologe Jean Piaget betrachtet gerade den ganz jungen Menschen als ein *offenes System*. Darunter versteht er einen Organismus, der sich wandelt, auf Einflüsse der Umwelt reagiert, sich anpasst und die Umwelt selbst

rhythmen ablaufen, also keinesfalls der Beliebigkeit unterliegen, sondern dem Naturzwang Schritt zu halten:
- Das *Abstillen des Kindes*. Indem das Kind von der Mutterbrust entwöhnt wird, vollzieht sich die Nahrungsaufnahme in Loslösung von einem festen Zentralpunkt und damit als Öffnung für beliebige Abgabequellen und Anlaufstellen.
- Das *Krabbeln und Laufenlernen*. Indem das Kind seine eigene Kraft der Fortentwicklung einübt, erwirbt es Mobilität als Loslösung von einem Fixpunkt und damit die Eroberung seiner Umwelt zunehmend über alle Begrenzungen hinaus.
- Das *Trockenwerden* des Kindes. Indem das Kind die Windeln erst und dann den *Pott* loswird und eigenständig zur Toilette geht, macht es nicht nur einen wesentlichen Schritt zur körperlichen Selbstreglementierung, sondern zur Eroberung seines Intim- und Sexualbereiches.
- Die sogenannte *Trotzphase*, der erste ganz große Schritt zum eigenen Ich. Sie ist das Einstiegssignal selbstbewusster Ich-Äußerung des Kindes gegen seine Außenwelt. Das Kind probiert die Kraft des Nein-Sagens und löst sich damit von der Notwendigkeit, immer Ja sagen zu müssen. Diesem Versuch gehen kleine, aber äußerst signifikante Stufen voraus:
Erstes eigenes Erkennen im Spiegeltest. Er zeigt, dass sich ein Kleinkind auf allererster Stufe zum ersten Mal als Selbst erkennt. Es nimmt mit seinem Spiegelbild Kontakt auf – und lächelt. Es beginnt ganz langsam zu begreifen, dass es selbst da ist.
Das erste Ich-Sagen. Kleinkinder sprechen von sich selbst zunächst in dritter Person: *Weil Kolja nicht will*, soll heißen, *weil ich nicht will*. Plötzlich sagt Kolja zum ersten Mal: *Ich will nicht.* Der große Philosoph Fichte hat sein einziges Glas Sekt in sei-

---

beeinflusst. Aus seiner vielfältigen Literatur verweise ich auf DAS ERWACHEN DER INTELLIGENZ BEIM KINDE, zuletzt München 1992.

nem Leben getrunken, als sein Sohn so zum ersten Mal *Ich* sagte. Diesen Augenblick nannte der Philosoph Fichte die eigentliche Ich-Werdung des Menschen, für ihn das hochwertigste Ereignis im menschlichen Leben überhaupt. *Ich!* Aus eben dieser Bewusstwerdung entsteht der erste massive Widerstand des Kindes, die Trotzphase. Die Natur gibt dieses Probierfeld des Widerspruchs vor. Doch wie ist gerade in diesen Lebensmonaten des natürlichen Ungehorsams auf Kinder *eingedroschen* worden. Väter in ihrer ganzen Manneskraft – auch autoritätsgepolte Mütter – gehen auf das kleine Kind los in der Absicht, den Willen und den Widerstand des Kindes von Anfang an zu brechen, indem sie es zum Gehorsam zwingen, und damit demonstrieren, wo die Autoritätsgewalt liegt. Dagegen ginge es um Förderung des erwachenden Selbst, um Gestaltung der ersten bewussten Willensäußerung des Kindes.

Vom Trotzalter des Kleinkindes aus als wesentlicher Verselbstständigungsschritt sind hier jetzt nicht alle weiteren Stufenfolgen der Freisetzung des Kindes zu erklären. Im Gesamten gilt, genau zu beobachten und zu respektieren, in welcher Freisetzungsphase sich ein Kind auf seinem Weg flügge zu werden befindet. Die Unterstützung dieses Flüggewerdens, des Freiwerdens des Kindes, ist die Bringepflicht der Eltern.

Deshalb definiere ich gegen das schon zitierte Kind-Gebot der Bibel

Du sollst deinen Vater und deine Mutter ehren,
auf dass es dir wohlgehe und du lange lebest auf Erden

ein eigenes Eltern-Gebot:

Eltern haben grundsätzlich die vorausgehende
Verpflichtung gegenüber ihren Kindern,
sie bestmöglich ins Leben freizusetzen, damit es
ihren Kindern wohlergehe und sie lange leben auf Erden.
Eltern haben sich dabei so zu verhalten, dass ihre
Kinder ihnen vertrauen und sie respektieren können.

Das Heranwachsen des Kindes verstehe ich als einen ständigen Befreiungsakt von nicht fertigen Lebenszuständen und damit als ein Hineinwachsen in eine höhere Lebensstufe, als ein immer komplexeres Werden des Ich. Das Kind muss dabei selber ständig loslassen, um weiterzukommen. Loslösungen sind somit für das Kind immer wieder Befreiungsakte zur Unabhängigkeit und damit zum Wachsen in seiner Eigenperson.

Autoritäres Festhalten der Eltern aus vorgegebenen Prinzipien erzwingt deshalb notwendigerweise das Zuwiderhandeln der Kinder gegen das Festhalten am Vorgegebenen und damit gegen die Eltern. Ungehorsam ist das prinzipielle Anrecht der Kinder zur Selbsterfahrung! Bevormundungen zwingen Kinder folglich auch immer wieder zum Kampf um Freisetzung aus falschem Elternverhalten in autoritärer Vater- oder Mutterdominanz.

Erziehung als Orientierungshilfe ist dagegen die elterliche Fähigkeit, das Kind in seinen Begründungen und Meinungen frühzeitig ernst zu nehmen und seine Widersprüche mit Sachüberzeugungen zu steuern mit dem Ziel, seine Fähigkeit zur Selbstständigkeit zu fördern und damit zur prinzipiellen Loslösung gerade auch von den Eltern. Die letzte Freisetzung durch die Eltern wäre das gewollte und erklärte völlige Loslassen des Kindes in die Eigenständigkeit.

Das meint in allem nicht eine Selbstaufgabe der Eltern zugunsten der Kinder. Ganz im Gegenteil. Die elterliche Position ist in sich sowohl in allem notwendig autonom als glaubhaftes Gegenüber zum Kind auch als Widerspruchs- und Reibungsfläche. Das Eigenrecht der Eltern ist unantastbar. Das Ziel ist dabei statt einer romantischen Liebesabhängigkeit eine ehrliche Partnerschaft, in der Eltern wie Kinder zunehmend zu Freunden werden und sich gegenseitig achten: Der Vater Freund des Sohnes, der Sohn Freund des Vaters, ebenso Mutter und Tochter, Mutter und Sohn, Vater und Tochter – sich in jeweiliger Eigenständigkeit gegenseitig respektierende Freunde fürs Leben.

[2] Sozialisierungszwänge durch die Kultur

Denken und Handeln der Eltern sind Teil der Kultur, in der sie leben. Sie sind so ganz automatisch Vermittler der Kultur. Insofern ist ein Kind vom ersten Augenblick an eingebunden in den tradierten Kulturrahmen der Gesellschaft. Es beginnt schon mit der Art der Nahrung, mit der Sprache, mit den Erziehungsmethoden, mit allem, was die Eltern und die Familie in Inhalt und Form auf das Kind hin praktizieren. In dem Maß, in dem sich das Kind bewusst wird, nimmt es teil an der Kultur der Familie und damit an der Kultur überhaupt.

Wenn das Kind dann die ersten Schritte über die Familie hinaus macht, etwa in den Kindergarten, in die Schule, in den Sportverein, in den Kindergottesdienst oder auch nur zu Freunden in die Wohnung über die Straße, erfährt es Kultur im erweiterten Rahmen. Es trifft auf neue, abweichende Formen, die über das hinausgehen, was es von zu Hause kennt. Die Vielfalt der Kultur ist eine entscheidende Erweiterung seines Erfahrungshorizontes.

Zum einen erkennt das Kind dabei zunächst eher unbewusst Kultur als tragende Grundlage der Kommunikation. Es lernt soziales Verhalten in immer neuen Situationen und andersartigen Gruppen. Notwendig ist das schon, weil das Kind natürlich die Fähigkeit zum sozialen Verhalten in Gruppen und Situationen erwerben und ausprobieren muss. Zugleich muss es geltende Wertigkeiten in ihrer inneren Logik und in ihren Zusammenhängen und natürlich in ihren äußeren Folgen und Konsequenzen einschätzen lernen. Mit dem Begriff *Sozialisation* wird dieser Eingliederungsprozess des Kindes in den offenen Kulturraum beschrieben und dabei weitgehend als ein positiver Vorgang verstanden, nämlich als Anpassung des Individuums an allgemein geltende Normen und Regeln. Ohne derartige Erfahrungen würde ein Kind von Anfang an fremd zur Gesellschaft stehen.

Zum anderen aber erfährt das heranwachsende Kind gerade dabei Kultur zunehmend als Begrenzung des Ich. Es unterliegt immer stärker den Zwängen der sozialen Anpassung, indem es als natürliches Wesen mit seinen Wünschen und Bedürfnissen auf das kollektive Bewusstsein der Gesellschaft trifft und so ganz gezielt reglementiert und eingeschränkt wird. Speziell Kinder sind dem Prozess der Sozialisierung fast wehrlos ausgeliefert, weil sie schon von früh an ohne alternatives Bewusstsein unter dem Zwang fremdbestimmender Konditionierungen stehen.

Grundsätzlich besteht ein Urkonflikt zwischen der Kultur und den Interessen des Individuums von klein auf:

– *Die Werte der Gesellschaft stehen gegen die Bedürfnisse des Ich.*

Ein Kulturraum bündelt die geistigen und sozialen Strömungen seiner Gesellschaft zu festgefügten Standards. Werte und Normen, Konventionen, Rituale und Umgangsformen sind allgemeine Direktiven des herrschenden kollektiven Bewusstseins. Sie schleifen dem Individuum die scharfen Ecken und Kanten so ab, dass es in der Gemeinschaft möglichst wenig *aneckt*. Dadurch entsteht eine widerspruchslosere Gesellschaft, in der das Gemeinschaftsleben kontrollierbarer abläuft.

– *Die Bedürfnisse des Ich stehen gegen die Werte der Gesellschaft.* Der Einzelne prallt immer wieder mit seinen Bedürfnissen und Wünschen auf die Festlegungen der Gesellschaft. Seinem persönlichen Spielraum werden dabei durch kollektive Normen Grenzen gesetzt. Individuelle Abweichungen vom Kollektiven werden stigmatisiert. Damit wird der Mensch in seiner persönlichen Entfaltung auf ein gewolltes Mittelmaß beschränkt, ja, notfalls sogar mit Gewalt unterdrückt, verfolgt, eliminiert.

Solche Zwänge sind in unterschiedlichen Gesellschaften äußerst verschieden, ohne dass sie für den Einzelnen je ganz ohne Gefahr sind. Zum Beispiel sind sie in unserer Gesellschaft heute viel liberaler als in der deutschen Gesellschaft vor einhundert Jahren:

Die wilhelminische Zeit damals, das deutsche Kaiserreich zwischen 1871 bis 1919, war vor allem unter Wilhelm II. eine besonders rigide Kulturepoche mit einer autoritären Wertegemeinschaft, in der das Ich des Einzelnen in seinem Eigenrecht stark bedroht war. Diese Zeit stand extrem unter dem Wertezwang: *Gehorsam* als eine unbedingte militärische preußische Disziplin, *Ehre* als ein extremer Korpsgeist der Offiziersklasse, *Vaterland* als ein chauvinistisches Nationalbewusstsein. Von diesen drei Stoßrichtungen her wurde von oben, von Gottes Gnaden, in die Gesellschaft hinein und damit auf den Einzelnen in seinem täglichen Alltag durchregiert.

Noch heute lohnt es sich, Literatur dieser Zeitepoche zu lesen, um den damaligen kollektiven Zwangsgeist zu erfassen, etwa EFFI BRIEST von Theodor Fontane aus dem Jahr 1895[6]: Wie in

---

6 Theodor Fontane, EFFI BRIEST, Roman, 1895, diverse Ausgaben.

einem Spiegelbild zeichnet Fontane in Effis Ehe die Verhältnisse
der preußischen Gesellschaft um die Jahrhundertwende nach:
Von Instetten, älterer Karrieremann im Staatsdienst, Heirat mit
der noch unmündigen, aber standesgemäßen jungen Effi, Auf-
stiegsjahre in Hinterpommern, in denen sich *Effi* langweilt,
schließlich berufliche und gesellschaftliche Anerkennung in
Berlin und auch persönliches Glück mit seiner wenn nicht ge-
liebten, so doch hochverehrten Frau.

Per Zufall entdeckt von Instetten Liebesbriefe an Effi aus den
frühen Aufstiegsjahren. Die Intensität dieser Affäre bleibt im
Dunkeln, vielleicht waren es nur einige Spaziergänge aus Lange-
weile. Von Instetten hält die Angelegenheit deshalb persönlich
auch für eine *Komödie*. Doch gesellschaftlich sieht er sie sofort
als Katastrophe. Zwar könnte er sie selbst noch abwenden, denn
nur er allein weiß ja um die Existenz dieser Briefe. Doch *ich habe
keine Wahl, ich muss*. Dem Ehrenkodex seines Standes opfert er
in unerbittlicher Staatsraison seine Frau und mit ihr das gemeinsame persönliche Glück.

Dieser Ehrenkodex damals war die geballte Wucht der Werte
und Normen dieser kaiserlich *guten Gesellschaft*. Sie lebte gegenüber der Obrigkeit in der absoluten Pflicht strengster Verhaltens-
vorschriften. Durch Erziehungsdrill von klein auf war das äu-
ßerliche Verhalten im Standesbewusstsein voll verinnerlicht, das
heißt, die Rolle, die Mann und Frau zu spielen hatten, war gerade
auch in ihren Begrenzungen genau vorgegeben. Abweichungen
führten ohne Rücksicht auf den Einzelnen unweigerlich in die
gesellschaftliche Katastrophe.

Die Bedürfnisse des Einzelnen als Mensch wurden entspre-
chend völlig ignoriert und damit unterdrückt. Dies eben macht
Fontane mit Effi besonders an der Rolle der Frau sichtbar. Die
Frau *funktioniert* an der Seite ihres Mannes. Vor der Ehe wird die

junge Frau weder gefragt noch aufgeklärt, es wird über sie verfügt. In der Ehe nimmt sie alles fast wortlos duldend hin, hat keine Meinung zu haben. Im Konflikt selbst kommt sie nicht einmal zu Wort, weder zur Erklärung noch zur Rechtfertigung, sie wird ganz einfach ausgestoßen. Nach der Katastrophe ringt sie sich durch zur Einsicht, dass alles schon so seine Richtigkeit hätte. Ergebenheit als Selbstaufgabe aller Eigenrechte des Ich.

Befreiung von der Bevormundung der Kultur

Die Loslösung von einem derart überspitzten Kulturdruck auf den Einzelnen ist gesellschaftspolitisch ein höchst komplizierter und langwieriger sozialer Wandlungsprozess. Er geschieht nicht unmittelbar durch den einzelnen Menschen, denn der ist in der manipulierten Masse viel zu schwach, um alleine Veränderungen herstellen zu können. Er geht gewöhnlich als Opfer unter. Wandlungen vollziehen sich eher durch neue Einsichten und Theorien, die sich immer stärker gegen die herrschende Kultur durchsetzen. Prinzipiell kann man sagen: Auf Dauer zermürbt die Natur des Ich eine Kultur, in der sich das Ich immer weniger entfalten kann. In dem Maße, in dem die Kultur das Leben verengt, bricht sich die Natur des Menschen neue Bahnen, schafft neue Theorien zur Korrektur der Kultur und damit zur Änderung der gesellschaftlichen Verhältnisse.

Konkret entwickelt sich dieses Prinzip in langwierigen und komplizierten Prozessen. Damals in der wilhelminischen Zeit kam die Kritik aus drei unterschiedlichen Stoßrichtungen:

1. Kulturkritik von Karl Marx

Sie entstand aus der sozialen Verelendung breiter Menschenmassen heraus gegen die herrschende Klassengesellschaft, damit gegen politische und wirtschaftliche Machtstrukturen. Marx hatte ökonomisch erkannt, dass das Kapital der herrschenden Klasse, speziell ihr exklusiver Besitz der Produktionsmittel in der expandierenden Zeit der Industrialisierung, Ursache der Verelendung der lohnabhängigen Arbeiter war.

Seine Kritik zielte deshalb politisch besonders auf die wirtschaftliche Veränderung der Gesellschaft von Grund auf, notfalls durch revolutionären Umsturz im Klassenkampf. Seine Stoßrichtung kam deshalb von unten, als Kampf vom unterdrückten Volk aus. Die kommunistische Arbeiterbewegung war insofern auch eine Kulturrevolution[7], weil sie für die neue Gesellschaft zugleich einen neuen Menschentyp schaffen wollte[8].

2. Kulturkritik von Sigmund Freud

Sie entwickelte sich gleichsam von innen gegen das damals herrschende Menschenbild, speziell gegen die christliche Sexualmoral. Freud ging dabei aus von einem psychologisch-psychotherapeutischen Ansatz, indem er die psychische und psychosoziale Beschaffenheit des Menschen völlig neuartig definierte. Alle bis dahin geltenden Vorstellungen über die Ganzheitlichkeit des Menschen gingen anhand einer Fülle von Detailerkenntnissen über Triebstruktur und daraus entstehenden Verhaltenszwängen und -mustern zu Bruch.

---

7 Das KOMMUNISTISCHE MANIFEST, von Karl Marx und Friedrich Engels 1848 veröffentlicht, wird gerade dann als Kulturkritik erkennbar, wenn es in direkte Beziehung gesetzt wird zu ihrer gemeinsamen, eher philosophischen Schrift DIE HEILIGE FAMILIE ODER KRITIK DER KRITISCHEN KRITIK von 1845 als gesellschaftliche Umsetzung von Theorie in konkrete Praxis.

8 Extrem die Kulturrevolution in China unter Mao Tse-tung.

Freuds säkular-anthropologischer Ansatz löste – abgesehen von seinen umsturzartigen humantherapeutischen Wirkungen – speziell eine Kunstrevolution aus. Viele Künstler nahmen Freuds revoltierendes Menschenbild auf in Literatur, in Malerei und Musik, insbesondere in der Opernwelt, aber auch im Film und überall im modernen Lifestyle des 20. Jahrhunderts. Mit ihren Werken durchbrachen sie alle bisherigen alten Normen[9].

3. Kulturkritik von Friedrich Nietzsche

Sie brach mitten heraus aus der Philosophie gegen die Philosophie, gezielt gegen den geistigen Stau des gesamten christlich-abendländischen Denksystems. Nietzsche durchlöcherte die liberal-konservative Bürgerfront nicht nur mit seinem Aufschrei *Gott ist tot*[10], sondern auch mit seinen nihilistischen Attacken generell gegen die christliche Religion.

Mit seiner Ankündigung der Umwertung aller Werte *jenseits von gut und böse*[11] – zerlegte er nicht nur ihre religiöse *Sklavenmoral*, sondern propagierte zugleich einen neuen Menschentypus, der, sich autonom erhebend, völlig neue Maßstäbe und Zukunftsziele setzt, insgesamt einen *Herrenmenschen*, der in der Lage ist, die Welt einzureißen und sie von Grund auf neu aufzubauen. Wirkung erzielte Nietzsche mit seinen mythischen Visionen am Anfang vor allem bei den kritischen geistigen Eliten, die eine Neuerung herbeisehnten.

---

9   Sigmund Freuds Kulturkritik aus seinem psychoanalytischen Ansatz heraus stellt sich dar zwischen der optimistischen Schrift DIE ZUKUNFT EINER ILLUSION (1927) und der eher pessimistischen Schrift DAS UNBEHAGEN IN DER KULTUR (1930).

10 Viel zitiert, wenngleich selten wirklich gelesen. Der interessante Text steht übrigens in Nietzsches DIE FRÖHLICHE WISSENSCHAFT (1886), Text 125: Der tolle Mensch.

11 Im Zusammenhang mit JENSEITS VON GUT UND BÖSE (1886) besonders Nietzsches Streitschrift ZUR GENEALOGIE DER MORAL (1887).

Alle drei Kulturkritiken von Marx, Freud und Nietzsche – jede
für sich und im Zusammenspiel – machten den politischen Zusammenbruch des Wilhelminischen Reiches 1918/19 mit dem
Ende des Ersten Weltkrieges und der Auflösung des Kaiserreiches
darüber hinaus zu einem gesellschaftspolitisch-kulturellen Zusammenbruch mit der Auflösung aller bis dato als absolut geltenden Kunst- und Moralvorstellungen und des Menschenbildes.

Dieser Zusammenbruch wird allerdings insofern oft zu überhöht gewertet, als er keineswegs zugleich die Herstellung einer
neuen freiheitlichen Epoche zur Folge hatte. Ganz im Gegenteil.
Die Geschichte zeigt vielmehr, dass die nachfolgenden Zeitepo-
chen auf Restauration zielten, also nicht etwas wirklich Neues
wollten, sondern nur die Wiederherstellung des Alten. Konkret
waren sie unbedingt darauf aus, das Zerstörte, das Verlorene, das
Alte in neuer Gestalt wieder zur Geltung zu bringen:

– Die Hitlerzeit von 1933 bis 1945 (Das Dritte Reich) war eine
derartige Restauration des chauvinistischen Staates in Fortsetzung mit anderen Mitteln: die Alleinherrschaft der Diktatur
anstelle der Alleinherrschaft der Monarchie. Man kann die Hitlerzeit verstehen als säkularisierte Restauration der wilhelminischen Monarchie mit entsprechenden Werteprinzipien, Ritua-
len und Symbolformen des absoluten Obrigkeitsgehorsams, des
Korpsgeistes des Volkes und des faschistischen Vaterlands als
Reichsidee.

– Die Nachkriegsgesellschaft des Zweiten Weltkrieges von
1949 bis 1968 war ebenfalls kein wirklicher Neuanfang, sondern
eine Tradierung deutscher Grundverhältnisse – auch hier wieder
nur mit anderen Mitteln, diesmal mit einem demokratischen
Modell. Auch hier herrschte aufgrund von allgegenwärtiger Per-
sonenkontinuität vor allem in den Politik-, Bildungs- und Wirt-
schaftsschichten immer noch ein starkes Gehorsamsprinzip, ein

Lobbyismus der Amtshörigkeit, ein deutsches Nationalbewusstsein im Modell der Wiedervereinigung, ein mit dem Wiederaufbau der Kriegsruinen restaurierter *Muff von 1000 Jahren*[12].

Der entscheidende Versuch eines endgültigen Auszuges aus dem traditionellen Deutschtum der alten wilhelminischen Welt und damit der originäre Kulturkonflikt unserer Zeit überhaupt wurde in den sechziger Jahren von außen ausgelöst durch die Hippie-Bewegung aus Amerika. Viele Jugendliche protestierten dort damals gegen die Lebensbedingungen, die ihnen durch ihre Elterngeneration mittels traditioneller Erziehung überkommen und damit wie selbstverständlich aufgezwungen waren. Sie wehrten sich gegen den Leistungszwang, gegen die Arbeitshektik; gegen die moralischen Normierungen, gegen die hierarchischen Abgrenzungen; sie wehrten sich gegen den Wohlstandskonsum und die Regeln des Luxuslebens.

Ein Protest also gegen den gesamten westlichen Lebensstil, speziell gegen seinen Zwang, immer mehr haben zu müssen. Das Vorhandene reicht nie aus. Deshalb ist alles Streben darauf ausgerichtet, immer mehr zu erreichen, immer mehr zu besitzen. Glück, selbst persönliches Glück, ist so immer wesentlich mit *immer noch mehr* verbunden.

Um den von ihnen kritisierten Verhältnissen ihrer Eltern zu entfliehen, machten sich Hunderttausende von Jugendlichen auf die Suche nach einem anderen Lebensstil. Sie wollten frei und ungebunden sein, den Tag genießen. Sie wollten Lust, Freude, Schönheit empfinden, wollten aber auch weinen dürfen, traurig und gefühlvoll sein, anderen menschlich nahe sein, Konflikte friedlich lösen, Vertrauen, Geborgenheit, Liebe spü-

---

12 Aus einem Transparent Hamburger Studenten der frühen 68er-Bewegung, das Geschichte schrieb. Sie enthüllten es bei der offiziellen Feier des Rektoratswechsels 1967 mit dem Text: *Unter den Talaren Muff von 1000 Jahren.*

ren. In dem Sinne gaben sie auch ihren sexuellen Bedürfnissen freien Lauf.

Es konnte gar nicht ausbleiben, dass sie bei ihrem Auszug aus der westlichen Lebensart die alten fernöstlichen Lebensweisheiten entdeckten, und so hielt in diese Jugendbewegung die altasiatische Lebenskunst voll Einzug, nämlich die persönlichen Bedürfnisse auf ein Minimum zurückzunehmen, um so weit wie möglich von Konsum- und Produktionszwängen frei zu werden.

Denn eben das faszinierte die Jungen ja gerade: Alle materiellen Lebensbedürfnisse so zu vereinfachen, dass man sich mehr und mehr aus der Konsum-Produktions-Spirale losreißt, um die technischen Bedürfnisse auf ein Minimum zu beschränken, um in naturbezogener Weise zu leben, im Weniger Genüge zu haben, im Unmittelbaren sich selbst zu finden. Viele Jugendliche pilgerten in fernöstliche Länder, gleichsam auf der Suche nach den kulturgeschichtlichen Quellen des einfachen Lebens.

So machten sie die Blume zum Symbol ihrer Hoffnung auf ein einfaches, schönes, freies Leben. Als Blumenkinder wollten sie den Auszug wagen, ihr Glück probieren. LSD manifestierte ihre Bewusstseinserweiterung zur *flower power*. Schließlich wurde das Rockfestival in Woodstock 1969[13] so zu einer weltweiten Demonstration der neuen Jugendkultur mit ihrer Vorstellung von einem Glück, in dem sich das Weniger als völlig genug erwies.

Gescheitert sind sie schließlich mit ihrem Auszug aus unserer Welt und Kultur. Natürlich – so haben viele Alte selbstzufrieden gesagt –, denn so einfach, wie es sich die Hippies gemacht haben,

---

13 Woodstock, bei New York: Zu diesem Festival kamen über 400.000 Besucher. 600.000 wurden wegen Überfüllung von der Polizei nach Hause geschickt. Das Festival verlief zwei Tage und zwei Nächte völlig friedlich trotz zeitweise verheerenden Regenwetters, Versorgungschaos und schlechter Organisation der 32 Auftritte von Einzelkünstlern und Gruppen.

so einfach ist es eben nicht, die Zwänge unserer Gesellschaft zu überwinden, schon gar nicht gegen den Widerstand der Alten. Dennoch bewirkte gerade dieser Aufbruch der Jugend den kulturellen Wandel in unserer liberalen modernen Welt. Es ist keine Frage, dass die freiheitlichen Ideen dieser Jugend auf Europa entscheidenden Einfluss gewonnen haben, zunächst auf die junge Generation selbst, aber darüber hinaus dann auch auf die gesamte Gesellschaft. War das Phänomen der *Aussteiger* und der Trip nach Poona[14] auch eher nur eine kurze Mode, so war dennoch bei vielen, selbst bei Managern bis hinauf in die Top-Etagen, ein oft überraschend kritisches Bewusstsein über ihre Arbeitssituation entstanden mit der Frage, ob denn das Statusleben, das sie führten, wirklich das lebenswerte Leben sei. Müsste man sein Leben nicht ändern, vielleicht sogar selbst den Auszug aus dieser Gesellschaft wagen?

Doch der Umbruch wirkte viel tiefer. Im Frühjahr 1968 tobten wochenlang Studentenunruhen in Paris und führten in schweren Straßenschlachten zum linken Widerstand gegen die Obrigkeit. Diese anfängliche Jugendrevolte schwappte schon bald nach West-Deutschland rüber und wurde hier zum Aufbruch der 68er-Revolution[15]. Uns interessiert hier ihr zentraler Ausgangspunkt: Wer damals in der 68er-Bewegung an welcher Stelle auch immer mit dabei war – mittendrin, am Rand oder auch im Kontra – erlebte etwas Außergewöhnliches. Im Alltag jedes Einzelnen bewegte sich etwas völlig Neues! Fast überall entstand Widerspruch, brachen Proteste aus, wurde demonstriert. Wogegen war

---

14 Heute ein Dokument für die ganze Bhagwan-Bewegung: Swami Satyananda, GANZ ENTSPANNT IM HIER UNG JETZT. TAGEBUCH ÜBER MEIN LEBEN MIT BHAGWAN IN POONA, Reinbek/Hamburg 1979.

15 Die Diskussion über ihre Bedeutung ist – 40 Jahre danach – jüngst neu entbrannt. Ein Auslöser war der *Spiegel*-Artikel ES WAR NICHT ALLES SCHLECHT. GNADE FÜR DIE 68ER, SPIEGEL 2007, Nr. 44.

eigentlich egal, nur eines galt: Raus aus dem, was bisher gültig war. Weg von dem, was bisher das Leben bestimmte. Kontra zu allem und zu allen, die kritiklos am Gegebenen festhielten. War etwas noch nicht angestoßen, dann konnte sich jeder aufgefordert fühlen, für Provokation zu sorgen, damit es angestoßen wurde.

In dem Augenblick, in dem innerhalb der protestierenden Jugend radikale Dogmatiker auftraten und damit die antiautoritäre Bewegung in Staatsfeindlichkeit umfunktioniert wurde mit menschenverachtenden Aktionen, verloren die fröhlichen 68er ihre Unschuld. Vom ersten Steineschmeißen bis hin zu brutalen Terroraktionen mit Ermordungen wurde eine berechtigte Geisteshaltung des Protestes auf antidemokratischen Umsturz hin radikalisiert und instrumentalisiert. Die notwendige Kritik an diesem Umsturz kann überhaupt nicht die Begeisterung über die Befreiungskraft der frühen 68er-Bewegung aufheben. Sie hat Entscheidendes bewegt.

Die Faszination der frühen 68er lag in der Freiheit, völlig anders zu denken als bisher. Sie lag in der unbegrenzten Dynamik des Aufbruchs, des Vorwärts in eine andere Richtung. Nahezu jeder, der wie auch immer mitlief, konnte etwas einbringen von dem, was er für sein Leben nicht wollte, gegen die Eltern, gegen die Lehrer, gegen die Ärzte, gegen die Politiker, gegen Autoritäten insgesamt. Damit gegen autoritäre Erziehung, gegen die verlogene Sexualmoral, gegen die politischen und wirtschaftlichen Verhältnisse – eine unglaubliche Bereitschaft allerorts, einen Neuanfang zu fordern und zu wagen.

Deshalb war vor diesem frühen humanen Ansturm geistig nichts sicher. Viele alte Fassaden kamen zum Einsturz, die überholte Frauenrolle, das reaktionäre Vater- und Familienbild, das bigotte Eheleben. Die Gesellschaft veränderte sich an vielen

Stellen von Grund auf, wurde offener. Diese 68er wurden – und werden es zu Recht heute noch – zum Symbol gemacht – selbst für Veränderungen, die von ihnen gar nicht ausgingen. Sie waren eben *generell die geistige Befreiung.* Als solche Befreiungskräfte wirken sie unbewusst weiter im kritischen Ich-Bewusstsein des Einzelnen bis in unsere Gesellschaft heute. Dass es heute keine Autoritäten mehr gibt, die sich nicht erklären müssen, ist unbestreitbar ihr Verdienst.

[3] Fremdbestimmung durch die Religion

Gegenwärtig spitzt sich ein neuer Kultur-Konflikt zu. In unserer Gesellschaft, aber auch darüber hinaus global, zieht wie ein Gewitter eine Auseinandersetzung der säkularen Welt mit der Religion und den Religionen herauf. Das ist überraschend, denn über weite Strecken des 20. Jahrhunderts war das Religiöse bereits weithin totgesagt. Jetzt aber sind Religion und Religionen viel schärfer als ein wesentlicher Bestandteil der Kultur erkannt, ja, geradezu als die integrierende Kraft des kollektiven Bewusstseins. Die Auseinandersetzung mit der Religion, speziell mit Gott als der höchsten Autorität und Fremdbestimmung des Menschen wurde nur partiell geführt, nur von wenigen Pastoren und einigen mutigen Laienchristen. Warum?

Anders als im DDR-Deutschland, wo die Kirche gegenüber dem Staat in den Untergrund gehen musste und dort nicht nur von den Gläubigen allein als Hort des geistigen Widerstandes empfunden wurde, stand die Kirche im BRD-Deutschland wieder einmal dem Staat sehr nahe und verhielt sich machtkonform. Gott war staatstragende Kraft, ihre Religion systemimmanentes Wertesystem – und ist es heute noch mehr als je, obwohl unsere

Verfassung die Trennung von Staat und Kirche, von Staat und Religion zwingend vorschreibt. Wer gesellschafts- und autoritätskritisch war, trat in den 70er Jahren aus der Kirche aus.

Es geht dabei um zwei völlig unterschiedliche Problembereiche, die klar auseinandergehalten werden müssen:

– zum einen um die institutionalisierte Religion, um den Missbrauch der Religion durch kirchliche oder weltliche Amtsträger und Machthaber[16]. Die Religion wird immer wieder gezielt benutzt, um auf die Menschen, auf Gesellschaft und Institutionen Einfluss zu gewinnen und auszuüben. Sie werden damit manipuliert und abhängig gehalten. Keineswegs nur in Deutschland. Auch in Europa, in Amerika, sogar in Russland, wo die Kirche neu Einfluss gewinnt. Besonders im islamischen Machtbereich, allzumal von deren theokratischen Zentren her.

– zum anderen um die Religion als Privatsache des einzelnen Menschen. Auch hier bestehen schwerwiegende Fragen vor allem zur Persönlichkeitsbildung. Denn natürlich vermittelt Religion eine Grundeinstellung, die mit dem transzendenten Faktor Gott den Menschen grundsätzlich aus der Diesseitigkeit wegführt, nicht nur in der Beurteilung der Realität, sondern auch in der Wertebindung und Handlungsmotivation und sonst allen wichtigen Lebensbindungen. Viele Lebensbeschränkungen und psychologische und soziale Schäden liegen ganz direkt in religiösen Fehlleitungen.

Eine klärende Auseinandersetzung zwischen säkularem Autonomiebewusstsein und Religion erscheint mit Blick auf die Zukunft unumgänglich. Denn als Bestandteil der Kultur kom-

---

16 Dieser Themenkomplex ist vom Autor ausführlich dargestellt in Paul Schulz, CODEX ATHEOS. DIE KRAFT DES ATHEISMUS, Cuxhaven 2006, Seite 413 ff.: Ceterum censeo religionis potestatem esse delendam. Er wird später noch einmal aufgenommen im Zusammenhang: Der autonome Mensch und die res publica, unten Seite 228 ff.

men Religion und Religionen aus der *geistigen Hinterwelt*. Das beweist sich sofort dadurch, dass sie jeweils schon lange in der Geistesgeschichte der Menschen da sind und deshalb unserem modernen Bewusstsein als Tradition vorauslaufen. Dies umso mehr, als religiös-mythische Wahrheiten in und als Vergangenheit definiert sind. Entsprechend bedeutet *religio* als *Rückbindung* zugleich auch immer eine starke wesensmäßige Bindung nach hinten und damit den Drang und die Methode, alles aktuelle Geschehen nach hinten anzubinden und auszurichten, alles Neue in die Geltungshoheit des Alten mit einzubeziehen und dort unterzuordnen. Religion ist deshalb in der Kultur die stärkste Identitätskraft nach hinten.

Dabei ist Religion nirgends einheitlich, nicht nur als Religion gegenüber Religion, sondern als Religion selbst innerhalb ihrer jeweiligen lokalen Untergliederungen. Die Götter- oder Gottvorstellungen sind völlig heterogen. Die Moralprinzipien weichen stark voneinander ab. Die Heilsvorstellungen und Heilsversprechen einschließlich der Todeserwartungen sind völlig verschiedenartig. Die Rituale und Riten sind unterschiedlich. *Wahrheit der Religion* bedeutet jeweils beliebige Andersartigkeit der Religionen in ihren Wahrheiten.

Dennoch behauptet jede Religion in ihrer jeweiligen Art einen uneingeschränkten Geltungsanspruch. Von ihm her fordert sie von ihren Anhängern totale Bindungsbereitschaft und Unterordnung unter ihre Glaubenssätze und Moralforderungen auf allen Lebensebenen privat und öffentlich.

Zum einen: Religion als Bindung des Ich stellt dem menschlichen Ich mit Gott eine absolute Autorität gegenüber, die in ihrer Jenseitigkeit jeder Kritik entzogen ist. Der Mensch ist dieser Autorität total verpflichtet, hat sich ihrem Willen völlig unterzuordnen. Der Mensch kann nur untertänig beten, ansonsten hat er alles Geschehen bereitwillig hinzunehmen. Gott bedingt die tiefste Unterordnung des Menschen, die Auflösung jeder Selbstbestimmung in religiöse Fremdbestimmung[17].

Sodann: Religion als Bindung des Staates und der Gesellschaft leitet alle Macht ab aus der Allmacht des von ihr verkündeten Gottes. Die Verantwortlichen sind Repräsentanten Gottes und damit dessen Stellvertreter mit göttlicher Vollmacht in Pflichten und Rechten. Auch jede sonstige Gemeinschaftsform insgesamt untersteht der göttlichen Absolutheit. Dieser transzendente Machtanspruch dominiert jede gesellschaftliche Souveränität und löst damit jede Selbstbestimmung auf in Fremdbestimmung.

Schließlich: Religion als Bindung der Kultur umgreift im Zusammenschluss eines riesigen sozialen Raumes unter einer Gottautorität alle Lebensbereiche aus der Vergangenheit über die Gegenwart in die Zukunft. Die gemeinsame religiöse Ausrichtung ist für die Masse der Menschen die wesentliche Identitätsbildung und damit zugleich eine geistige Gleichschaltung bis hin zur Unterdrückung von individuellen Abweichungen. Das Fremdbestimmte wird dabei völlig zum Wesen des Ich-Bewusstseins.

Befreiung aus der Bevormundung der Religion

Natürlich hat es schon in den früheren Aufklärungsepochen Religionskritik gegeben. Der Kampf um Freiheit hat die Menschen auch aufstehen lassen gegen die Götter oder gegen Gott. Religiöse Freiheit, politische Freiheit, Denkfreiheit bildeten schon in frühen Kulturepochen einen engen Zusammenhang.

Die erste entscheidende Religionskritik geht zurück auf die frühe klassische Philosophie der griechischen Antike, auf die

---

17 Siehe dazu unten Seite 158.

ionisch-attische Aufklärung seit 550 vor Christus. Die großen Naturphilosophen damals[18] entdeckten für sich die weltliche Vernunft und versuchten mit ihr gegen die religiös-mythische Tradition die Welt und das Leben ohne Götter zu erklären. Noch mehr. Mit ihren Beobachtungen der Natur kamen sie zu der Meinung, dass nicht die Götter die Menschen, sondern die Menschen die Götter geschaffen hätten. Das führte zur Kritik des olympischen Götterhimmels und langfristig zur totalen Auflösung der griechischen Götterwelt überhaupt. Diese erste radikale Religionskritik der Menschen ist eng verbunden mit dem Namen des Philosophen Xenophanes von Kolophon[19].

Eine entsprechende Bedeutung hatte die Religionskritik in der französischen Aufklärung im 18. Jahrhundert. Auch hier spitzte sich der Denkdruck zu auf die Frage, ob die Welt mit Gott oder ohne Gott zu interpretieren sei. Hat der Geist die Materie geschaffen oder die Materie den Geist? Die Dominanz in diesem Streit erlangten die frühen französischen *Materialisten*[20] Lamettrie, Denis Diderot und Paul d'Holbach, eher noch geistreiches Feuilleton, aber von starker Wirkung als Impuls der französischen Aufklärung. Die erste wissenschaftliche Religionskritik begann dann 1841 mit Ludwig Feuerbach[21].

---

18 Die Linie der großen Naturphilosophen: Thales, Anaximander, Anaximenes als die ersten Materialisten in Milet an der ionischen Küste; Leukipp und Demokrit, die beiden ursächlichen Vertreter des Atomismus; Anaxagoras, später Epikur und Straton von Lampsakos als „Physiker" mit der Erneuerung des demokritschen Atomismus in Athen; abschließend Lukrez in Rom als Anhänger der Atomlehre Epikurs. Sein berühmtes Lehrgedicht DE RERUM NATURA hat innovative Spätwirkungen bis in die Renaissance, speziell bei Pierre Gassendi und den frühen französischen Materialisten.
19 Zu Xenophanes von Kolophon unten Seite 158 ff., 171 ff.
20 Zu diesem Konflikt in der französischen Aufklärung siehe Paul Schulz, CODEX ATHEOS. op. cit., Seite 319.
21 Dazu ausführlich unten Seite 162 ff., 179 ff.

Schließlich entwickelte sich eine immer konsequentere Forschung ohne Gott. Sie setzte sich zunehmend frei von aller religiösen Bevormundung, zum Beispiel auch vom – noch immer gültigen – Antimodernisteneid[22], mit dem Papst Pius X. 1910 den katholischen Forschern und Lehrern eine Beteiligung an der gottfeindlichen modernen Forschung und der Verbreitung ihrer Ergebnisse verbot. Jeder dem Katholizismus in Forschung und Lehre Zugehörige muss sich demnach den entscheidenden Erkenntnissen der modernen Wissenschaften nicht nur im Einzelnen, sondern von den Glaubensdogmen her gegen die Vernunft verweigern. Heute aber umfasst diese Forschung der Vernunft weltweit alle Gebiete einschließlich der Biogenetik mit dem Ziel, aus rein menschlichem Wissen Leben herzustellen.

In unseren Tagen nun ist der Atheismus plötzlich hochaktuell. Über 30 Prozent der in Deutschland lebenden Staatsbürger sind konfessionsfrei[23], das heißt, nahezu ein Drittel unserer Bürger fühlt sich keiner Religion zugehörig. Keineswegs alle sind Atheisten. Bei weitem nicht. Es sind auch Agnostiker, Freidenker, Humanisten, Pantheisten und immer wieder Indifferente. Doch alle haben sich von Kirche und Religion erklärtermaßen losgesagt.

Auch heute geht es dem Atheismus natürlich um Religionskritik[24]. Solange die Religion und vor allem die institutionalisierten Religionen eine derartig private und öffentliche Präsenz haben, ist Religionskritik – auch in immer erneutem scharfen Widerspruch – notwendig. Dennoch ist Religionskritik heute eher ein begrenzter Aufgabenbereich im Atheismus.

---

22 Vollständig abgedruckt in DER GLAUBE DER KIRCHE IN DEN URKUNDEN DER LEHR-
   VERKÜNDIGUNGEN, Joseph Neuner und Heinrich-Roos (Hg. Karl Rahner), Regens-
   burg, verschiedene Auflagen, Nr. 64 – 74 (= DENZINGER 2145/46).
23 Siehe die aktuellen Zahlen 2005 vom 29.04.2008 der Forschungsgruppe Weltanschauungen in Deutschland (FOWID) unter www.fowid.de.
24 Besonders aktuell Richard Dawkins, DER GOTTESWAHN, Berlin 2007.

Dagegen geht es mir primär um die Präsentation der befreienden Kraft des Atheismus selbst. Es geht mir zuallererst darum, was das Denken ohne Gott für den Menschen positiv bewirken kann – völlig unabhängig von jeder Religion. Auf mein Leben als Atheist übt die Religion keinen Einfluss aus. Deren Glaubenssätze, hunderttausendmal verworfen, haben überhaupt nichts zu tun mit dem autonomen Selbstverständnis eines Atheisten.

Deshalb: Dem Atheismus heute fällt die Aufgabe zu, mit und für die Menschen für die Zukunft ein sicheres Selbstverständnis zu entwickeln, ein Selbstverständnis ohne Gott:

– Es ist großartig und menschenwürdig, befreit zu sein von einem Glauben an Dinge, die nicht glaubbar sind, und sich auf seinen Verstand verlassen zu können.

– Es ist großartig und menschenwürdig, befreit zu sein von allen Vorschriften des Göttlichen und selbstverantwortlich leben zu können.

– Es ist großartig und menschenwürdig, befreit zu sein von Ängsten vor irgendwelcher religiösen Macht und das Leben – mit allem Risiko – frei gestalten zu können.

Erst ein Mensch, der sich aus der Bevormundung Gottes und der Religion befreit, wird ein autonomer Mensch.

[4] Befreiung als Prinzip der Ich-Werdung

Befreiung aus der Bevormundung der *Eltern*, aus der Bevormundung der *Kultur*, aus der Bevormundung der *Religion*, das bedeutet: Befreiung als Prinzip der Ich-Werdung. Der Mensch findet erst zu sich selbst, indem er sich aus den Zwängen der vielschichtigen Fremdbestimmung von Erziehung, Kultur und Religion befreit.

Ich meine dabei ganz bewusst: *Befreiung* – nicht *Freiheit*. Denn *Freiheit* gibt es nicht wirklich. *Freiheit* ist eine philosophische Fiktion, die es deshalb im Leben nicht geben kann, weil der Mensch nie losgelöst sein kann von Bedingungen, die ihn halten, ihn verpflichten, für ihn notwendig sind. Deshalb ist der Mensch nie wirklich frei. Der Begriff *Freiheit* ist eine Sackgasse, eher eine Quizaufgabe für ein Oberseminar Theoretischer Philosophie. *Freiheit* meint im Konkreten vielmehr *Befreiung*, also einen ständigen Prozess, keinen dauernden Zustand. *Befreiung* ist die eigentlich positive Lebenserfahrung, nämlich Loslösung aus Verhältnissen, die man so nicht will; Loslösung aus Abhängigkeiten, die das eigene Leben hindern, etwas anderes zu machen; Loslösungen aus Lebenszwängen, die das eigene Handeln und Verhalten fremdbestimmen.

Im Ersten ist Befreiung also – Loslösung vom Alten. Solche Loslösung kann oft nur unter starker Kraftanstrengung gelingen, weil die Verhältnisse, die den Menschen unfrei halten, ihn gleichsam eng umklammern, fesseln, abschnüren. Loslösung bedarf also einer Sprengkraft, die die unfrei machenden Bindungen aufbricht.

Entsprechend können, ja, müssen die Mittel zur Loslösung oft hart sein. Je stärker die Umklammerung ist, desto härter muss der Befreiungsakt geraten. Meist ist der Mensch erst bereit sich zu verändern, wenn der Leidensdruck unerträglich geworden ist. Dann ist die notwendige Sprengkraft, die die alten Bindungen auseinanderreißt, natürlich äußerst groß.

Im Zweiten bedeutet Befreiung – Freisetzung für etwas Neues. Befreiung fordert also unbedingt als zweiten Schritt die aktive Veränderung auf sich selber zu, einen elementaren Lernprozess mit sich selbst und der ehrlichen Frage: Was will ich eigentlich?

Ist das Leben, das ich führe, mein eigentliches Leben? Ist das alles? Entspricht dieses Leben meinen persönlichen Vorstellungen? Renne ich nicht mit allem, was ich tun muss, vor mir selber weg? Sterbe ich nicht Tag für Tag an Alltagsstress, an Routine, an dem Gefühl, da komme ich nie wieder raus?

Ist vielleicht schon alles verpasst, meine Gefühle verkümmert? Hatte ich nicht Wünsche, Träume, Sehnsüchte? Alles vorbei? Wo gibt es noch jemanden, der mich schützt, ermuntert, zu mir hält, wenn ich zusammenzubrechen drohe? Kann ich noch jubeln, zärtlich sein, lieben? Ist all das in mir schon verklungen?

Was ist an meinem Leben lebenswert? Was ist daran schön und beglückend? Sollte ich nicht viel offener und freier sein, um die Fülle des Erfahrbaren viel tiefer auszuloten? Müsste ich mein Leben als einmalige Kostbarkeit nicht ganz anders gestalten?

Liegt die Antwort auf manche dieser Fragen nicht doch nahe: Ich muss mein Leben überdenken, ändern, einen Ausweg finden, vielleicht sogar den Neubeginn wagen?

Dieser Umbruch, diese Loslösung von fremdbestimmten Zwängen zur selbstbestimmenden Eigenverantwortung, das Prinzip der Befreiung des Ich zu sich selber lässt sich beschreiben als *Rationale Geburt.*

[5] Atheistisches Manifest 1 – 5

Auf dem Weg zum eigenen Selbst
Natur kontra Kultur
[Zur Frage der Fremdbestimmung]

(1)

1. *Mit den ersten Zuwendungen der Eltern zu ihrem Kind beginnt der Einfluss der Kultur auf den Menschen und damit auf sein natürliches Wesen.* Die Eltern und die ersten Bezugspersonen tragen für den guten Einstieg des Kindes in sein zukünftiges Leben eine riesige Verantwortung.

2. Das Grundproblem des heranwachsenden Kindes liegt weniger in einzelnen Negativerfahrungen mit den Eltern. Es liegt vielmehr in den permanenten Auseinandersetzungen mit dem elterlichen Überdruck, sei es unter dem Autoritätsgehabe des Vaters oder unter dem Liebesüberschwang der Mutter. Deren permanente Bevormundungen verengen das Selbstständigwerden des Kindes und verfremden die Entfaltung des Selbst in unzulässiger Weise.

3. Erziehung als Orientierungshilfe ist deshalb die elterliche Bereitschaft, das Kind in seinen Begründungen und Meinungen frühzeitig ernst zu nehmen und seine Widersprüche mit Sachüberzeugungen zu steuern mit dem Ziel, seine Fähigkeit zur Selbstständigkeit zu fördern.

4. In der Erziehung geht es nicht um Selbstverwirklichung der Eltern, sondern um Lebensbefähigung des Kindes; nicht um Existenzsicherung der Eltern, sondern um Zukunftssicherung

des Kindes; nicht um Lebensqualität der Eltern, sondern um Lebensqualifizierung des Kindes.

5. Allein das Selbstständigwerden des Kindes ist in allem das höchste Ziel und damit gerade auch die prinzipielle Loslösung des Kindes von den Eltern. Die letzte Freisetzung durch die Eltern selbst ist das völlige Loslassen des Kindes in die Eigenständigkeit.

(2)

1. *Beginnend mit der Erziehung vermittelt Kultur dem Menschen eine unglaubliche Fülle von Lebensmöglichkeiten,* mit denen er sein Ich entfalten kann. Die Kultur als kollektive Geisteswelt ist für jeden Menschen lebensnotwendig und damit etwas grundsätzlich Positives.

2. Mit der Kultur lernt der Mensch geltende Wertigkeiten in ihrer inneren Logik und in ihren Zusammenhängen zu verstehen und in ihren äußeren Folgen und Konsequenzen einzuschätzen. Sie gibt ihm zugleich die Rahmenbedingungen für sein Zusammenleben mit den anderen Menschen, nicht nur mit jenen, die in seinem ständigen direkten Umfeld leben, sondern auch mit jenen, die ihm entfernt sind oder gar völlig fremd.

3. *Dennoch ist der einzelne Mensch in seinen individuellen Bedürfnissen durch die Kultur bedroht.* Der Einzelne prallt mit seinen Bedürfnissen und Wünschen immer wieder auf die kollektiven Normen der Gesellschaft und wird dabei in seiner persönlichen Entfaltung auf ein gewolltes Maß beschränkt, gar mit Gewalt unterdrückt, verfolgt oder eliminiert.

4. Die Loslösung von einem derart überspitzten Kulturdruck auf den Einzelnen ist gesellschaftspolitisch ein höchst komplizierter und langwieriger sozialer Wandlungsprozess. Auf Dauer zermürbt die Natur des Ich eine Kultur, in der sich das Ich immer weniger entfalten kann, sie bricht sich neue Bahnen, schafft neue Theorien zur Korrektur der Kultur und damit zur Änderung der gesellschaftlichen Verhältnisse.

5. Ein solcher Durchbruch ereignete sich in der Bundesrepublik durch die Jugendbewegung der Flower-Power-Generation und der daraus hervorgehenden 68er-Bewegung. In ihr entstand die Dynamik eines geistigen Aufbruchs, die Freiheit, völlig anders zu denken als bisher und damit das kritische Ich-Bewusstsein des Einzelnen in unserer Gesellschaft heute. Dass es heute keine Autoritäten mehr gibt, die sich nicht erklären müssen, ist unbestreitbar Verdienst der 68er-Bewegung.

(3)

1. *Die Religion ist nicht ein Fremdteil innerhalb der Kultur. Anders als im 20. Jahrhundert wird die Religion heute als ein wesentlicher Bestandteil der Kultur gesehen* und damit als eine integrative Kraft des kollektiven Bewusstseins.

2. In der Religion geht es gesellschaftlich um zwei völlig unterschiedliche Problembereiche:

– zum einen um die institutionalisierte Religion, um den Missbrauch der Religion durch kirchliche und politische Amtsträger und Machthaber. Die Religion wird immer wieder gezielt benutzt, um auf die Menschen, auf Gesellschaft und Institutionen Einfluss zu gewinnen und auszuüben.

– zum anderen um die Religion als Privatsache des einzelnen Menschen. Die Religion übt eine starke Persönlichkeitsbildung auf den Menschen aus, wobei viele Lebensbeschränkungen, psychologische und soziale Schäden ganz direkt in religiösen Fehlleitungen begründet liegen.

(4)

1. *Gegenwärtig spitzt sich ein neuer Kulturkonflikt zu, eine Auseinandersetzung der säkularen Welt mit der Religion und den Religionen.* In ihm geht es prinzipiell um den Primat der Deutungshoheit in unserer naturwissenschaftlich-technischen Welt zwischen wissenschaftlichem Vernunftdenken und religiösem Glauben.

2. Schon seit 2600 Jahren hat eine dezidierte Religionskritik nachgewiesen, dass alles Reden des Menschen von Göttern und von Gott nur Reden des Menschen über Gott ist. Gott ist nur subjektive Spekulation, kein transzendentes Sein an sich.

3. Parallel dazu hat die Vernunftphilosophie in endloser Kette von Beweisen die Evidenz immanenter Kausalität aufgedeckt. Die Machbarkeit des Lebens ist ein letzter Schritt in die säkulare Objektivität naturwissenschaftlichen Erkennens.

(5)

1. *Die Bedrohung des Menschen liegt nicht in der Tatsache, dass es Religion überhaupt gibt. Sie gibt es einfach. Die Bedrohung liegt vielmehr in der Tatsache, dass der Mensch sich nicht von deren Bevormundung befreit oder befreien will.*

2. Das Überschreiten der Grenzen religiöser Fremdbestimmung
   zielt auf die Autonomie des Ich. In der Befreiung zur Selbstbestimmung liegt die Kraft des Atheismus.

3. Die atheistische Aufklärung ist gerade heute das Angebot an
   die Menschen zur Befreiung von überholten Vorstellungen der
   Wirklichkeit und des Lebens. Erst ein Mensch, der sich aus der
   Bevormundung Gottes und der Religion befreit, wird ein auto-
   nomer, ein mündiger Mensch. Ich nenne diesen Befreiungsakt:
   Rationale Geburt.

2. Rationale Geburt
Konturen eines autonomen Menschen
[Zur Frage der Selbstfindung des Ich]

Das Telefon klingelte heute ständig. Zuletzt eine offenbar ältere Frau, die fragte: *Herr Pastor, machen Sie auch Hausbesuche? – Sehr gerne mache ich Hausbesuche,* sagte ich, *sagen Sie mir, wann es Ihnen passt. – Möglichst bald,* drängte sie, *morgen Abend, 20 Uhr?*

Manchmal sind die kurzfristig angefragten die sichersten Termine. Ich hatte wirklich Zeit. Sie wohnte in der Steinstraße, schräg gegenüber von meiner Pastorenwohnung, also mitten in der Hamburger City, der hohe Turm der Hauptkirche St. Jacobi direkt über uns. Pünktlich klingelte ich an ihrer Haustür.

– Ich sehe Sie doch immer an Ihrem Schreibtisch sitzen, sagte sie. *Jetzt sind Sie da. Wie alt schätzen Sie mich? – Nun, Sie sind noch richtig vital,* erwiderte ich, *aber doch wohl schon an die achtzig. – 84,* sagte sie, *84! Wo ist bloß die Zeit geblieben?*

Sie kam schnell zur Sache. *– Herr Pastor, Ich hab schon viel von Ihnen gehört, Sie denken anders als die anderen. Würden Sie mir eine Frage beantworten? Nur eine Frage!* Das hörte sich gleich sehr gewichtig an, also antwortete ich eher zurückhaltend: *– Ich werde es gerne versuchen.*

– Nicht versuchen, sagte sie. *Sie sollen mir sagen, was Sie ganz persönlich dazu meinen. Wollen Sie das tun?* Sie erschien mir sympathisch. Sie war noch im Alter ein Mensch mit sehr wachen, freundlich blickenden Augen. Es gibt ältere Damen, die sich ihren jugendlichen Charme mit derart weichem, gewinnendem Blick voll erhalten haben. Ich versuchte mich dagegen weiterhin bedeckt zu halten: *– Wenn ich das kann und Sie das wirklich wollen? Fragen Sie mich.*

– Glauben Sie persönlich an ein Leben nach dem Tod?
Damit hatte ich so direkt nicht gerechnet. Tausend Gedanken
schossen mir mit dieser Frage durch den Kopf, alle vorsichtigen
Antworten, die ich in Predigten, Seminaren und in persönlichen
Gesprächen bisher gegeben hatte, um niemanden in seinen ur-
eigenen Hoffnungen zu verletzen.
– Sie zögern, sagte sie, *Sie zögern zu lange. Ich will nicht Ihre theo-
logischen Erklärungen. Ich will Ihre persönliche Antwort.*
– Nein, sagte ich, *ich glaube nicht an ein Leben nach dem Tod.*
*– Dann glauben Sie auch nicht an ein Weltgericht, das Gott über die
Menschen hält am Ende der Welt und an die Hölle?*
– Nein, sagte ich, *ich glaube auch nicht an ein derartiges Weltge-
richt und nicht an die Hölle.*
Damit war dies Thema zu Ende. Wir saßen noch fast zwei Stun-
den zusammen, ohne noch einmal darauf zurückzukommen.
Keine Nachfrage. Kein Kommentar.
Zwei Tage später erhielt ich einen Anruf von einer Frau. Sie
sei die Tochter von der alten Dame, die ich vorgestern Abend
besucht hätte. Was ich mit ihrer Mutter gemacht hätte?
Mich durchfuhr ein Schreck. Genau das hatte ich befürchtet.
Ich hätte doch nicht so eindeutig antworten sollen. Ich zögerte
das Gespräch hinaus und sagte ziemlich gedehnt: *– Ja, Ihre Frau
Mutter.*
*– Meine Mutter hat mich gestern Morgen angerufen und mich ge-
beten, dringend bei ihr vorbeizukommen. – Aha,* sagte ich sehr zurückhaltend. *– Also bin ich gleich nachmittags zu meiner Mutter.
Es standen eine Flasche Rotwein auf dem Tisch und zwei Gläser. Sie
sagte: – Mach bitte die Flasche auf, ich möchte mit Dir anstoßen. –
Was ist denn los, Mutti, fragte ich. Meine Mutter trinkt eigentlich
nie Wein, schon gar nicht um diese Zeit. Sie stieß mit mir an und
sagte ganz ruhig: – Pastor Schulz war gestern Abend hier. Er hat mir*

gesagt, es gibt kein Leben nach dem Tod. Es gibt auch kein Weltgericht und keine Hölle. Jetzt kann ich ruhig sterben. Das wollte ich Dir sagen.

Fast zur gleichen Zeit ist meine Schwiegermutter gestorben. Sie war 92 Jahre. Sie war eine bescheidene fromme Frau. Solange ich sie kannte, stand sie morgens mit den Hühnern auf, um sie zu füttern, bei Sonne und bei Regen. Danach machte sie das Frühstück für ihren Mann, bevor der auf der anderen Straßenseite zur Schule ging, ein durch Schülergenerationen hindurch verehrter alter Schulmeister einer Zwergschule in Nordrhein-Westfalen. Wenn wir auf Urlaubsbesuch morgens zum Frühstück kamen, dann war natürlich auch für uns schon immer alles fertig – den ganzen Tag durch. Abends bei der Tagesschau schlief sie regelmäßig ein, schreckte kurz vor Ende der Sendung auf und sagte: Nun lasst uns man zu Bett gehen. Alle lachten freundlich und wünschten ihr eine gute Nacht. So war ihr Leben.

Zunehmend in den letzten Jahren vor ihrem Tod geriet sie immer stärker in Angst vor ihrem Sterben. Sie war fest überzeugt, mit dem Tod würde sie ihrem Herrgott gegenübertreten, und der würde sie wegen ihrer Sünden mit der Hölle bestrafen. Deshalb hatte sie Angst, Angst vor dem Sterben, Angst vor dem Tod.

Ich habe mit ihr darüber wiederholt gesprochen, ich war für sie immer Pastor. Ich sagte ihr, dass sie doch ein frommes Leben geführt habe und gar nichts passiert sei, wovor sie Angst haben müsse. Sie habe in ihrem Leben immer alles ehrlich und aus Nächstenliebe getan, für uns und all die anderen Menschen auch. – *Ja, Junge, aber unsere Erbsünde. Wir sind doch alle Sünder.* Ihre Erbsünde quälte sie. Natürlich wusste sie, dass Jesus Christus für die Sünden der Menschen gestorben war, auch für ihre. Tausendmal hatte sie das besungen in den Kirchenliedern, die sie von klein auf alle auswendig kannte. In hunderten von Predigten hatte sie es Sonntag für Sonntag immer wieder vom Pastor gehört. Doch ihre Todesangst war ihr nicht zu nehmen.

Jemand sagte mir mal, meine Schwiegermutter sei wohl depressiv gewesen. Depressiv? Ich kannte meine Schwiegermutter sehr genau. Sie war nicht depressiv. Sie war ihr Leben lang eine tatkräftige Frau, die ihren Wirkungskreis immer sicher im Griff hatte, ohne sich dabei Schwächen zu leisten. An ihren Händen konnte man sie erkennen. Es waren Dürers betende Hände, gezeichnet von den täglichen Pflichten des Lebens.

Dabei war sie ganz normal fromm. Sie war ein Produkt jahrzehntelangen Kirchgangs von klein auf. Wenn die Art und Weise, wie sie fromm war, bedeutet, depressiv zu sein, dann müsste man allerdings eine endlose Zahl von Frommen für depressiv erklären, für irgendwie psychisch defekt, in religiösen Ängsten geistig krank gemacht.

Sie war vielmehr eingepfercht in ein kleines dogmatisch-religiöses Denkquadrat wie in einem Stall ohne Ausweg, dem pawlowschen Hund vergleichbar, der selbst bei höchstem Leidensdruck die verbotene Grenze nicht zu überschreiten wagt. So stand sie gebannt innerhalb ihrer Glaubensgrenzen, ohne sich daraus befreien zu können.

Schon gar nicht mehr zum Ende zu, als ihre Kräfte immer mehr nachließen. Da sich die Vorfreude nicht einstellte, mit ihrem Tod nun doch endlich aus diesem Jammertal bei ihrem himmlischen Vater zu sein, wie sie es als gute Christin immer gehofft und gebetet hatte, verdunkelte sich ihr langes Sterben in düstere Angst. Mit dieser Angst vor ihrem richtenden und strafenden Herrgott ist sie ganz schwer eingeschlafen – für immer.

[1] Grenzüberschreitung nach vorn

Grenzen zu überschreiten, das ist ein spannungsgeladener Vorgang vor allem dann, wenn man eine Grenze mit der Absicht überschreitet, das Gewohnte für immer hinter sich zu lassen und der Zukunft zugewandt Neues zu wagen und zu erobern.

Auf dieser Seite der Grenzen bleibt dann das Vertraute zurück, viel Unerfülltes, was uns zum Gehen bewogen hat, also Enttäuschungen, Verengungen, ein vielfältiger Leidensdruck, unter dem wir für uns selbst keine Zukunft mehr sehen.

Auf der anderen Seite der Grenze erscheint uns alles fremd und doch auch gefährlich. Denn was erwartet uns da wirklich? Werden wir die Chancen erkennen und nutzen können, die Anforderungen schaffen? Wird es dort wirklich die Freiräume geben, uns selbst zu finden und zu verwirklichen?

Bleiben wir zunächst noch gemeinsam einen Augenblick auf dieser Seite. Versuchen Sie, die folgende Aufgabe zu lösen. Es ist kein Intelligenztest. Es dient nur einem kleinen Aha-Erlebnis.

Magisches Quadrat

Verbinden Sie diese neun Punkte mit vier Linien so, dass alle Punkte berührt werden. Die vier Linien müssen dabei in sich verbunden sein.

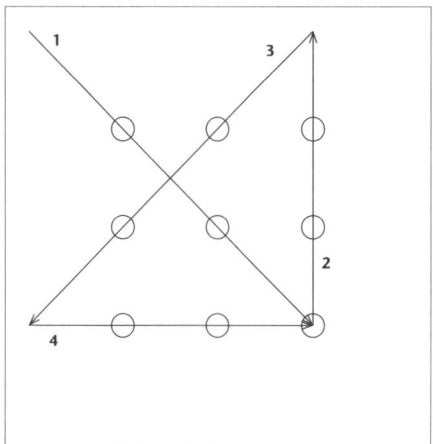

Lösung:

Die gestellte Aufgabe ist nur zu lösen, indem Sie den geschlossenen Raum des Quadrates mit den Linienführungen überschreiten.

Gewöhnlich bewegen wir uns beim Einzeichnen der Linien nur innerhalb des festgelegten Quadrats. Wir ziehen die Linien von Punkt zu Punkt, als hätte das Quadrat magische Anziehung. Innerhalb dieser Begrenzung gibt es keine *Lösung*.

Der entscheidende Schritt liegt in der bewussten Überschreitung der Begrenzung. Nur wenn der Bannkreis des markierten Raumes durchbrochen wird, gibt es eine Lösung. Zwar ist nicht jede Überschreitung eine richtige Lösung. Aber die richtige Lösung ist eine Überschreitung.

Unser Beispiel zeigt:

– Nicht die Tatsache, dass es Grenzen und Begrenzungen gibt, ist das Problem, denn Begrenzungen gibt es notgedrungen immer und überall.

– Die Tatsache, dass die Begrenzungen nicht überschritten werden, das ist das Problem. Die Grenzen müssen überschritten werden, erst dadurch öffnet sich der Weg für Lösungen. Es gehört zu den ermutigenden Einsichten, dass vorfindliche Grenzen nicht das Letzte sein müssen. *Think big.* Es muss grundsätzlich ein Bewusstsein entstehen, dass Lösungen größer sind als der Rahmen des vorgegebenen geistigen Karrees.

In dieser kleinen Veranschaulichung steckt eine tiefe Symbolik auch für unser Nachdenken über unsere Veränderung. Denn auch in unseren Lebenspraktiken bewegen wir uns immer wieder nur innerhalb fester Grenzpunkte, die wir nicht zu überschreiten wagen. Erziehung, Kultur, Religion stecken uns in vielem einen ganz engen Rahmen ab. Innerhalb dieses Lebensrahmens sind wir alle Wege gelaufen, von rechts nach links, von links nach rechts, vorwärts, rückwärts – ohne wirklich bei uns selber angekommen zu sein. Haben wir wirklich einen klaren Standpunkt, von dem her wir überzeugt leben und sterben können? Haben wir den Sinn unseres Lebens selbst definiert und leben danach?

Natürlich gibt es viele Lebensquadrate, die überschritten werden müssten, um so frei zu werden. Ein zentrales, höchst aktives Lebensquadrat ist unsere religiöse Einstellung, die Frage nach Gott. Wollten wir da eine wirkliche Klärung, dann müssten wir uns selbst befragen, warum wir immer noch in den alten Begrenzungen stehen. Grenzüberschreitung stellt nicht die Frage, warum wir bleiben, sie stellt die Frage, warum wir nicht gehen, nicht den Mut haben, uns zu lösen. Eine solche ehrliche Selbstkontrolle auf Gott hin beginnt mit drei gezielten Fragen:

– Welche Bedeutung haben für mein religiöses Bewusstsein all die säkularen Erkenntnisse, die die naturwissenschaftliche Vernunft über die Welt, das Leben und den Menschen gemacht haben? Dazu Teil [2]: *Der kulturgeschichtliche Zweifel an Gott.*

– Welche Bedeutung haben für mein religiöses Bewusstsein die entsetzlichen Ereignisse in der Welt, die Naturkatastrophen, die Kriege, die Verelendung der Menschen durch Hunger und Ungerechtigkeit? Dazu Teil [3]: *Der tagesaktuelle Zweifel an Gott.*

– Welche Bedeutung hat für mein religiöses Bewusstsein das
Schweigen Gottes, wenn ich bete, das Verlassensein von Gott
in meiner Not, das Vergehen meines Glücks fernab von Gottes
Liebe? Dazu Teil [4]: *Der ganz persönliche Zweifel an Gott.*

[2] Der kulturgeschichtliche Zweifel an Gott

Der scharfsinnige Friedrich Nietzsche hat – wie Friedrich Hegel
und andere große Denker – in dem alten Philosophen Sokrates
aus Athen den Begründer unserer abendländischen Rationalität
erkannt[1]. Sokrates hätte vor 2400 Jahren mit seinem Vernunftdenken die geistigen Voraussetzungen für die säkulare Rationalität geschaffen und damit in letzter Konsequenz für die modernen Naturwissenschaften. Hegel[2] hielt deshalb Sokrates für den
bedeutendsten Menschen des Abendlandes, bedeutender als Jesus Christus, fügte Bertrand Russell[3] hinzu.

Zunächst also hat Nietzsche den Sokrates auch höchst positiv
gesehen. Er geriet dann aber zunehmend in Auseinandersetzung
mit ihm und wurde dabei zu seinem radikalsten Gegner. Sokrates mit seinem rationalen Erkenntnisdrang wird schließlich für
Nietzsche der Verursacher des Verlustes urmenschlicher Werte,
der Geist der Zerstörung, der Inbegriff des Untergangs. Nietzsche
vollzieht mit Sokrates eine Kehrtwende um 180 Grad[4].

---

1   Friedrich Nietzsche in seiner Schrift SOKRATES UND DIE GRIECHISCHE TRAGÖDIE,
    1871 als Privatdruck erschienen.
2   Friedrich Hegel in VORLESUNGEN ÜBER DIE GESCHICHTE DER PHILOSOPHIE II, Suhr-
    kamp-tw, Werke 7, Seite 90 – 120.
3   Bertrand Russell zuerst 1952 in einem Rundfunkvortrag im BBC und später in WHY
    I'M NOT A CHRISTIAN, London 1957.
4   In GÖTZENDÄMMERUNG (1888) und WILLE ZUR MACHT (1887/1901/1906).

Warum? Nietzsche hat sich im Wesentlichen mit den alt-griechischen Mythen befasst[5], mit der Götterwelt des Olymp also, in der Zeus als Göttervater über eine Vielzahl von Göttern, Halbgöttern, Dämonen und Heroen herrschte. Diese Götter bildeten die religiös-mythische Bewusstseinswelt der antiken Zeit vor Sokrates. In diesen alten Vorstellungen haben sich damals die Menschen – naiv – beheimatet gefühlt. So Nietzsche. Denn Zeus und all die anderen Götter waren menschenähnliche Götter, und gerade deshalb fühlten sich ihnen die Menschen nahe. Sie baten sie um Hilfe oder hatten Angst vor ihnen, so wie man Mitmenschen um Hilfe bittet oder Angst vor ihnen hat. Sie glaubten den Göttern, weil sie letztlich so waren wie sie selber. Menschlich. So oder so waren sie mit ihnen vertraut.

Noch mehr: Mit den vielen Göttern vermochten die Menschen damals Ursachen und Wirkungen der Welt in menschlichen Erfahrungsmustern zu begründen und zu verstehen. Warum ist die Welt entstanden? Weil Gott Zeus das so gemacht hat. Sie erklärten sich alles, was existierte oder geschah, ganz einfach mit handelnden Göttern als Ursache – kritiklos, unreflektiert, direkt. Die Wirklichkeit war ihnen nicht abstrakt und fern, sie war ihnen mit den Göttern einfach und unmittelbar. Ihr anthropomorphes Gottesbild bedingte ihr anthropozentrisches Weltbild.

Sokrates, so nun Nietzsche, hat diese mythische Erklärungs- und Verstehensweise mit seinem Verstand zerstört. Mit seiner rationalen Kritik hat Sokrates dagegen ganz neue Erkenntnisse ermöglicht, andersartige Zusammenhänge und Begründungen

---

5 Nietzsche war von 1869 bis 1879 an der Universität Basel außerordentlicher Professor der klassischen Philologie. 1872 erschien sein Traktat GEBURT DER TRAGÖDIE, in der er seine vorausgehende Schrift SOKRATES UND DIE GRIECHISCHE TRAGÖDIE verarbeitet hat. Schon diese GEBURT DER TRAGÖDIE war Nietzsches Bruch mit der traditionellen Altphilologie und sein Einstieg als *Künder einer neuen Weltanschauung*.

aufgedeckt und so mit seinem aufklärerischen Geist die religiösen Grundlagen gesprengt. Aber hat Sokrates die Menschen damit glücklicher gemacht? Kommen die Menschen aufgeklärt mit sich selbst besser zurecht? Brauchen die Menschen nicht das Religiös-Mythische zur existentiellen Bewältigung ihres Lebens? Ist Sokrates' rationale Aufklärung nicht ein Fehlweg der Menschheit?

In einem Punkt geben wir Nietzsche mit seiner Kritik an Sokrates recht: Das rationale Fragen nach sich selbst und darüber hinaus nach den realen Grundlagen der Welt bewirkt zwangsläufig Entsicherung, Loslösung, Verlust. Im Zweifel der *blanken Vernunft* steckt ungeheure Sprengkraft, die vor allem die Vertrautheit und menschliche Nähe mit den Göttern und damit letztlich die Selbstsicherheit mythischen Vertrauens zerstört.

Diese Umbrüche ähneln dem Verlorenheitsgefühl eines Kindes, das bislang fest an den Klapperstorch glaubte, an den Osterhasen oder Weihnachtsmann und plötzlich die *Wahrheit* erfährt, dass es das alles gar nicht gibt. Dem Kind zerbricht damit nicht nur sein Wissensstand. Dem Kind zerbricht damit seine Ur-Naivität, sein Ur-Glaube, sein Ur-Vertrauen. Diese elementare Erfahrung, dass es das alles so gar nicht gibt, worauf man sich geradezu vorbehaltlos eingelassen hat, diese Erfahrung bedeutet unumkehrbar den Einstieg in ein kritisches Bewusstwerden und damit eben zwangsnotwendig Entsicherung, Loslösung, Verlust. Nie wieder wird das Kind so rückhaltlos vertrauen können wie in seiner Ur-Phase. Es kann dahin nicht wieder zurück.

Dennoch ist gerade das Erwachsenwerden die Grenzüberschreitung der europäischen Geistesgeschichte: Mit Sokrates tritt der Mensch aus der Geborgenheit mythischen Verstehens in die kritische Offenheit, ja, in den ständigen rationalen Zweifel. Es ist der Ausstieg aus dem Mythos in das reale Denken, aus der

Religion in die Wissenschaft, der Umbruch vom Glauben zum Wissen. Der Mensch überschreitet seinen subjektiven Horizont: Rationale Vergewisserung kontra mythische Gewissheit.

Mit dieser Grenzüberschreitung wurde ein Denkprozess eingeleitet, der den Menschen in der abendländischen Geistesgeschichte immer weiter vorangetrieben hat. In ihm hat er ständig neue *Erkenntnisschocks* der Realität erlitten, die ihn letztlich an den Rand totaler Sinnlosigkeit und in ein Bewusstsein des Nichts getrieben haben.

Die Schocks der nackten Tatsachen haben den Menschen bis in unsere Gegenwart hinein vor allem in einem zentralen Glaubenspunkt erschüttert, nämlich in seiner uralten mythisch-religiösen Überzeugung, allein um ihn, den Menschen, drehe sich alles Handeln und alle Fürsorge Gottes, und damit die Sehnsucht, er, der Mensch, würde in der unmittelbaren Nähe zu Gott für ewig gerettet und sicher sein. Genau so definiert später die christliche Religion den Menschen als die Krone der Schöpfung Gottes.

Eben dagegen sind Erkenntnisse auf den denkenden Menschen eingestürzt, die ihm diesen Glauben Zug um Zug genommen haben. Die rationale Wissenschaft hat diese uralte anthropozentrische Selbstsicherheit des Menschen Schritt für Schritt abgebaut, ja, schließlich völlig zerstört. Ich mache das an drei zentralen Forschungsbereichen deutlich:

1. Die Erde ist nicht mehr der Mittelpunkt des Universums. Gegen die alten Vorstellungen hat Nikolaus Kopernikus um 1522[6] ein neues Weltbild errechnet, in dem die Sonne nicht mehr wie bisher um die Erde, sondern die Erde um die Sonne kreist. Damit

---

6   Schon 1522 gelang Kopernikus die Fertigstellung des wichtigen 10. Kapitels seines DE REVOLUTIONIBUS ORBIUM CAELESTIUM – ÜBER DIE UMLAUFBEWEGUNGEN DER HIMMELSKÖRPER (veröffentlicht in 6 Bänden 1543). Siehe auch unten zur Auseinandersetzung mit Luther Seite 94 f.

verlor die Erde mit einem Schlag ihre gottverheißene zentrale
Stellung im All. Als dann noch von Galileo Galilei 1610 durch
die Entdeckung der Jupiter-Monde bewiesen wurde, dass sich der
Kosmos grenzenlos in den Weltraum öffnet, brachen seitdem für
den denkenden Menschen alle religiös-mythischen Beheima-
tungsgefühle zusammen.

Nach den neuesten Erkenntnissen über das Universum enthält
alleine unsere Milchstraßen-Galaxie 200 Milliarden Sonnensysteme. Darüber hinaus sind 150 – 200 Milliarden Galaxien zu vermuten mit jeweils bis zu 200 Milliarden Sonnensystemen – in einem Weltraum, der in Kilometern so groß ist, wie sich das Licht
mit einer Geschwindigkeit von 300.000 Kilometern pro Sekunde
in 13,7 Milliarden Jahren ausbreitet. Der Schock dieser von der
rationalen Vernunft erkannten kosmischen Tatsachen zerstört
die von Nietzsche beschworene Geborgenheit des Menschen im
Mythisch-Religiösen nicht nur damals, sondern bei nüchterner
Betrachtung genau so auch heute.

2. Der Mensch ist nicht mehr die Krone der Schöpfung Gottes. Mit
Charles Darwin wurde 1859 öffentlich[7], dass auch der Mensch
in der Evolutionskette der Natur entstanden ist. Der Mensch
steht also keineswegs außerhalb der Naturentwicklung und damit ihr gegenüber, sondern mittendrin. Er ist angelegt in den
allerersten präbiotischen Molekularbildungen des Lebens vor
vier Milliarden Jahren. Er hat von der Urzelle aus alle Entwick-
lungsschritte des Lebenden durchlaufen bis hinein in die hoch-
stufige Primaten-Ebene vor 80 Millionen Jahren. Er ist inmitten
vieler Abzweigungslinien als *homo sapiens* aus Parallelgattungen
herausgewachsen und hat sich schließlich vor 60.000 Jahren als

---

7   Am 24. Oktober 1859 erschien die erste Ausgabe von ENTSTEHUNG DER ARTEN
    DURCH NATÜRLICHE ZUCHTWAHL. Alle 1250 Exemplare wurden am ersten Tag
    verkauft.

Spitzengattung auch gegen den *Neandertaler* durchgesetzt. Zum *Kulturmenschen*, uns heute ähnlich, hat er sich überhaupt erst seit nicht einmal 10.000 Jahren entwickelt.

So erklärt sich auch als jüngster Erkenntnisschock, dass der Geist des Menschen nicht der Geist Gottes ist, sondern Produkt des evolutionären Gehirns: Mit dem Menschen als Produkt der materiellen Evolution ist auch das Gehirn im Menschen evolutionär fortentwickelt worden bis zu seiner heutigen Hochkapazität. Technisch ist das Gehirn des Menschen einem höchstentwickelten Computersystem vergleichbar mit einem Neuronennetz mit über 100 Milliarden Neuronen. Sein Produkt ist das, was der Mensch denkt. Daraus entstand und entsteht alles Gedachte: der menschliche Geist und seine Kopfwelt, unsere Menschen-Kultur.

3. *Unser menschliches Leben ist auch nicht der eingehauchte Odem Gottes,* denn nicht einmal mit seinem *Lebensodem* ist der Mensch exklusiv. Extraterrestrisch sind andere Lebens- und Geisteswelten zu vermuten, intelligente Wesen im All, die in ihrer Entwicklung auf niederer Stufe hinter uns stehen oder gar mit ihrer Gehirnevolution einen schon längst viel höheren Entwicklungsstand erreicht haben. Genetisch ist das vielgestaltig denkbar, intergalaktisch ist die rechnerische Wahrscheinlichkeit übergroß: Intelligentes Leben ist vielerorts im All möglich.

Der wissenschaftliche Stand der rationalen Vernunft zerstört nicht nur Nietzsches Mythosdenken generell, sondern auch jeden mythisch-religiösen Alleinstellungsanspruch des Menschen, seine mythisch-religiöse Gottesebenbildlichkeit und exklusive Schöpfung. Vom Denkprinzip her bedingt die Aufhebung des anthropomorphen Gottes- und Weltbildes die Nivellierung des anthropozentrischen Selbstverständnisses des Menschen.

Im Kontra zum Mythisch-Religiösen kommt Gott im neuen naturwissenschaftlichen Weltbild nicht vor, an keiner Stelle.

Folglich fehlt den religiösen Menschen (oft auch den Naturwissenschaftlern als Mensch) in den rationalen Wissenschaften genau das, was ihnen die Religion in ihren subjektiven Spekulationen als das Urmenschliche suggeriert und versprochen hat und immer noch verspricht: der exklusive Gottesbezug!

Die Versprechen, die die Religion den Menschen seit Jahrhunderten als höchstes Gut vermittelt hat, dass nämlich der Mensch in den Göttern oder in Gott sicher ist, werden durch die rationalen säkularen Erkenntnisse nicht mehr bedient. Was die Religion mit ihren Mythen und Dogmen als absolut sicher vorgegeben hat, wird von der rationalen Wissenschaft nicht eingelöst. Es ist wie bei der Bank. Der Mensch steht mit einem unterschriebenen Scheck am Bankschalter und bekommt vom Bankbeamten erklärt, dass der Scheck nicht gedeckt ist. Der Scheck, den die Religion den Menschen ausgestellt hat, wird von der rationalen Vernunft der Wissenschaften nicht ausgezahlt.

Die Frage ist jetzt: Bei wem liegt der Fehler? Liegt der Fehler in den Erkenntnissen der rationalen Naturwissenschaften? Sind die Naturwissenschaften schuld, dass sich bei ihnen Gott nicht finden lässt? Oder liegt der Fehler in den spekulativen Versprechungen der Religion? Ist nicht die Religion mit ihren alten Mythen und Dogmen daran schuld, dass sie über die reale Wirklichkeit – zum Beispiel über das Entstehen der Natur – Dinge behauptet hat und noch behauptet, von denen sie sachlich-real überhaupt keine Ahnung hat? Sie hat mit ihren religiösen Behauptungen ihr schmales Wissenskonto über die realen Fakten des Daseins haltlos überzogen und die Menschen mit irrigen Ansichten dumm gehalten und tut das heute immer noch.

Doch nicht nur viele Religiöse glauben immer noch fest, der Fehler liege in den rationalen Naturwissenschaften, eben weil sie da Gott nicht finden. Sie selbst aber haben nicht den Mut, sich einzugestehen, dass es ihnen gar nicht wirklich um die Erkenntnis der realen Wirklichkeit geht, sondern um ihre persönliche Angst, mit dem säkularen Denken ihre religiöse Überzeugung zu verlieren. Sonst nutzen sie jede wissenschaftliche Errungenschaft nahezu ohne Einschränkung. Aber in Bezug auf ihr eigenes Schicksal glauben sie lieber naiv alten religiösen Mythen – je älter, desto besser. Wie damals bei Zeus ziehen sie sich bei allen existentiellen Fragen zurück auf simple transzendente Glaubenslösungen mit dem *lieben Gott* – ein Bewusstseinszustand auf unterstem Stand menschlicher Denkfähigkeit.

Die rationale Vergewisserung ist ein wesentlicher Antrieb der kulturgeschichtlichen Entwicklung des Menschen – zumindest in der europäischen Geistestradition. Der menschliche Verstand legt sich selber gegenüber Rechenschaft ab, ob das, was er denkt und sagt, auch dem entspricht, was in der Wirklichkeit ist. Schon Aristoteles hat dafür eindeutige Kategorien festgelegt, von denen viele in der modernen Erkenntnis- und Wissenschaftstheorie klar definiert sind. Die vom abendländischen Denken ausgehende säkulare Weltvorstellung ist unumkehrbar geprägt durch rational-wissenschaftliche Selbstkontrolle.

Auf rationale Vergewisserung gegen religiös-mythische Gewissheit zielt die Grenzüberschreitung jeder säkularen Aufklärung, nämlich durch alle fragwürdigen Glaubensvorstellungen hindurch zu nachprüfbaren Wissensergebnissen zu kommen. In der rationalen Aufklärung wirkt der Zweifel an allem, was sich nicht evident darstellen lässt. So steckt in jeder relevanten wissenschaftlichen Erkenntnis vom Prinzip her ein elementarer Zweifel an mythisch-religiösen Spekulationen und an ihren exklusiven Gottesbezügen. In diesem Sinne unterliegen Religion und Mythos dem zweifelnden Denkdruck des aufgeklärten Menschen.

Zweifel sind die Geburtswehen der rationalen Geburt und damit auch der persönlichen Bewusstwerdung jedes Menschen. Wann immer Zweifel auftreten, gilt es, rationale Untersuchungen einzuleiten, um überzeugendere überprüfbare Antworten zu finden. Es gilt, sich der Realität zu stellen, sich selbst gegenüber ehrlich zu werden und dabei mutig Grenzüberschreitungen zu wagen.

Vorbilder für mutige Grenzüberschreitungen sind Männer und Frauen der europäischen Geistesgeschichte, allzumal Atheisten wie Darwin, Madame Curie, Freud, Sartre, Simone de Beauvoir. Sie wurden zu Wendepunkten der Geschichte, indem sie alte religiöse Vorstellungen falsifizierten und neue Wirklichkeitserkenntnisse gewannen. Gerade die *Väter des Atheismus* sind Vorbilder für jeden Menschen, der versucht, ein selbstbestimmter, autonomer Mensch zu werden.

[3] Der tagesaktuelle Zweifel an Gott

Eine ganz andere Art von Zweifeln entsteht aus den Geschehnissen des Alltags heraus. An konkreten Ereignissen brechen rationale Verweigerungen auf, die die Existenz eines Gottes, zumindest aber das Bild, das von Gott besteht, in Frage stellen. Drei Beispiele dazu:

1. *Wie sind die Naturkatastrophen vereinbar mit der Liebe Gottes?* 143.000 Tote 1923 im japanischen Tokio und 200.000 Tote 1927 im chinesischen Gansu jeweils durch Erdbeben. 2.000.000 Tote 1931 in Nanking in China durch Überschwemmung. 500.000 Tote 1971 in Ost-Pakistan (heute Bangladesch) durch Wirbelsturm. 240.000 Tote im Jahr 1976 in Tangschan in China durch Erdbeben. Über 240.000 Menschen starben zu Weihnachten

2004 durch ein Tsunami-Seebeben in Südostasien. Vor kurzem über 70.000 Tote durch Erdbeben in Sichuan in Südwestchina am 12. Mai 2008. *Wie kann Gott das immer wieder zulassen?* Am 1. November 1755 kurz nach 9 Uhr in Lissabon. Allerheiligenfest. Wunderschönes Wetter. Die Menschen beim Kirchgang. Auf kleinstem Raum zwischen Rossio und Comércio mitten im eng bebauten Wohn- und Geschäftszentrum Baixas aus heiterem Himmel ein gewaltiger Erdbebenstoß. Riesige Erdkrater reißen auf. Ein ganzer Stadtteil bricht in sich zusammen in einer verheerenden Feuersbrunst. Noch im Zusammenbrechen ein zweiter Erdbebenstoß, der vom Tejo her eine 15 Meter hohe Flutwelle auslöst, die mit Urgewalt in die Unterstadt hineinbraust und alles, was ihr im Weg steht, wegreißt. 50.000 (gar 90.000?) Tote der 275.000 Einwohner in wenigen Minuten.

Jetzt, noch 250 Jahre danach, wurde vielerorts dieses furchtbaren Ereignisses gedacht und immer noch darüber diskutiert, wie Gott das zulassen konnte. Damals aber – zur Zeit der französischen Aufklärung – brach Entsetzen über ganz Europa herein. Erschüttert waren die Menschen allerorts nicht allein über das menschliche Elend. Sie waren zugleich zutiefst betroffen, wie ein Gott bei heiterem Himmel über seine Gläubigen ein derartiges Massaker anrichten konnte.

Die Erregung war so groß, dass der berühmte Aufklärer Voltaire[8] dazu mit seinem satirischen Roman CANDIDE ODER DER OPTIMISMUS[9] eine philosophische Grundsatzdebatte entfachte: Candide, ein harmloser, naiver Mensch, lebt in dem Bewusstsein *Alles wird gut.* Vertrieben aus seiner Heimat durchreist er die Welt, verfolgt von immer neuen Schicksalsschlägen, denen er mit seinem naiven Gleichmut *Alles wird gut* begegnet. Philosophisch

---

8 Voltaire, der große französische Geist des 18. Jahrhunderts, lebte 1694 – 1778.
9 CANDIDE OU L'OPTIMISME (1759). Neu erschienen im Marix Verlag 2006.

greift Voltaire mit diesem Typ Candide den deutschen Philosophen Gottfried Leibniz an, der selbstzufrieden die gutgläubige
Lebenstheorie aufgestellt hatte, *der Mensch lebe in der bestmögli-
chen Welt.* Dagegen zerstörte Voltaire mit CANDIDE jede selbst-
sichere Gutgläubigkeit an einen liebenden, gnädigen Gottvater.
Vor dem Hintergrund des Erdbebens von Lissabon mit seiner
entsetzlichen Brutalität wurde die *Theodizee*-Frage[10] mit Voltaire
zum ersten Mal zur kritischen Frage nach dem Wahnsinn Gottes
gegen die Menschen.

2. *Kriege, immer wieder und überall – und Gott rührt sich nicht?*
Entsetzliche Zerstörungen, Kinder, Frauen, alte Menschen als zi-
vile Opfer, Soldaten als Tote oder Verletzte ohne Ende, unendliche Nachfolgeschäden. Warum lässt Gott die Kriege zu? Warum
greift er nicht ein, um zumindest das Schlimmste zu verhindern? Genauso diese ununterbrochenen Terroranschläge, auch
mit ständigen Opfern unter den hilflosen Zivilisten, mit Bedrohungen und Zerstörungen in immer größerem Stile. Wie können
Götter, egal ob Allah oder Jahwe, das zulassen? Haben sie gar keinen Einfluss? Oder noch schlimmer, überhaupt gar kein Mitleid?
Oder stecken sie irgendwie mit unter der Decke?[11]

Unsere Vorväter im Ersten Weltkrieg 1914/18 waren nicht
nur zermürbt von den Schützengräbenkämpfen Mann gegen
Mann. Sie waren menschlich zugleich völlig verunsichert durch
die Frage: Wie kann Gott auf der einen Seite kämpfen mit dem

---

10 *Theodizee* behandelt das theologische Problem, welche Verantwortung Gott für
das von ihm zugelassene Böse in der Welt hat.

11 Mit dem Schlachtruf *Deus lo vult – Gott will den Krieg –* begründete Papst Urban II.
im Jahr 1095 mit einer glühenden Rede den ersten Kreuzzug der Christen gegen
die Mohammedaner. Die Rückeroberung der heiligen Stätten in Palästina war
nach ihm *Gottes weiser Ratschluss* und damit Befehl für alle kriegsfähigen Christen.
Über 200 Jahre in 7 Kreuzzügen ein schreckliches Gottesdebakel – und ein Papst-
verbrechen mit kirchlich geweihten Waffen.

Schlachtruf *Mit Gott* auf den Koppeln und zugleich auf der anderen Seite mit der gleichen Parole, nur auf Französisch *Avec Dieu?* Unser Vorväter kamen von diesem schrecklichen Krieg geschlagen nach Hause zurück und stellten wieder und wieder die Frage nach diesem *Gott mit uns*, mit dem sie weder in den Schützengräben noch danach in der Heimat fertig geworden sind. Ein Generationenproblem, mit dem sich viele von diesem Wahnsinn Gottes für immer von Gott lossagten.

3. *Sinnloses Sterben, sinnloses Leben – und Gott ist gnadenlos abwesend?* Es geschieht mitten unter uns oder gar mit uns: Eine junge Frau, Mutter von drei kleinen Kindern und entgegen dem Standard glücklich verheiratet, bekommt aggressiven Krebs und stirbt in kurzer Zeit mitten aus einem blühenden Leben heraus. Mann, Kinder, Haus, Eltern, Freunde, soziale Sicherheit, alles da. Nur sie nicht mehr. Warum? Warum überhaupt? Warum sie? Alles Glück zerstört, das der Kinder, das des Mannes, und alles, was an einer glücklichen Familie hängt. Wie kann Gott das zulassen?

Zugleich im Nachbarhaus nebenan liegt eine 91-jährige Frau, ans Bett gefesselt, schon seit acht Jahren, schwer dement, seit Jahren unansprechbar, ein reiner Pflegefall. Dennoch kann sie nicht sterben. Alle wünschen ihr aus reiner Menschlichkeit einen baldigen gnädigen Tod. Doch sie stirbt nicht. Sie wird unter total menschenunwürdigem Leidenszustand noch zweieinhalb Jahre dazu brauchen. Der Wahnsinn Gottes? Jeder Fall für sich ist schon unmenschlich, bezogen aufeinander ist es der Wahnsinn Gottes!

Nur zwei Beispiele. Weitere könnten aus allen Lebensbereichen hinzugefügt werden, denkt man an die Vernichtung der Juden in den KZs, die keine Hilfe fanden in ihrem festen Glauben an den 23. PSALM *Gott der Herr ist mein Hirte, mir wird nichts man-*

geln. Oder wo war Gott damals bei den Völkermorden der Indios und der Indianer durch die Christen, wo heute bei den afrikanischen Völkermorden in den letzten 30 Jahren? Wo ist er in den Hungersnöten in den Wüstengebieten, in den Elendsvierteln von Kalkutta bis Mexiko-Stadt, da, wo das Unrecht selbst in der zivilisierten Welt immer wieder die Hilflosen und Schwachen trifft? Der Wahnsinn Gottes gegenüber seiner eigenen Schöpfung raubt selbst den Hartgesottenen immer wieder jedes Verständnis – nicht erst in unserer Zeit heute, sondern schon immer durch die Länge der Geschichte hindurch.

Wollte man Gott wirklich ernst nehmen, dann ist sein Verhalten in dieser Welt für einen human denkenden Menschen unerträglich. Keine humane Gruppe könnte einen solchen Typ in ihren Reihen real ertragen und auf Dauer dulden, denn:

– Welche Frau könnte in ihrer Ehe einen Mann ertragen, der mit ihr keinen Kontakt hat, der sich in Schwierigkeiten um sie überhaupt nicht kümmert, der nur sich selbst für gut und gerecht hält?

– Welches Kind könnte einen Vater ertragen, den es nur vom Hörensagen kennt und nur als verneinende Autorität, der ihm (Familien-) Sünden vergibt, die es weder kennt, noch getan hat?

– Welcher Mitarbeiter könnte in der Arbeitsgruppe einen Chef ertragen, der aus Prinzip nie lobt, sondern alles miesmacht, der nur immer von sich selbst in höchsten Tönen spricht und absolutistisch-autoritär von oben durchregiert und Gehorsam fordert?

Nur die Menschen müssen einen solchen Gott erdulden, der in allem die einfachsten Regeln der Menschlichkeit verletzt. Ein Gott aber, der unmenschlicher ist als der Mensch, kann dem Menschen kein Gott sein. Deshalb darf Gott aus dem elenden Erscheinungsbild dieser Welt nicht entlassen werden. Er darf sich nicht davonschleichen dürfen, als sei er für nichts verantwortlich. Gott selbst ist dem Menschen Rechenschaft schuldig.

Doch mit seiner Rationalen Geburt kommt der denkende Mensch über alle Zweifel an Gott hinaus noch zu einem viel einfacheren Ergebnis: Wir sollten keine Kraft mehr verschwenden an die tausend Fragen des religiösen Warum. Es gibt auf sie doch keine Antwort, weil es Gott gar nicht gibt. Ein Gott, der nicht ist, kann in der Welt auch nicht anwesend sein und gnädig handeln.

Deshalb sind es nicht die Schlechten, die die Krücken der Religion hinter sich lassen, um auf sich selbst gestellt und eigenständig ohne Gott nach neuen Lösungswegen in der Welt zu suchen – selbst mit dem Risiko oder gar mit der Gewissheit, immer wieder auch zu scheitern.

[4] Der ganz persönliche Zweifel an Gott

Durch die Loslösung von Gott als der höchsten religiösen Autorität setzt sich der Mensch frei von größtmöglicher Fremdbestimmung.

Wie geht das? Wie geht eine Freisetzung von einer Sache, in die wir durch unsere Kultur schon von jeher und darüber hinaus ganz aktuell durch eine massive Öffentlichkeit ständig einbezogen werden? Fragen wir zunächst einmal ganz grundsätzlich, indem wir uns das Problem der Loslösung von Abhängigkeit genauer vor Augen führen. Wir stellen dazu die Frage so:

Was beabsichtigte Sigmund Freud, wenn er einen Patienten auf die Couch legte und mit ihm eine Therapie begann? Bei dieser Frage geht es in diesem Zusammenhang nicht um die komplizierten Einzelabläufe der Psychoanalyse, sondern um die Grund-

satzfrage: Was war Ausgang und Ziel freudscher Therapiearbeit?
Wir definieren dazu sieben Punkte[12]:

Erstens: Freud hatte erkannt, dass der Mensch gerade in der
Frühphase seines Lebens Erfahrungen machen kann und muss,
die er geistig-seelisch nicht verkraftet. Der kindliche Mensch ist
dann nicht angemessen in der Lage, das Erlebte voll zu erfassen
und es mit Bewusstsein zu verarbeiten.

Zweitens: Freud hatte erkannt, dass sich solche unverarbeite-
ten Erfahrungen im Menschen als unbewältigte Vergangenheit
festsetzen. Sie schlummern gleichsam im Menschen wie eine
Zeitbombe, die, wenn sie ausgelöst wird, im späteren Leben mit
zerstörerischer Gewalt zum Ausbruch kommt.

Drittens: Freud hatte erkannt, dass psychische Krankheitser-
scheinungen im späteren Leben eines Menschen ihre Gründe in
Erfahrungen haben, die eben oft sehr lange Zeit zurückliegen.
Ursache und Wirkung klaffen eben weit auseinander, ohne ihre
Bezogenheit aufeinander verloren zu haben.

Viertens: Freud hatte erkannt, dass der akute Krankheitszustand
nachhaltig nur zu behandeln wäre, wenn man irgendwie an die
Ursache in der Vergangenheit herankäme. Das Damalige müsste
irgendwie noch einmal ins Bewusstsein gehoben werden können, um es aktuell zu erfassen und zu verarbeiten.

Fünftens: Freud hatte erkannt, dass dies möglich wäre, indem
sich der Mensch Schritt für Schritt an das damalige Geschehen
zu erinnern versucht. Ein endlos langer Weg zurück in die Vergangenheit müsse vom Betroffenen selber geleistet werden, um
damals bei sich selbst anzukommen.

---

12 Freud hat Methoden und Arbeitsziele seiner Psychoanalyse (Der Begriff taucht bei
ihm zum ersten Mal 1896 auf) in seinen VORLESUNGEN ZUR EINFÜHRUNG IN DIE
PSYCHOANALYSE (1917) und NEUE FOLGE DER VORLESUNGEN ZUR EINFÜHRUNG
IN DIE PSYCHOANALYSE (1933) dargestellt.

Sechstens: Freud hatte erkannt, dass dies ein Bewusstwerdungs-prozess rationaler Art wäre. Der Mensch hebt aus seinem Unter-bewussten das unverarbeitete Geschehen hervor und erkennt es selbst als die Ursache seines aktuellen Defektes. Der Erkenntnis-prozess liegt ganz alleine in dem Menschen selbst.

Siebtens: Freud hatte erkannt, dass der rationale Erkenntnispro-zess den Menschen freisetzt von der unbewältigten Erfahrung. Der Mensch kann mit seiner erwachsenen Ratio die Vergangen-heit bewältigen und wird gesund, indem er sie anerkennt und mit ihrer Bejahung lebt.

Freud hat die rationale Analyse speziell bei frühkindlichen Se-xualerfahrungen durchgeführt und dabei Vergangenheitsbewäl-tigung an einer äußerst komplexen Bedürfnisstruktur erarbeitet und demonstriert. Bei ihm stand dieser Bereich stark im Mittel-punkt. Prinzipiell trifft seine psychoanalytische Freisetzung aber auf alle frühkindlichen Erfahrungen zu, die wegen ihrer Schock-wirkung langfristige krankhafte Symptome bewirken[13].

Von signifikanter Bedeutung sind Schädigungen der mensch-lichen Entwicklung im frühkindlichen Alter auch durch do-minant religiöse Erfahrungen mit der Gottvater-Gestalt[14]. Eine totale Fremdbestimmung durch Gott wird nahezu unauslösch-bar bereits von klein auf angelegt. Einen tiefen Einblick in diese

---

13 Nur erwähnt sei hier in diesem Zusammenhang der Missbrauch von Kindern durch katholische Priester. Es gibt leider keine ausreichende Untersuchung über das Spätbefinden von Männern, die als Kind in dieser Weise missbraucht worden sind. Aus meinen Gesprächen mit Männern, die mit diesen Erfahrungen belastet sind, weiß ich um die späten tiefen Verletzungen. Es ist hier nicht der Ort, an dem dieses menschlich höchst komplizierte Feld sachgerecht darzulegen ist, zumal es keineswegs allein ein zwingend religiöses Problem ist, sondern vom Täter her ein primär menschliches im Rahmen eines kirchlichen Umfeldes, für das Opfer dagegen ein primär religiöses, weil eng verbunden mit seinem frühkindlichen Glaubensbezug. Sein Schaden liegt in einer schweren Religionsneurose.

14 Auf religiöse Zwangsneurosen speziell aus dem Ödipuskomplex hat Freud selbst schon hingewiesen, Zukunft einer Illusion, op.cit., Teil IX.

dramatische Persönlichkeitsbildung hat in den 1970er Jahren Tilmann Moser gegeben mit seinem damals aufrüttelnden Buch *Gottesvergiftung*[15].

Tilmann Moser spricht in *Gottesvergiftung* von seinem eigenen religiösen Leidensdruck. Er, selber Psychotherapeut, versteht seine Abrechnung mit Gott als Versuch, von den tiefen religiösen Verletzungen seiner Kindheit letztgültig freizukommen. Er schildert so seine kindliche Glaubenswelt im Rückblick als erfahrener Mann, der sich selbst, fachlich hochqualifiziert, in seiner kindlichen Frömmigkeit analysiert. Wir heben drei Punkte hervor:

1. Vermittler Gottes und der christlichen Religion sind für ihn seine Eltern gewesen, die aus totaler Glaubensfrömmigkeit heraus mit ihm in Gebeten und Gottesdiensten ein intensives Christentum praktizierten. Die intime religiöse Gefühlsnähe mit den Eltern verstärkte zugleich im ständigen Mit- und Gegeneinander seine Eltern- und Gottesbeziehung ins fast Unerträgliche.

2. Seine Glaubensbetroffenheit mit übersteigerter Gottesverehrung schwankt stark zwischen dem Bewusstsein, durch Gottes Liebe ganz angenommen und berufen zu sein, und einem urgründigen Schuldbewusstsein, total unwürdig und verworfen zu sein mit Lebensangst und Wirklichkeitsverlust.

3. In diesem zerreißenden Kontrast durchzieht so seine Kindheit Tag für Tag und in aufgeschreckten Nächten eine Art Gottesvergiftung, die ihn hindert, sich anzuerkennen und in Kontakt zu anderen zu treten. Nur mit einer rationalen Verwerfung der gesamten Religion rettet er sich in ein Leben ohne Gott und damit zunehmend in eine sich selbstbestimmende Existenz. In seinem Rückblick erfährt er äußerst widerwillig, dass er sich ge-

---

15 Tilmann Moser, Gottesvergiftung, Frankfurt am Main 1976.

rade in seinem Widerstand im Tiefsten immer noch angebunden fühlt.

Tilmann Moser wie auch die alte Dame aus der Steinstraße in unserer Anfangsgeschichte haben mutig einen entscheidenden Befreiungsschritt in ihrem Leben gewagt. Speziell die alte Dame hat ihre Entscheidung erst angesichts einer Grenzsituation – in der Nähe zu ihrem eigenen Tod – getroffen. Sie hat sich im letzten Augenblick ganz bewusst selber befreit und damit ihren religiösen Leidensdruck aus eigener Kraft aufgehoben.

An Moser und auch an der alten Dame wird deutlich, dass eine Rationale Geburt immer ein langwieriger Prozess ist! Ein Mensch, der nicht selber in der engen Bindung an einen persönlichen Gott groß geworden ist, kennt nicht den Kampf um Befreiung von der inneren existentiellen Umklammerung des Religiösen, den zerreißenden Druck der letztgültigen Absage an die gleichsam schicksalhafte Gott-Zugehörigkeit.

Ein Atheist, der sich persönlich selbst aus dieser Umklammerung losgerissen hat, ist ein anderer als jener Atheist, der nie ernsthaft gläubig war. Beide gehen von unterschiedlichen Erfahrungen aus. Die religiöse Bindung von klein auf ist eine völlig andere Dimension der Selbsterfahrung als alle abstrakte Gotteszweifel und Gotteskritik, die unter [2] und [3] dargestellt sind. Trennung von Gott ist wie Lossagen von seinem geistlichen Vater, einem Urvertrauten, dem man sich anvertraut hatte wie keinem anderen.

Rationale Geburt meint im Letzten vor allem auch Loslösung von dieser von Gott umklammerten Existenzbasis. Bei jedem Menschen sieht diese ganz persönliche Loslösung vom ersten Schritt an anders aus und jeder muss da seinen ganz eigenen Weg gehen. Ziel aber ist, Vertrauen zum eigenen Leben zu finden und damit Offenheit für diese Welt und ihre Lebensfülle, denn:

Nur indem sich der Mensch herausnimmt aus der göttlichen Bevormundung, entwickelt er sich zu einem sich selbstbestimmenden und verantwortenden Individuum in diesem Leben. Nur so wird er ein autonomer Mensch.

[5] Atheistisches Manifest 6 – 10

Rationale Geburt
Konturen eines autonomen Menschen
[Zur Frage der Selbstfindung des Ich]

(6)

1. *Mit dem Begriff Rationale Geburt bezeichnen wir die ganz gezielte Grenzüberschreitung aus einem alt konditionierten religiösen Bewusstsein in eine befreiende neue Lebensvorstellung – ohne Gott.* Rationale Geburt steht insofern für eine bewusst gewollte entscheidende Wende im Leben.

2. Zwar ist nicht jede Grenzüberschreitung eine richtige Lösung. Aber nahezu jede richtige Problemlösung im Leben ist immer eine Grenzüberschreitung.

3. Die innere Bereitschaft zur entscheidenden Wende im Leben hängt ganz stark davon ab, unter welchem Leidensdruck der Mensch in seinem Leben steht. Oft ist es ein langer schmerzhafter Weg bis zur letztgültigen Lebensveränderung.

(7)

1. *Rationale Geburt definiert die Befreiung des Ich*

   – als persönliche *Loslösung* von einem durch Gott fremdbestimmten Leben und

   – als persönliche *Zuwendung* zu einem gottfreien selbstbestimmten Leben.

2. Befreiung des Ich meint nicht Freiheit des Ich. Freiheit als solche gibt es nicht, denn der Mensch lebt immer in bindenden Verpflichtungen gerade auch dann, wenn er sich loslöst.

3. Befreiung heißt: Verhältnisse, die so bestehen, will ich nicht mehr. Ich will es ab sofort anders. Ich kämpfe für mein neues anderes Leben.

(8)

Die Loslösung von Gott vollzieht sich auf drei Ebenen

1. *durch den kulturgeschichtlichen Zweifel an Gott,* indem der Mensch die religiös-mythischen und kirchlich-dogmatischen Verleumdungen der Wirklichkeit erkennt und sich stattdessen zur Realität bekennt. Die rationale Vergewisserung der Realität bedarf keines Gottes.

2. *durch den tagesaktuellen Zweifel an Gott,* indem der Mensch nicht mehr bereit ist, Gott und die Liebe Gottes angesichts des Elends der Welt gutgläubig zu akzeptieren. Ein Gott, der unmenschlicher ist als der Mensch, kann nicht Gott sein.

3. *durch den ganz persönlichen Zweifel an Gott*, indem der Mensch an sich selber erkennt, wie fremdbestimmt er schon immer durch Gott lebt und denkt. Die göttliche Unterdrückung bedingt die menschliche Freisetzung des Ich für immer.

(9)
1. *Durch die Loslösung von Gott als der höchsten religiösen Autorität setzt sich der Mensch frei von der größtmöglichen Fremdbestimmung.* Trennung von Gott ist im Tiefsten wie Lossagen von einem geistlichen Vater, dem man sich anvertraut hatte wie keinem anderen.

2. Trennung von göttlicher Fremdbestimmung ist für einen gläubigen Menschen der für ihn selbst größtmögliche Befreiungsakt. Er löst damit letztgültige transzendente Bindungen nicht nur im Leben, sondern über seinen Tod hinaus.

3. Bei jedem Menschen sieht diese ganz persönliche Loslösung vom ersten Schritt an anders aus und jeder muss da seinen ganz eigenen Weg gehen. Dabei ist es wichtig zu erkennen, dass viele verantwortungsbewusste Menschen für ihre innere Befreiung gekämpft haben und kämpfen, um ihren Weg aufrecht ohne Gott gehen zu können.

(10)
1. *Ziel der Loslösung von Gott ist, Vertrauen zum eigenen Leben zu finden und damit Offenheit für diese Welt und ihre Lebensfülle.* Der Mensch ist frei geboren, um mit starkem Selbstbewusstsein das Leben zu leben.

2. Doch nur indem sich der Mensch herausnimmt aus der göttlichen Bevormundung, entwickelt er sich zu einem sich selbst
   bestimmenden und verantwortenden Individuum. Nur so
   wird er ein autonomer Mensch.

3. Ein sich selbst verantwortender Mensch lebt autonom in
   atheistisch-humanistischer Selbstverantwortung. Sein atheistischer Glaube ist ihm dabei seine persönliche Selbstverfassung.

3. Bekennender Atheist
Auch ein Mensch ohne Gott glaubt
[Zur Frage von Glauben und Wissen]

Der Abend war super gelaufen. Fernsehdiskussion, nachts 23.30 Uhr in Berlin. Flotte Diskussion über Gott. Mein Gegenüber war gut drauf mit seiner These, dass der Mensch überhaupt nichts Wesentliches über seine Existenz wüsste, wenn nicht durch Gott selbst, der uns seinen Willen geoffenbart hätte.

Darauf konnte ich sehr gut mit meinen Gegenthesen einsteigen. Vor allem war es mir zum Schluss gelungen, die Befreiung von Gott darzustellen als den entscheidenden Emanzipationsakt des Menschen, als den Weg von der größten Fremdbestimmung zur autonomen Selbstbestimmung.

Die Après-Show im Studio war schnell zu Ende gegangen. Rein ins Taxi. Zum Hotel. Ein sehr schönes altes Gründerzeitgebäude. Goldene Löwen vor dem Portal. Auch innenarchitektonisch großartig gestaltet mit wunderbar modernem Interieur. Irgendwie hatte ich Durst. Noch auf ein schnelles Bier in die Hotelbar. Alles leer da. Auf einem Platz an der Theke saß ein Managertyp, gut 40 Jahre alt, sympathisch. Bierglas halbleer. – *Guten Abend.* Ziemlich in Schwung setzte ich mich zwei Plätze neben ihn. – *Ein Bier bitte, für den jungen Mann auch eins.*

– *Haben Sie gerade ein dickes Geschäft gemacht*, fragte er, *oder kommen Sie von einer tollen Frau? Sie rauschen hier rein …*

– *… entschuldigen Sie, wenn ich Ihre Ruhe störe …* sagte ich.

– *So nicht*, sagte er, *aber wo Sie jetzt herkommen, das möchte ich nun doch schon wissen. – Erstmal 'n Bier*, sagte ich, *prosit!*

Fehlanzeige *tolle Frau*. Das machte unseren Gesprächseinstieg ein bisschen mühsam. So kamen wir nur ziemlich langsam in Gang. Ich erzählte ihm natürlich von der Talkshow. Er konnte

sich plötzlich sogar an meinen Talk bei *Menschen bei Maischberger* erinnern. – *Die drei frommen Frauen, das war doch wohl furchtbar,* sagte er. *Vor allem repräsentierten die doch gar nicht unsere Frauen in Deutschland. Wo gibt es denn derart religiös verbissene Frauen bei uns? Aber wie Sie dann nachher so klar Ihren Atheismus vertreten haben, das fand ich schon gut. Obwohl ... ich bin ja Agnostiker*[1] ...
   – *Alle Agnostiker sind halbschwanger,* sagte ich. – *Alle Agnostiker sind was ...?* fragte er. – *Alle Agnostiker sind halbschwanger,* wiederholte ich, selbst ein bisschen überrascht von der lockeren Formulierung. – *Sie meinen, weder ja noch nein?* fing er selber an zu deuten.
   – *Ein bewusster Mensch muss raus aus dieser indifferenten Sowohl-als-auch-Haltung,* sagte ich, *aus diesem: Lieber Gott, wenn es einen gibt, rette meine Seele, wenn ich eine habe.*
   – *Aber wer weiß es schon genau. Sie wissen es doch letztlich auch nicht,* sagte er. – *Es geht nicht allein um ein letztes Wissen. Objektive Erkenntnisse gibt es genug, um für sich selber eine klare Entscheidung treffen zu können. Doch man muss sich darüber hinaus auch als Atheist bekennen! Man muss sich für sein Leben ein Ziel setzen, daran glauben, muss für dessen Prinzipien einstehen,* sagte ich. – *Muss man?* fragte er, *muss man wirklich?*
   Als wir uns voneinander verabschiedeten, war es Viertel vor vier. Der Agnostiker musste kurz nach sieben am Flughafen sein, der Atheist musste kurz vor acht zum Lehrter Bahnhof zum Intercity. Das waren unsere Muss-Fakten. Oder muss man mehr?

---

1   Jemand, der meint, über Gott mit dem Verstand nichts aussagen zu können.

[1] Was heißt – ich erkenne?

Natürlich ist es ein Unterschied, ob ich sage, das *glaube ich,* oder ob sich sage, *das weiß ich.* Doch worin liegt der Unterschied zwischen beidem? Was treibt beides auseinander, was bindet beides zusammen? Zur Klärung reicht nicht die Feststellung, welche Inhalte man *glaubt* oder *weiß,* etwa *ich glaube an Gott* oder *ich weiß, dass es Gott nicht gibt.* Man muss auch die Frage beantworten: Was meint *Glauben?* Was meint *Wissen?*

Um die Bedeutung von Glauben und Wissen genauer bestimmen zu können, ist es sinnvoll, zunächst den *Erkenntnis*begriff zu erklären, weil dieser sowohl dem Glauben wie auch dem Wissen zugrunde liegt. Was heißt also: Ich *erkenne etwas?* Was bedeutet *Erkenntnis?* Bekomme ich, wenn ich etwas erkenne, zu dem, was ich erkenne, einen unmittelbaren Zugang? Wie genau weiß ich damit über das Erkannte Bescheid? Ist das, was der Mensch erkennt, gar ein absolutes Wissen?

Hätte das Subjekt, das etwas erkennt, über das Objekt, das erkannt wird, ein genaues Wissen, dann müsste der Erkenntnisbegriff auf die Formel gebracht werden:
A erkennt B als B.
Der Mensch (A) erkennt die objektive Wirklichkeit (B) als objektive Wirklichkeit (B). Der Erkennende (A) erreicht über die Objektwelt (B) einen genauen Erkenntnisstand, ein sachgerechtes Wissen (B = B). Der Betrachter erkennt demnach die Wirklichkeit, wie sie wirklich ist.

Aber ist das so? Erkennt der Mensch die Dinge direkt? Ist es nicht eher so, dass das subjektive Erkennen keinen letztgültigen Bezug zu einer Sache herstellt und deshalb keine absolute Gewissheit darüber garantiert? Bleibt nicht immer eine grundsätzliche Distanz zwischen dem Subjekt, das betrachtet, und dem Objekt, das betrachtet wird? Dann wäre der Erkenntnisbegriff auf die Formel zu bringen:

A erkennt B als C.

Der Mensch (A) erkennt die objektive Wirklichkeit (B) nie direkt als (B), sondern immer nur als (C), nämlich als ein subjektives Bild von der objektiven Wirklichkeit. Menschliche Erkenntnisse sind nie objektives Wissen (B = B), sondern nur ein subjektives Gemisch von Vorstellungen des Betrachters über die Wirklichkeit, also ein geistiges Konstrukt aus (A) und (B) = (AB = C), das ihm die Sache unter seinen subjektiven Bedingungen versinnbildlicht, verständlich macht.

Daraus folgt: Die objektive Wirklichkeit ist grundsätzlich anders als das, was der subjektive Betrachter erkennt und *wahr haben will*. Es bleibt somit immer eine abweichende Distanz zwischen dem Erkennen des Ich und der Wirklichkeit an sich. Diese Distanz beschreibt der wichtige erkenntnistheoretische Begriff *Subjekt-Objekt-Bezug*: Das Subjekt steht in Distanz zur Umwelt der Objekte außerhalb seines Ich.

Wie nun diese Distanz zwischen Subjekt und Objekt im Denken überwunden wird, das ist erkenntnismäßig von großer Bedeutung, denn es führt den Menschen zu zwei unterschiedlichen, ja, zu zwei völlig konträren Einstellungen zur Wirklichkeit, nämlich einerseits zum *religiösen* und andererseits zum *naturwissenschaftlichen* Erkennen.

• *Das religiöse Erkennen zielt auf das Subjekt und ordnet alles Objektive dem subjektiven Bewusstsein unter.* Die Methodik der subjektiven Betrachtungsweise hebt im Religiösen das Menschliche ganz und gar hervor. Der Mensch steht im Mittelpunkt. Er sieht alles nur unter der Frage, was es für ihn als Mensch bedeutet, was es ihm nützt oder schadet. Er hebt sein Ich in seinen existentiellen Empfindungen und Bedürfnissen heraus, bezieht alles Äußere auf sein existentielles Betroffensein. Die Fragen nach seinem Schicksal bewegen und bestimmen ihn in allen seinen Erkenntnissen.

Die Sprachform dieses subjektiven Erkennens ist der *religiöse Mythos*. Der religiöse Mythos benutzt eine Betrachtungsweise, die nicht nur menschlich, sondern sogar menschgestaltig denkt. Der Mythos drückt alles in solchen Bildern aus, die der menschlichen Gestalt und Erfahrungswelt entsprechen, selbst hochabstrakte Vorgänge wie etwa die Entstehung des Menschen. Das zeigt eindrucksvoll der biblische Mythos von der Erschaffung Adams in der Paradiesgeschichte GENESIS[2] 2,4b – 25:

Da wird der Mensch Adam ganz individuell von Gott aus Lehm gemacht. Für den Menschen wird ein Garten angelegt, um ihm einen angenehmen Lebensraum zu geben. In diesen Garten sind für den Menschen Bäume gepflanzt zu seiner Verfügungsgewalt. Ja, es wird eine Frau geschaffen – allein für den Menschen.

Der religiöse Mythos denkt anthropozentrisch: Der Mensch (griechisch: anthropos) sieht sich im Mittelpunkt (zentrum) seiner Welt. Alles, was geschieht, geschieht für ihn, den Menschen. Er sieht seine Welt ganz auf sich bezogen. Religiöse Erkenntnis ist so immer ein für den Menschen persönlich definiertes Wirk-

---

2 GENESIS = 1. BUCH MOSE. Genesis Kapitel 1 – 11 umfasst die biblische Urgeschichte. Ihre älteste Erzählung ist die Paradiesgeschichte mit der Schöpfung in Kapitel 2,4b – 25. Den Erzähler nennt der Theologe den *Jahwisten*, weil er für Gott den alten Namen *Jahwe* benutzt. Dazu Gerhard von Rath, DAS ERSTE BUCH MOSE – GENESIS, Das Alte Testament Deutsch, Göttingen 1961, 6. Auflage, Seite 16 ff.: Die drei Erzählquellen. Siehe auch unten Seite 165 ff.

lichkeitsverständnis, eine Antwort auf menschliche Betroffenheit und Bedürfnisse.

Entsprechend erzählt der religiöse Mythos auch von Gott wie von einem Menschen. Wie ein Gutsherr besitzt Gott einen großen Garten. Wie ein Töpfer formt Gott den Menschen aus Lehm. Wie ein Gärtner bestellt Gott diesen Garten, indem er Bäume hineinpflanzt. Wie ein Medizinmann lässt Gott den Menschen in einen tiefen Schlaf fallen, entnimmt ihm eine Rippe, aus der er ein neues Wesen bildet und ihm Leben einhaucht. Wie ein Brautvater führt Gott dem Menschen die Frau als Gefährtin zu, geht durch den Garten, redet mit ihnen, ruft nach ihnen.

Gutsherr, Töpfer, Gärtner, Medizinmann, Brautvater – der Mythos beschreibt Gott anthropomorph, in Gestalt (griechisch: morphe) eines Menschen (anthropos). Er bleibt in seinem Gottesbild also ganz in seiner ichbezogenen Welterkenntnis gefangen. Seine anthropozentrische Weltinterpretation bestimmt den Rahmen seines anthropomorphen Gottesbildes:

Der Mensch (A) erkennt den Grund seiner Entstehung (B)
in (C) als einem menschgestaltigen Gott
mit menschlichen Handlungsweisen.

Dieser religiöse Mythos, unter Nomadenstämmen um 1200 vor Christus entstanden und mündlich überliefert, spiegelt die geistigen und sozialen Umstände des damaligen Erzählers und seiner Zuhörer wider. Sie ziehen mit ihren Herden am Wüstenrand entlang und wechseln dabei Sommer und Winter ihre Weideplätze. Vor allem Dürreperioden zwingen sie, ihre gewohnten Weideplätze aufzugeben und sich dem Kulturland mit seiner reichen Zivilisation zu nähern. Aus der Dürre der Wüste heraus verdichten sich ihre Wunschvorstellungen nach dem Kulturland zum Idealbild des Garten Eden, dem Paradies.

Die frühen Kulturmenschen konnten damals gar nicht anders, als von ihrem subjektiven Verstehen ihrer Welt her auch ein subjektives Gottesbild zu beschreiben. Gerade dem, was sie in ihrem Leben nur schwer erfassen konnten, verliehen sie menschliche Formen, machten sich das in menschengleicher Gestaltung klar. In geradezu archaischer Naivität thematisierten sie so ihr menschliches Welt- und ihr Gottesverständnis.

Diese Naivität des menschlichen Ich-Bezuges entspricht dem frühen kindlichen Erkennen. Auch das kleine Kind erfährt seine Welt zunächst nur im direkten personalen Bezug zu seiner Mutter und den Personen um sich herum. Alles, was es begreift, begreift es in personalen Beziehungen auf sich selber. Es kann noch nicht rational von sich abstrahieren. Jede objektivierende Betrachtung fehlt ihm noch. Auch seine Wertigkeiten sind gemäß seinen Wahrnehmungen anthropozentrisch und damit anthropomorph.

Gerade in dieser geistigen Naivität gegenüber der Realität drückt das Subjekt im religiösen Mythos die Wirklichkeit mit spekulativen Bildern aus, die objektiv gar nichts mit der Wirklichkeit zu tun haben, sondern nur seiner subjektiven Vorstellungskraft entspringen. Das Spekulieren gibt der Subjektivität den größtmöglichen gedanklichen Freiraum und eine unbegrenzte Beliebigkeit. Das subjektiv Zwingende verstellt dabei das objektive Fragen, verhindert geradezu das Objektive. Der religiöse Mensch bleibt in seinen Welt- und Gottesvorstellungen ganz und gar in seinen subjektiven Wünschen und Spekulationen stecken.

Über die objektive Wirklichkeit an sich (B), etwa über die wirkliche Entstehung des Menschen, sagt der religiöse Mythos damit weder hier noch sonstwo irgendetwas Letztgültiges aus. Über die Realität der Entstehung und Abstammung des Menschen hat er nicht den Ansatz eines konkreten Wissens. Es wäre absurd, aus dem religiösen Mythos überhaupt irgendein absolutes Wissen über die objektive Realität ableiten zu wollen.

• *Dagegen zielt das naturwissenschaftliche Erkennen auf das Objektive und ordnet alles Subjektive dem objektiven Bewusstwerden unter.* Es zielt allein auf die Frage, wie es wirklich ist, völlig egal, was der Einzelne dazu denkt oder dabei empfindet, ob er davon positiv oder negativ betroffen ist, ob er das mag oder nicht mag. Das Objektive des Wirklichen als alleiniger Maßstab des Erkennens schaltet gezielt jede persönliche Existenzbetroffenheit aus.

Die naturwissenschaftliche Erkenntnis macht sogar das exklusive Subjekt Mensch in allen seinen Erscheinungsformen zum Objekt ihrer Forschung. Es gibt für sie keine religiösen Tabus mehr. Als Christiaan Barnards 1967 die erste Herztransplantation vornahm, gab es noch einen dramatischen Glaubenswiderstand um das *Mysterium Herz* und das *Geschöpf Mensch*. Innerhalb von kaum 30 Jahren hat sich diese religiöse Sicht fast vollständig gewandelt zugunsten einer objektiven Sicht rationaler Bestimmbarkeit und Machbarkeit. Selbst in der Diskussion um Gehirnforschung oder Stammzellen geht es heute bei dieser Entwicklung nur noch um Vermeidung von Missbrauch. Die Erstherstellung von Leben und sein Ausbau in fast beliebiger Form ist der rationalen Forschung nur noch eine Frage der Zeit. Der Mensch als Subjekt ist sich selbst Objekt unter Objekten.

Die Naturwissenschaften benutzen für ihre Erkenntnisse eine logische Sprache, die mathematische Formel, in der das Subjektive prinzipiell eliminiert ist. Mit ihr versucht das rationale Denken das Ich aus dem Erkenntnisprozess so auszuschalten, dass das C der Erkenntnis dem B der Wirklichkeit größtmöglich anzunähern ist. Objektivität bedeutet Ausschaltung des Störfaktors Ich mit seinen subjektiv bedingten Abweichungen. Das bedeutet natürlich zwangsläufig auch Ausschaltung der Religion, denn mit deren totaler Subjektivität gegenüber der Objektivität liegt schon im Ansatz ihr Denkfehler. Die Wirklichkeit ist von ihr deshalb nicht zu erkennen, weil sie in Abwehr und Verhinderung schlicht falsch darauf eingestellt ist.

So musste Isaac Newton, um das allgemeine Gravitationsgesetz erkennen und definieren zu können, erst eine neue Sprache, eine neuartige Mathematik erfinden, die *Differential- und Integralrechnung*, mit der er die Wirkungskraft etwa der Erdanziehung objektiv und exakt bestimmen konnte[3]. Ohne die funktionale Logik der Infinitesimalrechnung hätte er diese höchstwichtige Naturgesetzlichkeit nicht exakt definieren können. Mit ihr aber wurde eine objektive Erkenntnis erreicht, die nicht nur in unserer Welt an jedem Ort gilt, sondern von jedem Menschen an jedem Ort zu jeder Zeit nachvollzogen und angewendet werden kann. Ein objektiver Fakt also von absoluter Allgemeingültigkeit bis hinein in die Erkenntnis der Urknallenergie zu Beginn unseres Kosmos – völlig egal, was der einzelne Mensch dazu denkt, glaubt oder sonst tut.

Der Gegensatz zwischen Religion und Naturwissenschaft wird also allein schon in den unterschiedlichen Sprachmodellen *Mythos* kontra *mathematische Formel* erkennbar: Während im Mythos und damit in der Religion der Mensch als Subjekt völlig im Mittelpunkt steht und sich alles um ihn dreht, ist in der mathematischen Formel und damit im naturwissenschaftlichen Denken der Mensch als Subjekt und damit als Störfaktor völlig ausgeschaltet und spielt überhaupt keine Rolle mehr.

---

3 Das gelang ihm 1682 als eine sensationelle Entdeckung. *Die Entdeckung des Gravitationsgesetzes und seiner Konsequenzen ist die imponierendste Leistung, deren die logische Kraft des menschlichen Geistes jemals fähig gewesen ist.* (Hermann von Helmholtz 1862 in ÜBER DAS VERHÄLTNIS DER NATURWISSENSCHAFTEN ZUR GESAMTHEIT DER WISSENSCHAFT).

Objektivität als größtmögliche Annährung der menschlichen Erkenntnis in C an B als der Wirklichkeit erfolgt in der *Machbarkeit*: Überall da, wo der Mensch selber auf die Natur gezielt Einfluss nehmen kann, da ist sein Wissen objektiv evident. Das zeigt sich nach den vielen mikro- und makrokosmischen Erkenntnissen aktuell auch an der Entzifferung der Biogenetik: C ist zwar nie die objektive Wirklichkeit selbst, aber C erreicht in der Machbarkeit eine Wissensannäherung an die Wirklichkeit von objektiver Genauigkeit. Was machbar ist, ist real existent. Von hier aus eröffnen sich dem Menschen ganz neue Perspektiven. Er wird Schöpfer einer neu zu gestaltenden Welt, wird autonomer Mensch[4].

[2] Religiöser Glaube contra naturam

Der religiöse Glaube ist Folge der subjektiven Betrachtungsweise des Menschen. Aus der Subjektivität des Erkennens heraus ist der religiöse Glaube so exklusiv in sich abgeschottet, dass im Prinzip von dort her nahezu kein Raum gelassen wird für objektives Erkennen. In seiner Subjektivität verhält sich der religiöse Glaube absolut konträr zur naturwissenschaftlichen Betrachtungsweise mit ihrem objektiven Erkennen der Wirklichkeit.

Die christliche Theologie und deren dogmatisierende Weiterbildung der Religion hat die Trennung von der objektiven Erkenntnis ausgebaut und zur Methode erhoben. Ihr schärfster Satz gegen die rationale Vernunft und ihre Erkenntnisfähigkeit der objektiven Wirklichkeit ist eine Definition des religiösen

---

4   Dazu Paul Schulz, CODEX ATHEOS, op.cit., Seite 325 ff. Zu dieser gezielt positiven Definition des Menschen siehe auch unten Seite 202 ff.

Glaubens aus dem frühen Mittelalter, die auch heute noch als theologische Maxime Gültigkeit besitzt:

Credo, quia absurdum est.
Ich glaube, obwohl es absurd ist,
ja, ich glaube, gerade weil es absurd ist.

Absurdum est bedeutet: Der religiöse Glaube an sich ist tatsachenfeindlich. Realitätsfeindlich. Er ist vom Prinzip her realitätskonträr. Er agiert *contra naturam*, er widerspricht allem, was seinem Glauben logisch entgegensteht, auch der Natur mit deren Naturgesetzen, gerade denen! Der religiöse Glaube steht im Widerspruch zur diesseitigen Realität, weil er dem, was er sieht, nicht traut, nicht trauen will.

Sich an *Tatsachen zu halten* ist für den frommen Glauben leichtfertig, z.B., dass der Tod wirklich Tod ist, der Mensch wirklich tot. Das ist negativ für das Subjekt und seinen Glauben, also wird es als nicht wahr erklärt und bekämpft und wird ersetzt durch ein total subjektives religiöses Glaubensbekenntnis zu einem Leben nach dem Tod. Das ist durch nichts bewiesen als allein durch ein spekulatives Wunschdenken. Der religiös Glaubende folgt nicht dem, was real erfahrbar ist, sondern dem, was er irreal glauben will. Er setzt eine subjektive Einsicht gegen die Erfahrung der objektiven Wirklichkeit durch und zwar so, dass er alles außerhalb seines Glaubens bestreitet und für nichtig und verdammungswürdig erklärt.

Entsprechend sind die wichtigsten christlichen Glaubensbekenntnisse, die Urform des APOSTOLICUMS aus der Zeit um 180, das NICÄNUM aus dem Jahr 325, das CHALCEDONENSE aus dem Jahr 451, Satz für Satz dogmatisch, religiöse Glaubensbehauptungen einer irrealen Welt gegen die reale Wirklichkeit:

– *Geboren von der Jungfrau Maria. Auferstanden von den Toten. Niedergefahren zur Hölle. Aufgefahren gen Himmel. Weltgericht am*

Jüngsten Tag. Ewiges Leben nach dem Tod. Himmel und Erde geschaffen von Gott. Jesus Sohn Gottes, Messias, Wundervollbringer, Weltenrichter. Gegenwart des Heiligen Geistes. Erhörung von Gebeten mit göttlichen Reaktionen mittels Aussetzung der Naturgesetze. Wundererscheinungen wie in Lourdes. Alles spektakuläre Aufhebungen der Realität durch den Glauben, ohne dass sie allgemein objektiv nachweisbar sind.

Die Religion mit ihren *Mythen* und darüber hinaus die Theologie mit ihren *Dogmen* schaffen eine eigene subjektive Glaubenswelt und damit ihre eigene subjektive Wirklichkeit. Diese besteht nirgendwo real, sondern nur in einem Agieren der Gläubigen *als ob.* Diese Glaubenswelt wird fassbar nur als eine Art *Pantomime mystica*, in einem geheimnisvollen schattenhaften Nachahmen, *als wäre* eine andere transzendente Wirklichkeit. Entsprechend sind die Reaktionen der Gläubigen darauf auch einheitlich in kultische Rituale gefasst als eine Art *Imago(natio) Dei.*

Dazu ein Beispiel aus dem Islam, um das Religiöse aus dem einseitig Konfessionellen zu lösen und als Gesamtphänomen zu erklären: Der fromme Moslem geht fünfmal am Tag auf die Knie und betet in Unterwerfung: *Allah il Allah.* Seit Jahrhunderten.

Das beweist real nichts, zumindest nicht die Realität einer eigenständigen Allahexistenz jenseits unserer realen Welt. Es dokumentiert ausschließlich die religiöse Imagination der Islam-Gläubigen und deren irrationale Auswirkungen in der realen Welt. Diesem Beispiel gleich sind ausnahmslos alle religiösen Glaubensvorstellungen als virtueller Subjektivismus zu fassen.

Entsprechend haben Religion und Theologie nie eine ernsthafte naturwissenschaftliche Debatte um objektive Wirklichkeit geführt, sondern immer nur eine *Apologetik* gegen alle rationalen Einwände zum Schutz ihrer subjektiven Welt. Sie verteidigen gegen alles objektive Wissen ihre Scheinwelt der Spekulationen und damit ihre eigenen Begriffe, ihre eigene Syntax, ihre eigene Axiomatik, ihre eigene Logik, ihr eigenes *credo, quia absurdum est*, ihre eigene Empfindungswelt. Ihr spekulativer Glaube bleibt ihnen offenbarungsträchtig für ein ganz anderes jenseitiges Sein.

Dass der religiöse Glaube über seine ablehnende Haltung hinaus überhaupt nichts mit der objektiven Wirklichkeit zu tun hat, bestätigt sich, wenn man spätere christliche Glaubensbekenntnisse hinzunimmt, die in direkter zeitlicher Nähe zum Aufbrechen des säkularen Denkens im Abendland entstanden sind, etwa die lutherischen Bekenntnisschriften, zum Beispiel die CONFESSIO AUGUSTANA von 1530 oder die KONKORDIEN-FORMEL von 1577. Dann zeigt sich, dass Luther selbst und die protestantischen Theologen in seiner Nachfolge bei diffamierenden Angriffen auf die weltliche Vernunft[5] keinerlei Skrupel hatten, Unwirklichkeiten der religiösen Glaubenswelt als objektive Wahrheiten der realen Welt zu behaupten, das heißt, dem denkenden Menschen religiöse Glaubensinhalte als letzte weltliche Wahrheiten vorzumachen.

So vertrat Martin Luther zum Beispiel als absolute Wahrheit die *Transsubstantiation*: Brot und Wein beim Abendmahl werden für den Glaubenden in den realen Leib und das reale Blut Christi verwandelt via wunderhafter Umwandlung der materiellen Substanz während des Verzehrs. Das wollten selbst viele fromme Christen[6] nicht glauben. Dennoch hat diese „Wahrheit" heute noch in der protestantisch-lutherischen Kirche mit den *Einsetzungsworten Jesu* volle Gültigkeit.

---

5   Luther hat immer die Vernunft des Menschen bekämpft, die Vernunft *eine Hure* genannt. Kurz vor seinem Anschlag der *95 Thesen gegen den Ablass* am 31. Oktober 1517 hatte er im September *97 provozierende Thesen gegen die weltliche Vernunft* an die Tür der Schlosskirche in Wittenberg angeschlagen. Sie erregten kaum Aufmerksamkeit, sind aber immer noch nachlesbar.

6   Vor allem in der Reformierten Kirche von Zwingli und Calvin.

Notfalls werden derartige dogmatische Behauptungen eben mit der Bibel als Gottes absolutes Wort belegt und damit in den Rang der Unantastbarkeit erhoben. Mit diesem *sola-scriptura-Trick* erklärte Luther gegenüber rationaler Kritik nahezu alle seine eigenen Aussagen für unfehlbar und damit als göttliche Wahrheit, mit der er rückhaltlos die säkulare Vernunft angriff. Als ein Beispiel für alle nehmen wir Luthers Reaktion auf das neue Weltbild seines wissenschaftlichen Zeitgenossen Kopernikus:

Nikolaus Kopernikus hatte 35 Jahre lang berechnet, ob die Sonne um die Erde kreist, wie es der christliche Glaube als göttliche Wahrheit erklärt, oder nicht doch richtigerweise die Erde um die Sonne. Schließlich stand mit der Fertigstellung des 10. Kapitels seines Werkes DE REVOLUTIONIBUS ORBIUM CAELESTIUM – ÜBER DIE UMLAUFBEWEGUNGEN DER HIMMELSKÖRPER wohl schon im Jahr 1522 sein Ergebnis rechnerisch fest: Die Sonne steht im Mittelpunkt. Die Erde kreist um die Sonne. Die Erde ist Teil eines heliozentrischen Planetensystems.

Luther war entsetzt und empört. Er sah die Schöpferehre Gottes angegriffen, die Autorität der Heiligen Schrift in Frage gestellt, damit christliche Zentralwerte außer Kraft gesetzt. Deshalb meinte er, Kopernikus mit einem einzigen theologischen K.o.-Schlag erledigen zu müssen, indem er sich gegen Kopernikus auf die Autorität der Heiligen Schrift berief und von ihr her – ohne auch nur die geringste Ahnung vom Kosmos und Kopernikus' Berechnungen zu haben – gleichsam ex cathedra dozierte:

Im BUCH JOSUA 10,12 – 13 spricht Gott vor seinem Volk Israel: *Sonne, steh still über Gibeon, und Mond im Tal Ajalon ...! Also stand die Sonne mitten am Himmel und verzog unterzugehen beinahe einen ganzen Tag.* Das heißt für Luther: Wenn die Sonne auf Befehl Gottes eine Zeit stillsteht, dann bedeutet das grundsätzlich und unumstößlich: Die Sonne bewegt sich und nicht die Erde. Also steht die Erde im Mittelpunkt und um sie dreht sich die Sonne. Das war's dann für Luthers heldenhaften *Glauben contra naturam*. Die gesamte Debatte um das neue Weltbild war für ihn damit erledigt, jede weitere Argumentation überflüssig. Ginge es wirklich nach Luthers introvertierter Denkmethode, gäbe es heute noch keinen offenen Himmel.

Ähnlich wissensfeindlich hat sich die katholische Kirche positioniert: Papst Pius X. verkündete 1910 einen sogenannten *Antimodernisteneid*[7] mit pathetischen Abschwörformeln gegen alle modernen Erkenntnisse. Nominell wird dieser Unterwerfungseid dem gesamten Klerus in Seelsorge und Lehramt abverlangt. Angewendet wurde es bis in den wissenschaftlichen Lehrbetrieb hinein und ist auch heute noch ungebrochen gültig. Er widerspricht aller angeblichen Weltoffenheit des Vatikans wie religiöser Hohn, ist in Form und Inhalt eine brutale Entwürdigung des denkenden Menschen.

Christlicher Glauben mit einem derartig wissensunfähigen Absolutheitsanspruch ist natürlich kompromisslos in die Kritik der rationalen Vernunft geraten. Schließlich ist bis heute kein einziger christlicher Glaubenssatz mit rationaler Evidenz belegbar oder gar verwendbar. Es gibt weltweit keinen einzigen ernsthaften naturwissenschaftlichen Forschungsansatz, der in seinen Untersuchungen den Faktor Gott oder irgendeines seiner Derivate in wissenschaftliche Berechnungen mit einbezieht.

Mit welcher geistigen Verengung sich christlicher Glaube auch heute noch gegen die naturwissenschaftlichen Erkenntnisse richten kann, zeigt die amerikanische Glaubensbewegung der *Kreationisten*, die auch bei uns in Europa religiöse Wirkung erzielt hat.

---

7   Siehe oben Seite 42 mit bibliographischer Angabe in Anmerkung 22.

Sie bestreiten auf der Basis fundamentalistischen Bibelglaubens alle zentralen Erkenntnisse der modernen Naturwissenschaften, speziell die darwinsche Evolutionstheorie.

Mit Berufung auf den biblischen Schöpfungsmythos lehnen sie jeden Evolutionsgedanken ab, speziell die Entstehung des Menschen in der Entwicklung der Natur. Für sie ist der Mensch nichts Entwickeltes, sondern ein in sich ganzheitliches Gottesgeschöpf. Zugleich errechnen sie mit Berufung auf die Bibel einen Zeitpunkt vor 5000 Jahren, an dem die Welt geschaffen sein soll. Eine Entwicklung zurück bis in die Entstehung des Universums vor 13,7 Milliarden Jahren bestreiten sie und heben so die gesamte Universalgeschichte auf.

Mit ihrer Berufung auf die Bibel setzen die Kreationisten bedingungslos alle naturwissenschaftlichen Erkenntnisse außer Kraft – von der Kosmologie über die Evolutionstheorie und Biogenetik bis hin zur Paläontologie. Doch so verrückt (*quia absurdum est*) ihr religiöser Glaube (*contra naturam*) klingen mag, so sind sie in ihrem Glaubensbezug wenigstens aufrichtig und konsequent. Denn geht man wie sie von der Absolutheit der Bibel aus als das absolute Wort Gottes, dann muss man den religiösen Glauben bis in diese letzte Konsequenz denken.

Daher stellt sich zum gegenwärtigen Religionswahn unsere letzte Frage ganz anders: In welchem geistigen Horizont leben eigentlich all jene Zeitgenossen – Journalisten, Politiker, Künstler vor allem – inmitten unserer aufgeklärten Gesellschaft, die ihren religiösen Glauben öffentlich präsentieren wie einen Ausweis für ein besseres Menschsein? Kann man heute einfach so *contra naturam* glauben? Ist das bisschen persönliche Lebensangst Grund genug, Gott zu glauben – gegen allen rationalen Verstand? Ist das geistig redlich? Vom realen Wissen her ehrlich und verantwortbar? Wirklich mit vollem Denken lebensfähig?

[3] „Falsifizieren" als objektive Denkmethode

Wie stabil sind die naturwissenschaftlichen Vorstellungen von der Welt, die objektiven Aussagen über die Wirklichkeit? Wie sichert das rationale Denken seine säkularen Erkenntnisse ab?

In bisher letzter Konsequenz ist die Theorie der rationalen Erkenntnis durch den Erkenntnisphilosophen Karl R. Popper, einem der großen Erklärer des Denkens unserer Zeit, aufgedeckt worden. Ein wichtiger Punkt seiner Erkenntnistheorie ist die *Methode der Falsifikation*[8].

Popper lehrt: Die rationale Erkenntnis stellt in ihren Aussagen nur Behauptungssätze auf. Solche Behauptungssätze resultieren aus Beobachtungen, aus Entdeckungen, aus Ergebnissen von Experimenten, aus theoretischen Schlussfolgerungen, in summa: Aus den Wahrnehmungen, Erfahrungen und Denkschlüssen des Menschen gemäß dem Erkenntnissatz:

A erkennt B als C.

Der Mensch (A) erfährt seine Umwelt (B), indem er sich davon eine ganz bestimmte Vorstellung (C) macht. Auch alle naturwissenschaftlichen Erkenntnisse sind Bündel von Hypothesen, Modellen und Theorien, also keineswegs die Wirklichkeit selber, nicht einmal deren 1:1-Abbildungen. Auch alle naturwissenschaftlichen Aussagen sind ausnahmslos C, nur Vorstellungen von der Wirklichkeit.

In der Geschichte der menschlichen Erkenntnisse zeigt sich, wie unsicher dabei C ist – selbst und gerade in den Naturwissen-

---

8 Dazu Karl R. Popper, DIE LOGIK DER SOZIALWISSENSCHAFTEN, in Theodor W. Adorno u. a., DER POSITIVISMUSSTREIT IN DER DEUTSCHEN SOZIOLOGIE, 2. Aufl. 1971, Seite 103 – 123; ders., DIE LOGIK DER FORSCHUNG, 5. Aufl. 1973; ders., OBJEKTIVE ERKENNTNIS. EIN EVOLUTIONÄRER VERSUCH, 2. Aufl. 1974.

schaften. Dort gelten deshalb alle Erkenntnisse nur so lange, bis sie durch neue Erkenntnisse *falsifiziert* werden, das heißt, bis nachgewiesen werden kann, dass die bisherigen Wirklichkeitsbeschreibungen die zu erklärende Wirklichkeit verkürzen, entstellen oder ihr gar zuwiderlaufen. Ja, die Naturwissenschaftler tun alles, um durch ihre Forschung bestehende wissenschaftliche Behauptungen zu falsifizieren. Denn indem eine bisherige Behauptung falsifiziert wird, wird ihr Tatbestand – keineswegs letztgültig, aber zumindest ein Stück – wirklichkeitsnäher erklärt und definiert. Diese Methode des Falsifizierens lässt sich an einem einfachen Beispiel leicht vorführen, indem man einen Behauptungssatz aufstellt, der zu falsifizieren ist und dadurch zu einer neuen bzw. genaueren Erkenntnis führt. Popper selber hat dazu folgendes Beispiel eingebracht:

Sein Behauptungssatz lautet: *Alle Schwäne sind weiß.* Das, so sagt er, wissen wir, denn wir haben nie andere als weiße Schwäne gesehen. Also formulieren wir mutig: *Alle Schwäne sind weiß.* Indem wir unseren Satz mit *alle* beginnen, erheben wir den Anspruch, eine Aussage von größtmöglicher Allgemeingültigkeit über die Wirklichkeit zu machen. Wir sagen damit: Es gibt nur weiße Schwäne.

Der Behauptungssatz *Alle Schwäne sind weiß* gilt nun so lange, bis irgendjemand einen schwarzen, einen roten oder einen grünen Schwan entdeckt. Im selben Augenblick ist der Behauptungssatz falsifiziert, weil sichtbar nachgewiesen ist, dass die bisherige Behauptung nicht der Wirklichkeit entspricht und damit nicht richtig ist. Deshalb muss der Behauptungssatz aufgegeben beziehungsweise differenziert werden.

Aufgrund der Falsifikation kann, ja, muss nun ein neuer Behauptungssatz aufgestellt werden, der etwa so lauten könnte: *Alle Schwäne sind weiß, ausgenommen der eine schwarze Schwan.*

Das ist ein anfälliger Behauptungssatz, denn die Möglichkeit, dass es mehrere schwarze Schwäne gibt, ist doch sehr groß. Deshalb vielleicht besser: *Soundso viel Prozent der Schwäne sind weiß, soundso viel Prozent sind schwarz.* Auch das ist eher eine unsichere Aussage über die Wirklichkeit, weil er bezogen auf die Population zu zeitbedingt ist. Deshalb besser erst einmal generell: *Die Gattung der weißen Schwäne und die Gattung der schwarzen Schwäne.* Mit einer derartigen klassifizierenden Erhebung beginnt alle rationale Wissenschaft.

Die falsifizierte Aussage muss nicht gleich durch eine richtige Lösung ersetzt werden. Für die Feststellung, dass der bisherige Behauptungssatz *Alle Schwäne sind weiß* nicht stimmt, genügt der eine schwarze Schwan. Der bisherige Satz wird nicht erst falsch, wenn ein neuer richtiger Satz gefunden worden ist. Er ist auch schon falsch, wenn ein neuer Satz noch nicht gefunden ist.

Also weiß ich jetzt erst einmal keine gültige Antwort und sage mit Sokrates in heiterer Gelassenheit: *Ich weiß, dass ich nichts weiß.* Damit kann ich gut leben. Es ist besser, neugierig mit offenen Fragen zu leben als selbstsicher mit falschen Antworten.

Insofern antwortet der Mensch immer viel zu schnell und zu absolut auf offene Fragen. Vor allem religiöse Menschen antworten immer wieder gleich mit letztgültigem Anspruch *das hat der liebe Gott gemacht,* die Welt zum Beispiel oder den Menschen. Je weniger sie konkret wissen, desto schneller antworten sie mit Gott. Das beantwortet real allerdings überhaupt nichts. Gott ist absolutes Nichtwissen, gar Unwissen. Sie bluffen. Sie tun so, als gäben sie aus höchster Autorität eine Antwort von Kompetenz und Letztgültigkeit.

Dagegen ist Revidierbarkeit des bestehenden Wissens keine Schwäche des rationalen Erkennens, sondern seine Stärke. Die Naturwissenschaften sind sehr schnell bereit, ein altes Modell von der Realität im Einzelnen und im Ganzen aufzugeben, wenn deren Voraussetzungen aufgrund neuer Einsichten nicht mehr ausreichen. Sie sehen ihre Aussagen eben nicht als zeitlose Dogmen, an denen unter allen Umständen, notfalls *contra naturam*, festgehalten werden muss.

Allein diese Revidierbarkeit der Erkenntnis führte zur totalen Offenheit des denkenden Menschen gegenüber der zu entdeckenden Wirklichkeit und damit zu den grandiosen Entdeckungen der Natur in der Forschung der letzten 200 Jahre. Denn diese Naturentdeckungen sind doch das Faszinosum unserer Neuzeit: Der Aufbau des Universums aus den Elementarteilchen eines atomaren Mikrokosmos in einem unbegrenzten Makrokosmos von einer Raumexpansion von über 13,7 Milliarden Lichtjahren mal 300.000 Kilometer Lichtgeschwindigkeit in der Sekunde mit über 200 Milliarden Galaxien in unendlicher Vielfalt.

Mittendrin *wir Menschen*, die diesen ungeheuren Prozess mit unserem Verstand aus eigener Kraft immer genauer erkennen, selber entstanden aus einer allerersten Molekularkombination, aus der vor 3 Milliarden Jahren die Urzelle hervorging und aus ihr eine unendliche Lebensfülle, deren absolute Spitze wir Menschen heute sind inmitten einer vielfältigen Kultur. Mit unserem Verstand haben wir selbst das Grundmuster des Lebens aufgedeckt, die elementare Biostruktur von den kleinsten genetischen Bausteinen, die allem Leben zugrunde liegen bis zu komplexen Systemen einschließlich unseres eigenen Gehirns. Diesem Menschen steht noch immer die Zukunft offen, wenn er sich von veralteten Wirklichkeitsbildern befreit und mutig sein Leben gemäß seiner Verstandeskraft immer neu gestaltet.

Diese geistige Freiheit des Erkennens ist doch das Großartige der Welt heute. Nicht der fade Glaube, ob irgendein Gott den Menschen aus Lehm gemacht hat, ist aufregend – denn was sollen Götter von Zeus bis Manitu in der Religionsgeschichte alles gemacht haben? Was ist denn daran faszinierend, außer wie sich der Mensch zu ihrer Anbetung unterdrücken und missbrauchen ließ? Dagegen: Welche ungeheure Fülle an neu erkannter säkularer Wirklichkeit hat der Mensch per Verstand errungen und was ist von ihm noch alles in Zukunft in geistiger Offenheit und menschlicher Freiheit zu entdecken und zu gestalten.

Die Denkmethode des Falsifizierens ist damit klar. Im Grunde nimmt sie den erkenntnismethodischen Grundsatz der Skepsis von Sokrates auf, der immer wieder fragte: Kann ich das Alte mit meinem Verstand wirklich so als letztgültig annehmen? Muss ich darüber angesichts der Vielfalt der offenen Möglichkeiten nicht noch einmal völlig neu nachdenken, bevor ich sage, ja, so ist es. Sokrates' ständiges Weiterfragen nach dem *Logos* als dem Letztgültigen war eine Form des methodischen Zweifels und damit der Denkzwang zur Herstellung von Revidierbarkeit des Wissens nach vorne in die Zukunft.

Damit bestätigt sich die These, dass Sokrates der erste Erkenntnistheoretiker im Abendland war, der die Methode des naturwissenschaftlichen Fragens und Denkens konsequent angewendet hat. In seiner Folge lässt sich Poppers Methode der Falsifikation auf drei zentrale Kriterien der erkenntnistheoretischen Wissenschaft zuspitzen:

1. Prinzipiell hat niemand eine absolute Erkenntnis, ein letztgültiges Wissen.
2. Alles bisher Erkannte und damit alles Wissen ist grundsätzlich revidierbar, damit letztlich aufhebbar und deshalb immer wieder zu hinterfragen.
3. Alles zu Erkennende ist daher nach vorne offen und muss gegebenenfalls völlig neu gedacht und definiert werden.

Das Falsifizieren ist natürlich keine beliebige Aktion, sondern eine äußerst komplizierte Methode, denn die bestehenden Wissenswerte der Natur sind von der naturwissenschaftlichen Forschung inzwischen derart intensiv durchgeprüft worden, dass sie als nahezu unfalsifizierbar und damit erkenntnismäßig fast unumstößlich sicher erscheinen. Das Gravitationsgesetz als Beispiel ist unanfechtbar. Alles, was vermessen werden kann, alles, was sich im Experiment wiederholen und damit ständig anwenden lässt, alles, was errechenbar und technisch machbar ist, hat in seiner Gültigkeit eine äußerste Stabilität und erscheint unter den bestehenden Daseinsverhältnissen als nicht relativierbar. Es ist für uns einfach real gültig.

Die Unsicherheit der Erkenntnis nimmt zu beim Zusammenfügen einzelner realer Wissenspunkte zu komplexeren Folgeschlüssen oder gar Theorien. Aber auch hier sind elementare Verbindungen äußerst fest. Doch je komplizierter gerade in den neuen Wissensbereichen – Grundlagenforschung, Kosmologie, Biogenetik oder Paläontologie – Folgerungen gezogen werden, desto risikobehafteter ist noch deren Wirklichkeitsaussage. Sind etwa in der Genetik einzelne Funktionen im menschlichen Gehirn punktuell schon sehr genau zu bestimmen, so sind größere Gehirnzentren erst ziemlich ungenau zu beschreiben und das Gesamtsystem Gehirn nur eher sehr vage zu erfassen.

Unsicher wird die naturwissenschaftliche Aussage vor allem da, wo immer noch starke subjektive Erkenntnisfaktoren in einer Theorie, also zu viel A über B in C, stecken. Der Faktor Mensch verhindert die Objektivität und muss gleichsam immer stärker herausfalsifiziert werden. Die Methode des Falsifizierens trifft deshalb vor allem auch alle religiöse Wirklichkeitsvorstellungen, weil ja religiöse Aussagen, wie sie etwa in den Mythen überkommen sind und vielerorts immer noch Gültigkeit haben, äußerst subjektive Betrachtungsweisen der Wirklichkeit sind und mit der Wirklichkeit nicht kompatibel.

Deshalb ist eine spezielle Form der Falsifizierung religiöser Behauptung die *Entmythologisierung:* Die Naturwissenschaften entdämonisieren. Sie rechnen die übernatürlichen Vorstellungen runter auf natürliche Modelle, indem sie mit allen Mitteln ihres logischen, ihres mathematischen, ihres technisch-experimentellen Apparates die mythischen und irrationalen Implikationen beseitigen, um das real Wirkliche freizulegen. Widerlegung überholter religiöser Bilder infolge naturwissenschaftlicher Erkenntnisse ist somit der unerbittliche Denkprozess der Entmythologisierung.

Beispiel Schöpfungsmythos Genesis 2,4 b – 26: Die Aussage, dass der Mensch von Gott aus Lehm gemacht wurde, ist durch die Evolutionstheorie falsifiziert und damit ein für alle Mal falsch. In ihr steckt nicht der Ansatz einer objektiven Richtigkeit. Jede Vermittlung der Entstehung des Menschen auf dieser Basis ist bewusste Dummhaltung der Menschen, vor allem der Kinder.

Dieser Mythos ist – wie alle Mythen – nur noch historisch dazu da aufzuzeigen, auf welchem kulturgeschichtlichen Stand die Menschen damals vor 3000 Jahren waren und welche Weiterentwicklungen seitdem abgelaufen sind. Ob sich ein frommer Mensch heute mit dem Geistes- und Glaubenszustand der Menschen damals identifiziert, ist eher eine psychotherapeutische Frage.

Ansonsten führt die Entmythologisierung direkt zur *Säkularisierung*, indem die Naturwissenschaften die Fragen des Mythos zu erforschen und zu beantworten suchen, also auch die Frage nach der Entstehung des Menschen. Ihre säkulare Antwort darauf ist die Evolutionstheorie. Auch sonstige Fragen, die durch das mythische Denken vorgegeben oder beeinflusst sind, führen zur kritischen Erforschung unter dem Aspekt: Wie war, wie ist es wirklich. Säkularisierung bedeutete ursprünglich im Mittelalter die Überführung kirchlichen Besitzes in weltlichen Besitz. Im übertragenen Sinn bedeutet Säkularisierung heute: die Überführung aller Lebensfragen aus der Religion und der Theologie in die Antworten der säkularen Rationalität.

[4] Atheistischer Glaube als existenzielle Entscheidung

Auch der Atheist glaubt, aber er glaubt nicht gegen die Tatsachen. In seinem Glauben denkt der Atheist absolut realitätsbezogen. Der rationale Wissensstand über die diesseitige Welt ist das Fundament für den atheistischen Glauben.

Darin liegt der alles entscheidende Unterschied zum religiösen Glauben: *Der religiöse Glaube glaubt gegen die Realität. Der atheistische Glaube glaubt auf der Basis der Realität.* Er geht an keiner Stelle über das hinaus, was die weltliche Vernunft weiß. Die Vernunft kontrolliert den Glauben. Die Vernunft korrigiert den Glauben. Die Vernunft hebt den Glauben da als Irrtum auf, wo sie als Vernunft nein sagt. Die säkulare Rationalität bleibt immer die letzte Instanz und damit die strenge Voraussetzung jedes atheistischen Glaubens.

Um alle Missverständnisse auszuschließen, sind drei weitere elementare Abgrenzungen zu definieren:

1. Atheistischer Glaube hat nichts zu tun mit einem Fürwahrhalten von Wissen. Wissen muss bewiesen, nicht geglaubt werden. Wissen kontrolliert sich nach ganz strengen Regeln der Evidenz naturwissenschaftlicher Logik. Erst wenn diese

den Beweis geliefert haben, wird Wissen zur Grundlage einer atheistischen Glaubensentscheidung.

2. Hypothesen sind kein atheistischer Glaubensversuch. Eine Hypothese ist eine zunächst unbewiesene Annahme von realen Gesetzmäßigkeiten oder Tatsachen mit dem Arbeitsziel, sie mit einem realen Beweis zu verifizieren oder zu falsifizieren. Sie ist ein Hilfsmittel der wissenschaftlichen Forschung und hat deshalb mit dem atheistischen Glauben nichts zu tun.

3. Atheistischer Glaube ersetzt Wissenslücken oder spezielles Nichtwissen nicht durch religiöse Surrogate, also mit irgendwelchem mit Gott begründeten Erkenntnisersatz. Gott und alles aus Gott begründete Wissen ist kein Wissen, sondern bleibt Unwissen. Wo aber Nichtwissen besteht, gibt es keinen atheistischen Glauben, denn atheistischer Glaube basiert eben nicht auf Nichtwissen, sondern auf Wissen. Wenn der Atheist etwas nicht weiß, weiß er es eben nicht und kann mit diesem Nichtwissen als Nichtwissen gut leben. Allerdings kann er sich bemühen, sich darüber ein Wissen zu verschaffen.

Mit der Einschätzung der Bedeutung des realen Wissens setzt sich der Atheist ab von der Indifferenz der Agnostiker. Mit dem Agnostiker verbindet ihn die erkenntniswissenschaftliche These, dass rationale Erkenntnisse nicht letztgültig gesichert sind und es deshalb einen absoluten Wissensstand nicht gibt. Eine Glaubensentscheidung auf einer absoluten Wissensbasis gibt es in der Tat nicht. Sie stünde wegen des persönlich begrenzten Wissensvermögens auch niemandem voll zur Verfügung.

Im Gegensatz zum Agnostiker meint der Atheist, dass ausreichend sichere Basisdaten bekannt sind, um eine insgesamt eindeutige Entscheidung für ein Leben ohne Gott fällen zu können, ja, fällen zu müssen. Er kritisiert deshalb, dass der Agnostiker trotzdem die Frage nach Gott als offen in der Schwebe lässt, so als könne man dazu gar nichts genau sagen. Das ist nicht die sich ergebene Konsequenz des Wissensstandes. Die Masse der entscheidenden realen Basiswerte unseres Daseins sind erkenntnismäßig sicher.

Somit steht der Atheist mit einem Agnostiker in einem harten Widerstreit um die Konsequenzen des realen Wissens. Er sieht in der verweigernden Haltung des Agnostikers eine Ausrede, um sich nicht existentiell bekennen, engagieren, solidarisieren zu müssen. Trotz aller Fakten lässt er sich ein Hintertürchen offen, um gegebenenfalls auf den ganz anderen Zug aufspringen zu können. Indifferenz als Lebensprinzip.

In gleicher Deutlichkeit setzt sich der Atheist ab von dem allumfassenden Weltgefühl des Pantheisten. Mit den Pantheisten verbindet den Atheisten die Meinung, dass es nur ein einziges Sein gibt, eine in sich geschlossene diesseitige Welt. In ihr ist der Mensch in seiner biologischen Beschaffenheit und allen seinen humanen Erscheinungsformen Teil eines Ganzen, gerade auch Ausdruck eines ganzheitlich immanenten Wirkungsprinzips.

Vom Pantheisten trennt den Atheisten dessen Hang zum Mystifizieren des Ganzen, des *Allumfassenden*. Schon Johann Wolfgang von Goethe ist mit seinem Naturpathos immer wieder erschreckend in eine *vergöttlichte Allheit* abgeglitten, die zeitweise weltabgehobener war als ein rein religiöses Bewusstsein. Wenngleich heute der moderne Pantheismus realistischer bezogen ist, hat er gerade mit seiner musischen Kontemplation immer noch einen Hang ins Irrationale. Wer bei einem Waldspaziergang oder in der Musik das Göttliche erfährt, versteht Natur und Kultur auch weiterhin als religiöses Surrogat.

Dagegen nimmt der Atheist an, dass die Natur eine in sich geschlossene Einheit darstellt ohne alles Mystifizierende, alles Transzendierende. Das *Faszinosum* der Natur und des Seins erschließt sich der säkularen menschlichen Sinnlichkeit mit allen emotionalen Empfindungen des Schönen und Erhabenen gerade in seiner materiellen Struktur und dessen endloser Vielfalt als Diesseits.

Mit diesen Abgrenzungen lässt sich die Position des atheistischen Glaubens auf drei Ebenen klar definieren:

Erste Ebene – Die Basis: Atheistischer Glaube ist die existentielle Bereitschaft, die Tatsachenwelt für das eigene Leben voll anzuerkennen und sie zur Grundlage seines Lebens zu machen. Tod ist Tod. Seine Existenz ausschließlich innerhalb der Tatsachen zu akzeptieren, heißt, sich ihnen nicht zu entziehen, sondern mit ihnen ganz bewusst umzugehen. Leben in jeder Form bleibt innerhalb der Bedingungen der Erde.

Zweite Ebene – Die Existenz: Auf der Basis der Tatsachen konzipiert der Atheist die Konturen seiner Existenz, die Grundlinien seines zu lebenden Lebens, seinen Lebensplan. Dieser Existenzbezug ist der innere Kern des atheistischen Glaubens, gleichsam die Verfassung seiner persönlichen Autonomie: Der Mensch setzt sich selbst die Prinzipien und Werte seines Lebens und dessen Sinngebung in Selbstverantwortung und Selbstbestimmung, einschließlich der Strategie ihrer Verwirklichung und aller dafür notwendigen Entscheidungen und Konsequenzen.

Dritte Ebene – Die Metavision: Atheistischer Glaube ist zugleich das Gesamtkonzept aus der vorgegebenen Tatsachenwelt und der selbstbestimmten Existenzverfassung. In letzter Stufe ist atheistischer Glaube eine Gesamtbetrachtung im Sinne aristotelischer Metaphysik. Nachdem Aristoteles seine Beschreibung der Natur und die Methoden ihrer Erkenntnis entwickelt hatte, entwarf er *nach der Natur* (griechisch: meta / nach – Physis / Natur), aufgrund und infolge der Natur ein übergeordnetes Konzept des Seins, gleichsam von unten einen Überbau aus rein immanenter Perspektive.

Der atheistische Glaube ist somit eine Lebensphilosophie – ohne Gott: Er basiert auf der ersten Stufe Natur als die alleinige Voraussetzung allen Lebens. Er definiert auf der zweiten Stufe die Dimensionen der Existenz in ihren Notwendigkeiten und Möglichkeiten. Er definiert auf der dritten Stufe eine Metavision – nicht jenseits der Natur, sondern infolge der Natur als Philosophie des menschlichen Lebens.

Der Glaube – ohne Gott formuliert dabei kein statisches Glaubensbekenntnis, wie etwa die christliche Religion sich im APOSTOLISCHEN GLAUBENSBEKENNTNIS festgeschrieben hat. Es gibt im Glauben ohne Gott in Form und Inhalt kein Zwangsmuster fester dogmatischer Grundsätze. Es gibt bestenfalls einen *magnus consensus,* eine große Übereinstimmung der Atheisten über Zentralpunkte, die die Basis bilden. Einen solchen *magnus consensus* der Atheisten könnte man in fünf Punkten sehen:

Erstens: Realität als reine Diesseitigkeit, ein in sich geschlossenes holistisches Sein: Der Mensch steht in und als Natur in einem kosmischen Gesamtzusammenhang.

Zweitens: Rationale Erkenntnis im Sinne naturwissenschaftlicher Evidenz als Voraussetzung des real-gültigen Wissens: Auf der Basis rationalen Wissens entsteht autonome Selbstfindung.

Drittens: Die Fülle des Lebens in all ihren Möglichkeiten als das Recht jedes einzelnen Menschen: Lebensfreiheit und Lebensfreude in selbstkontrollierter Verantwortung ermöglichen Glück.

Viertens: Solidarität mit den Mitmenschen gerade auch in Not- und Grenzsituationen als utilitaristischer Humanismus: Der Mensch wird zum Menschen durch Zuwendung zum Menschen.

Fünftens: Der Tod als endgültiger Abschluss des Lebens und damit die Letztgültigkeit des absoluten Nichts: Das Leben vor dem Tod ist damit das einzige Leben des Menschen.

Auf dieser Basis formuliert der Autor zum Abschluss seine eigenen sieben Leitlinien für ein Denken und Leben ohne Gott – gleichsam als Bekenntnis eines bekennenden Atheisten, seinen CODEX ATHEOS:

CODEX ATHEOS
Mein atheistischer Glaube in sieben Leitlinien

1. In seinem Denken ohne Gott befreit sich der Mensch mit letzter Konsequenz aus einer wie auch immer behaupteten transzendenten Welt. Der Mensch erreicht damit ein Bewusstsein, mit dem er *ganz im Diesseitigen* steht.

2. Mit einem Diesseits ohne Gott löst sich der Mensch aus allen religiösen Vorstellungen eines Lebens nach dem Tod, auch von der Furcht vor einem Weltgericht Gottes über die Menschen am Ende der Welt. Er anerkennt den Tod als den ganz natürlichen

Abschluss des menschlichen Lebens. Das *Leben vor dem Tod* wird dadurch zur einzigen Realität einer individuellen Existenz.

3. Durch die *Loslösung von Gott* als der höchsten religiösen Autorität setzt sich der Mensch zugleich frei von der größtmöglichen Fremdbestimmung. Indem er sich herausnimmt aus göttlicher Bevormundung, entwickelt er sich zu einem sich selbstbestimmenden Individuum.

4. Ohne göttliche Fremdbestimmung hebt der Mensch die Letztgültigkeit aller religiösen Begründungen, Gebote, Kontrollen, Sinngebungen, Versprechungen auf. In dem Maße, in dem für ihn göttliche Direktiven keine Gültigkeit mehr haben, wird ihm das Leben fassbar als eine völlig auf sich selbst gestellte Existenz. Der Mensch lernt, in größtmöglicher Eigenverantwortung zu denken und als *autonomer Mensch* zu leben.

5. Mit einem Selbstverständnis, in dem Gott keine Bedeutung hat, nimmt der Mensch das Leben in seiner radikalsten Herausforderung an. Er begreift, dass ein Sinn des Lebens nicht von einer göttlichen Instanz gesetzt ist, sondern dass alle Sinngebung, alle – auch religiösen – Werte, Gebote, Gesetze vom Menschen selber gemacht sind. Sinn seines Daseins gibt es für den Menschen nur, wenn der Mensch selbstverantwortlich solche Wertsetzungen schafft und umsetzt, die *individuell und generell Lebenssinn ermöglichen*.

6. Mit *atheistischer Selbstverantwortung* anerkennt der Mensch das Leben als eine humane Herausforderung. Leben, das vom Menschen nicht positiv gelebt wird, geht ersatzlos verloren. Für Verelendungen, Ungerechtigkeiten, Benachteiligungen, Entbeh-

rungen und Leiden gibt es keinen himmlischen Ausgleich. Ein von einem Atheisten selbst verantworteter persönlicher Lebensentwurf hat deshalb zum Ziel, alles aus dem irdischen Leben herauszuholen, was dem Menschen lebenswert erscheint.

7. Mit *atheistischer Weltverantwortung* weiß sich der Mensch in die Pflicht genommen, angesichts vielfachen Scheiterns seine ganze Kraft einzusetzen gegen generelle Verelendungen, Ungerechtigkeiten, Benachteiligungen, Entbehrungen und Leiden des Menschen. Den Menschen hilft dabei kein Gott. Den Menschen helfen nur verantwortungsbewusst handelnde Menschen.

Die höchste Verantwortungsform des Atheismus ist deshalb eine größtmögliche Humanität.

[5] Atheistisches Manifest 11 – 15

Bekennender Atheist
Auch ein Mensch ohne Gott glaubt
[Zur Frage von Vernunft und Glauben]

(11)

1. Der denkende Mensch stellt sein rationales Denken selbst unter rational-wissenschaftliche Kontrolle. Ihr wichtigstes Ergebnis: *Es gibt keine absolute Erkenntnis.*

2. Mit der Erkenntnismethode der Falsifikation ist alles bisherige Wissen grundsätzlich revidierbar und deshalb immer wieder zu hinterfragen. Der Mensch erreicht gerade dadurch in seinem naturwissenschaftlichen Forschen eine sehr starke Annäherung an die objektive Wirklichkeit.

3. Die Revidierbarkeit des bestehenden Wissens ist keine Schwäche des rationalen Erkennens, sondern seine Stärke. Sie führte zur totalen Offenheit des denkenden Menschen gegenüber der zu entdeckenden Wirklichkeit und damit zu den grandiosen Entdeckungen der Natur in der Forschung der letzten 200 Jahre.

4. Wissenslücken und Nichtwissen sind dabei keine Infragestellung des objektiven Wirklichkeitsverständnisses, sondern Ausdruck denkender Offenheit der naturwissenschaftlichen Forschung auf die Wirklichkeit hin. Es ist besser, neugierig mit offenen Fragen zu leben als selbstsicher mit falschen Antworten.

5. Mit der Machbarkeit aufgrund neuester Erkenntnisse etwa in der Biogenetik erreicht der Mensch eine völlig neue Dimension seines Selbstbewusstseins. Er wird Schöpfer einer neu zu gestaltenden Welt und damit autonom handelnder Mensch.

(12)

1. *Der religiöse Glaube glaubt gegen die Realität. Der atheistische Glaube glaubt auf der Basis der Realität.* Darin liegt der entscheidende Unterschied zwischen religiösem und atheistischem Glauben.

2. Auch der Atheist glaubt also, aber er glaubt nicht gegen die Tatsachen. In seinem Glauben denkt der Atheist absolut realitätsbezogen.

3. Der rationale Wissenstand über die diesseitige Welt ist das Fundament für den atheistischen Glauben. Die Fülle des objektiven Wissens ermöglicht ihm, aufgrund von Tatsachen für sich selbst existentielle Entscheidungen zu treffen.

4. Außerhalb seiner objektiven Erkenntnisse gibt es keine Wesenhaftigkeit, zumindest keine, die ihn in seinem Leben real tangiert. Leben ist dem Atheisten ohne jeden transzendenten Bezug.

5. Die Vernunft kontrolliert den Glauben, korrigiert den Glauben, hebt den Glauben da als Irrtum auf, wo sie als Vernunft nein sagt. Die säkulare Rationalität bleibt immer die letzte Instanz und damit die strenge Voraussetzung jedes atheistischen Glaubens.

(13)
Atheistischer Glaube definiert sich auf drei Ebenen:

1. Auf der *Basis-Ebene als Akzeptanz der vorfindlichen realen Wirklichkeit – ohne Gott.* Atheistischer Glaube akzeptiert die Tatsachenwelt, indem er sich ihr nicht entzieht, sondern mit ihr ganz realistisch umgeht.

2. Auf der *Existenz-Ebene als autonomes Lebenskonzept – ohne Gott.* Atheistischer Glaube ermöglicht eine Selbstverfassung, in der sich das Ich die Werte und Sinngebung seines Lebens in Selbstverantwortung und Selbstbestimmung selber setzt einschließlich der Strategie ihrer Verwirklichung und aller dafür notwendigen Entscheidungen und Konsequenzen.

3. Auf der *Meta-Ebene als eine Philosophie des Daseins – ohne Gott.* Atheistischer Glaube zielt auf eine Metavision des Menschseins nicht jenseits der Natur, sondern infolge der Natur in einer umfassenden Philosophie des menschlichen Lebens.

(14)

1. *Es gibt kein atheistisches Glaubensbekenntnis in dogmatischen Formeln. Es gibt nur in wesentlichen Fragen einen magnus consensus atheistisch denkender Menschen.* Ein solcher *magnus consensus* der Atheisten ist in fünf Punkten zu erkennen:

Erstens: Realität als reine Diesseitigkeit, ein in sich geschlossenes holistisches Sein: Der Mensch steht in der und als Natur in einem kosmischen Gesamtzusammenhang.

Zweitens: Rationale Erkenntnis im Sinne naturwissenschaftlicher Evidenz als Voraussetzung des real-gültigen Wissens: Auf der Basis rationalen Wissens entsteht autonome Selbstfindung.

Drittens: Die Fülle des Lebens in all ihren Möglichkeiten als das Recht jedes einzelnen Menschen: Lebensfreiheit und Lebensfreude in selbstkontrollierter Verantwortung ermöglichen Glück.

Viertens: Solidarität mit den Mitmenschen gerade auch in Not- und Grenzsituationen als utilitaristische Humanität: Der Mensch wird zum Menschen durch Zuwendung zum Menschen.

Fünftens: Der Tod als endgültiger Abschluss des Lebens und damit die Letztgültigkeit des absoluten Nichts: Das Leben vor dem Tod ist somit das einzige Leben des Menschen.

(15)
1. *Der atheistische Glaube anerkennt in letzter existentieller Konsequenz die Tatsache des absoluten Nichts.*

2. Der atheistische Glaube sieht im Tod einen endgültigen Schlusspunkt, ein Ende des Ich für immer.

3. Dem atheistischen Glauben ist das Leben vor dem Tod somit das einzige Leben. Der Sinn des Lebens ist ihm dieses Leben.

4. Rückkehr zur Natur
Geburt und Leben. Sterben und Tod. Das Nichts
[Zur Frage der totalen Diesseitigkeit]

Seine Frau war gestorben. Jetzt saßen wir in seiner Wohnung zusammen, um über die Trauerfeier zu sprechen. Er war sehr verschlossen, tief getroffen durch ihren Tod. Er machte den Eindruck, als würde er am liebsten schweigen.

– *Wie haben Sie Ihre Frau kennengelernt*, fragte ich. Diese Frage zuerst löst die Blockaden der Trauer. Sie führt weg von dem schmerzhaften Augenblick zurück in freundliche Erinnerung.

– *Ach damals*, sagte er und hielt inne, als ließe er erst einmal die Bilder aus der Vergangenheit hochkommen. Dann fing er an zu erzählen, immer freudiger, immer gelöster. Die Erstbegegnung von Verliebten hat immer einen faszinierenden Reiz selbst nach Jahrzehnten. Sie ist intim gelebtes Leben.

Viel später im Gespräch, als wir in unseren Gedanken schon sehr vertraut miteinander waren, fragte ich: – *Wusste Ihre Frau, dass sie sterben würde? – Eigentlich wohl nicht*, sagte er, *zumindest nicht jetzt zu diesem Zeitpunkt. Sie kämpfte dagegen an.*

– *Haben Sie mal über den Tod gesprochen, ich meine, haben Sie Ihre Gedanken über den Tod ausgetauscht? Fast 50 Jahre gemeinsames Leben, da spricht man doch eigentlich über alles. Spricht man da nicht auch über den Tod?*

– *Wir wenigstens haben nicht über den Tod gesprochen*, sagte er. *Jetzt wundert mich das selber. Es wäre doch eigentlich selbstverständlich gewesen. Aber man wartet wohl darauf, dass der andere etwas dazu sagt. Plötzlich ist es dann zu spät.*

– *Sie waren bis zum Ende am Sterbebett Ihrer Frau. Sie hat gespürt, dass sie in Ihrer Liebe geborgen war. Sie haben ihre Hand gehalten, bis sie ganz ruhig eingeschlafen ist.*

– *Diese Nähe in den Tod hinein war für mich ein großes Glück, weil
ich ihr bis zuletzt nahe sein konnte*, sagte er. *Nach all dem Leiden:
Der Tod war sanft wie ein Freund.*
– *Was erwarten Sie vom Tod? Haben Sie eine Vorstellung?* fragte
ich.
– *Ich hoffe, dass ich meine Frau wiedersehen werde*, sagte er.
– *Wie soll das gehen?* fragte ich. *Dann müssten Sie doch an eine
Kraft glauben, die das Wiedersehen ermöglicht, denn ohne jemanden,
der die Möglichkeit schafft, geht das ja nicht einfach so. Sie müssten
also an Gott glauben. Glauben Sie an Gott?*
– *An Gott glaube ich eigentlich nicht*, sagte er. *Aber an etwas Göttliches glaube ich schon, zumindest meine Frau glaubte wohl daran.*
– *Genau wissen Sie das nicht?* fragte ich.
– *Das erschien mir bisher alles so weit weg*, sagte er. *Aber eigentlich
müsste man doch daran glauben. Denn allein das Leben hier auf Erden, das wäre ja doch ziemlich sinnlos.*
– *Ist das so?* fragte ich. *Hatten Sie in Ihrem Leben nicht alle Chancen? Hatten Sie nicht sehr viel gemeinsame Zeit, Ihr Leben zu gestalten, Ihrem Leben Sinn zu geben? War das denn wirklich alles so
sinnlos? Ihre Arbeit? Ihre Kinder? Ihr gemeinsames Leben mit Ihrer
Frau? Freunde, Reisen, menschliche Nähe?*
– *Ja, aber der Tod*, sagte er. *Jetzt bin ich doch ganz alleine. Wir haben immer alles gemeinsam gemacht. Wir waren immer zusammen.
Ich weiß gar nicht, was ich jetzt machen soll. Alles ist jetzt so leer …*

[1] Totale Diesseitigkeit

Im Menschen steckt eine tiefe Angst vor der Natur und damit vor der Dimension des Diesseitigen. Ihm hat sich ein urgründiges Wissen eingegraben um die radikale Bedrohung aus der Natur und durch die Natur. Natur vernichtet, was ihren Naturgewalten im Weg steht. Natur zerstört, was nicht überlebensfähig ist. Natur opfert alles, was sich der Dynamik und der Veränderung nicht anpasst. Natur ist feindlich. Natur ist ohne Gnade. Natur tötet.

Der Mensch teilt die Urangst um sein Überleben mit den Tieren. Der Kampf ums Überleben ist ihnen gemeinsam ein Kampf gegen die Übermacht der Natur, ein Sich-Behaupten gegen den Zwang des Untergangs. Nur das Tier reagierte darauf schon immer und immer noch instinktiv und damit im Ausweichen sehr begrenzt. Der Mensch hat dagegen mit seinem wachsenden Verstand alles darangesetzt, sein Dasein immer dauerhafter stabil zu planen und zu gestalten.

Dabei ist dem Menschen schon seit seiner frühen Kulturgeschichte der Tod bewusst gegenwärtig. Noch heute steht der geistig viel höher entwickelte Mensch vor dem gleichen ungelösten Problem Tod. Mit ihm erfährt er heute wie damals seine natürlichen Grenzen, seine Ohnmacht, sein absolutes Ende.

Zwar ist es den Menschen in seinen vielfältigen Bemühungen gelungen, dieses Ende weiter und weiter hinauszuschieben. Die moderne Medizin hat das Leben nicht nur in der Zahl der Jahre verlängert, sondern auch in der Lebensqualität ganz wesentlich verbessert. Dennoch ist der Tod geblieben. Eigentlich ist die Urangst vor dem Tod sogar noch verschärft, denn trotz der Erfolge fürs Leben ist der Tod weiterhin ungebrochen das Wesen der Natur. Der Mensch weiß klarer denn je: diesseits ist der Tod.

Fast alle Religionen lösen das Problem der menschlichen Angst vor der Natur und damit vor dem Diesseitigen mit dem Auszug aus dem Diesseits ins Jenseits. Die Religionen gehen mit dem Menschen auf die Flucht aus und vor der Natur in eine andere Welt außerhalb, wo sie vor den Bedrohungen des Diesseitigen ein für alle Mal geschützt sind. Ebenso bieten die Religionen den jenseitigen Himmel wie einen Schutzraum an, in dem der Mensch letztlich frei ist vor dem Zugriff des Diesseitigen. Im Jenseits ist für sie der Tod ausgeschlossen. Das Jenseits ist ihnen ewiges Leben pur.

Die Religionen versprechen den Menschen das Jenseits als ihre eigentliche Heimat, als ihre zukünftige unantastbare Seinsqualität. Vom Transzendenten her, vom Göttlichen außerhalb, betont die Religion daher immer erneut, dass der Mensch eben schon jetzt nicht Natur ist, sondern in der Ebenbildlichkeit Gottes ein aus dem übernatürlichen Prinzip bestimmtes Wesen, *supranatural*[1]. Er ist deshalb prädestiniert für das Jenseits, wesenhaft auf Gott bezogen.

Daher versuchen – nicht nur – religiöse Menschen auch heute noch immer, das Diesseitige auf das Jenseits hin offenzuhalten. Sie kämpfen etwa gegen die Evolutionstheorie, zumindest dagegen, dass der Mensch direkt in diese Naturkette eingegliedert wird. Sie wollen nicht eingepasst werden in die Reihe des natürlichen Werdens. Sie wollen eigenständig von oben draufgesetzt sein als Krone der Schöpfung, eben als supranaturale Existenz. Schon damit wären sie dem totalen Diesseitigen als in seinem ureigenen Wesen als Nur-Natur entkommen. Solange der Mensch aus der Determination alles Vergänglichen herauswill, wird es

---

1   *Supranatural* bedeutet *übernatürlich.* Der Begriff wurde in der evangelischen Theologie des 18. und 19. Jahrhunderts gezielt benutzt, um gegen den Rationalismus ein übernatürliches Wesen, das die Welt bestimmt, zu behaupten.

immer Religion geben. Der Mensch glaubt *contra naturam* gerade auch gegen seinen Verstand *quia absurdum est*[2]. Er riskiert sein religiöses Selbstverständnis sogar gegen die säkulare Rationalität der Naturwissenschaften. Als einziger Ausweg daraus bleibt ihm eben nur die Religion.

Denn die Naturwissenschaften wenden sich erklärtermaßen ohne jede Einschränkung der Natur zu und damit der totalen Diesseitigkeit.

– Sie fassen das Diesseits als eine in sich geschlossene Einheit und lassen dabei von ihrem immanenten Forschungsansatz her keinen religiösen Ausweg ins Transzendente zu.

– Sie beziehen den Menschen selbst ein in das in sich geschlossene Diesseits, in die Natur und machen ihn gerade auch als Subjekt zum Objekt ihrer Forschung.

– Sie bewerten alles Erkennen und Glauben als Ausdruck menschlichen Denkens und damit abhängig von seinem Gehirn, definieren damit Materie als Grundlage des Geistes.

So ergibt sich wissenschaftlich ein Bild in sich geschlossener Diesseitigkeit. Ernst Haeckel, Schüler von Charles Darwin und wie dieser ein renommierter Biologe, schrieb 1899 sein berühmtes Buch DIE WELTRÄTSEL[3] gleichsam als *Gruß an das 20. Jahrhundert*. In ihm entwickelte er das System eines totalen *Monismus*[4] als ein einheitliches Grundprinzip des Seins, der Immanenz, des Diesseits. Sein philosophisches Buch war ein riesiger Erfolg.

Kurz danach, 1900, formulierte Max Planck seine Quantenhypothese und schuf so den Einstieg in die Quantenmechanik. Um

---

2 Dazu oben Seite 90 ff.
3 DIE WELTRÄTSEL, 11. verb. Auflage, Leipzig 1919 / Stuttgart 1984.
4 Als Gegensatz zum *Dualismus*, der ein Diesseits und ein Jenseits behauptet, sieht der *Monismus* alles Sein ausschließlich als Diesseits, als Immanenz.

1905 entwickelte Albert Einstein seine Relativitätstheorie. Beides zusammen hob das Prinzip der mechanistischen Physik von errechenbarer Ursache und Wirkung auf und damit die absolute Gültigkeit der mechanistischen Kausalität. Haeckels monistisches Weltbild brach auf der Grundlage dieser modernen Physik wie ein Kartenhaus in sich zusammen. Sein WELTRÄTSEL wurde von Stunde an vom Bestseller zum Ladenhüter. Haeckel hatte einfach zu einfach gedacht, denn die Welt war im Mikrokosmischen viel elementarer und damit qualitativ differenzierter, als sich das die Wissenschaftler im 19. Jahrhundert vorstellen konnten. Lange schien somit der Monismus durch die moderne Physik erledigt.

Heute ist Haeckels Monismus wieder hochaktuell, wobei dieser natürlich infolge der Quantenmechanik und der Relativitätstheorie viel differenzierter und damit komplexer gedacht wird. Die Grundidee aber, dass die Wirklichkeit ein in sich geschlossenes Sein sei, erscheint wieder sehr wahrscheinlich. Denn seitdem die Quarks als die kleinsten Masseteilchen in den Neutronen und Protonen im Atomkern entdeckt worden sind, werden mit ihnen die kausalen Vorgänge der Quantenmechanik weiter differenzierbar und damit die Ganzheitlichkeit der materiellen Welt auf unterster Basis deutlicher erkennbar.

Viele Naturwissenschaftler, gerade auch etwa der berühmte Stephen Hawking, vertreten heute im *Holismus* (griechisch: to holon – das Ganze, die Ganzheit, das Weltall) eine differenzierte Form des Monismus. Hawking nannte sein 2001 erschienenes Kosmos-Buch programmatisch THE UNIVERSE IN A NUTSHELL – DAS UNIVERSUM IN DER NUSSSCHALE[5]. In ihm zeigt er, dass der rationale Mensch eines Tages die Gesamtheit allen Gesche-

---

5   Deutsch (Erweiterte Neuausgabe), Hamburg 2002.

hens in einer einzigen Weltformel wird erklären können und damit das Ganze als eine in sich geschlossene Einheit.

Dieses monistisch-holistische Wirklichkeitsbild steht in enger Beziehung zur Naturphilosophie, die eine lange eigene Tradition hat von Heraklit über Descartes und Spinoza bis hin zu Haeckel und schließlich zur Fundamentalontologie Heideggers. Diese Naturphilosophie[6] stellt sich dar als Philosophie der Natur ohne Gott, mit dem Menschen als Wesen der totalen Diesseitigkeit.

Die monistisch-holistische Naturphilosophie bedingt eine menschlich-weltliche Lebensphilosophie. In ihr sind der Mensch und das menschliche Leben in allen ihren Bereichen nur als diesseitig zu beschreiben – ohne Gott, ohne Flucht ins Transzendente. Das bedingt ein rein natürliches Menschenbild, in dem auch die geistigen und soziokulturellen Phänomene des Menschseins rein weltlich zu erklären sind.

[2] Geburt und Leben

Das Geborenwerden zeigt, dass sich der Mensch am Anfang seines Lebens seiner selbst nicht bewusst ist. Das Neugeborene kann sein Umfeld noch nicht in Einzelheiten unterscheiden und deshalb seine Eindrücke noch nicht dauerhaft aufnehmen. Dazu ist sein Gedächtnis auch noch nicht ausreichend ausgebildet, der Neo-Kortex, sein kognitives Gehirn, muss sich erst noch weiter entwickeln. Erst in späterer Folge wird sich der Mensch zunehmend seines Ich bewusst und erkennt dann immer differenzierter seine Umwelt und darin sich selbst.

---

6   Eine sehr gute Einführung in die Naturphilosophie gibt der Band KLASSIKER DER NATURPHILOSOPHIE. VON DEN VORSOKRATIKERN BIS ZUR KOPENHAGENER SCHULE, Hg. Gernot Böhme, München 1989.

Bewusste Erinnerungen des Menschen an seine eigenen An-
fänge, an seine Geburt, gibt es deshalb nicht. Spätere Erinnerungen des Menschen an seine kindliche Frühphase reichen
frühestens zurück in die Altersstufe von 24 bis 30 Monate. Sie
ergeben sich aber nur fragmentarisch innerhalb ansonsten großer Gedächtnislücken. Es fehlen im Denkhirn noch Begriffe zur
Verknüpfung der Einzelheiten. Erst in begrifflicher Verknüpfung
setzen sich Eindrücke im Unterbewussten so fest, dass sie später
von dort abgerufen werden können. Vor allem nicht verarbeitete
frühkindliche Erfahrungen werden nur so rational ins Bewusstsein gehoben.

Immer aber ist und bleibt das eigene Ich das Medium der Lebenserfahrung. Der Mensch erkennt das Wirkliche nur in den
Erfahrungen seines Ich, nämlich durch seine persönlichen
Wahrnehmungen. Diese vollziehen sich ausschließlich über seine fünf Sinne. Seine Sinneswahrnehmungen vermitteln ihm das
von außen Kommende allerdings nur äußerst subjektiv. Freude
oder Leiden eines anderen Menschen etwa erfährt der Mensch
überhaupt nur assoziativ, das heißt, das Ich verbindet dabei die
Beobachtungen am anderen mit den Erinnerungen an eigene
Empfindungen, die es selbst so oder ähnlich gemacht hat, und
sucht so nachzuvollziehen, was mit dem anderen passiert. In
dieser Abgleichung liegt die erkenntnisbedingte Subjektivität
des Ich-Bewusstseins.

Immer aber ist das *Ich* mit Menschen, die um ihn herum sind,
im *Wir* vernetzt. Nicht nur in einem einzigen Wir, sondern mit
vielen, völlig unterschiedlichen Wir:

– Das Wir mit den *eigenen Eltern*. – Das Wir mit den *Geschwis-
tern*. – Das Wir mit den *Kita-Kindern*. – Das Wir mit den *Peergroups*
auf der Straße. – Das Wir mit den *Mitschülern* und *Lehrern* einer
Klasse. – Das Wir mit den *Azubis* oder mit den *Kommilitonen*.

– Das Wir mit den *Arbeitskollegen*. – Das Wir mit der *Sportmannschaft*. – Das Wir mit den *Fans* eines Fußballvereins. – Das Wir der *ersten Liebe*. – Das Wir der *Ehepartner*. – Das Wir der *eigenen Familie*. – Das Wir der vertrauten *Freunde*. – Das Wir der *Nachbarschaft*. – Das Wir der *Kegelgruppe* oder des *Skatvereins*. – Das Wir der *Hehler*, der *Mitwisser* oder der *Verbrechergang*. – Das Wir der *Parteifreunde*. – Das Wir der *Glaubensgemeinschaft*. – Das Wir der *Nation*, des *Volkes*, des *Kulturkreises*.

Eine große Zahl verschiedener *Wir* also. Darüber hinaus müssten aus einer konkret gelebten Biographie noch viele andere Wir-Gruppen hinzugefügt werden, mit denen das jeweilige Ich verbunden war und ist. Die Wir-Gruppen haben alle die gleiche Grundstruktur, aus denen sie sich aber unterschiedlich definieren:

– *Jede Gruppe ist exklusiv* durch die Zusammensetzung ihrer Teilnehmer. Ihr Wir kann aus nur zwei oder mehreren Menschen bestehen, aber auch aus einer riesigen Zahl von Menschen. Dennoch ist jeder Wir-Kreis in sich geschlossen, ein spezieller Bereich, in dem Strukturen gelten, die mit den Strukturen anderer Gruppierungen überhaupt nichts zu tun haben.

– *Jede Wir-Gruppe hat ihre eigene Zielsetzung*. Diese Zielsetzung schmiedet die eigentliche Wir-Identität. Krass: Eine Verbrecherbande hat eine andere Zielsetzung als eine Polizeisonderkommission. Aus der Zielsetzung leiten sich die jeweiligen Wir-Identitäten ab, ihre Aufgaben und ihre Handlungsstrategien. Nur wenn die Zielsetzung in der Wir-Gruppe benannt und akzeptiert ist, kann das Wir erfolgreich sein. Indifferentes Zielbewusstsein scheitert. Jeder macht, was er will, bedeutet: kein erfolgreiches Wir.

– *Jede Gruppe besitzt Regeln und Strategien* für sich selbst und für den Umgang mit anderen Gruppen, um ihre Identitätsziele zu erreichen. Zum Beispiel spielt eine Fußballmannschaft Fuß-

ball, um zu gewinnen. Es wäre völlig kontraproduktiv, wenn das
Ich als Mitspieler dann ständig gegen das eigene Tor rennt und
dort Tore schießt. Die Gruppe ist nur erfolgreich, wenn ihre eigenen Wir-Regeln von jedem dazugehörenden Ich eingehalten
werden.

– *Jede Gruppe muss deshalb an das teilnehmende Ich Anforderungen stellen*, die ein positives Verhalten auf das Wir, auf seine Zielsetzung und Aufgabenstellung hin sichern. Der Grad notwen-
diger Zuordnung des Ich zum Wir ist eine Herausforderung für
die Eigenständigkeit des Ich. Es kann bei zu großen Zwängen
oder Verweigerungen schnell zur Auflösung des Ich mit dem Wir
kommen.

– *Positiv vermittelt jede Gruppe dem Ich ihre eigenen Ziele und deren
Umsetzung als Sinn.* Das Ich erhält damit eine Fülle von sozialen
Impulsen, die ihm als Einzelnen für sein eigenes Leben wesentlichen Antrieb geben. Darüber hinaus ergibt sich durch die ver-
schiedenartigen Kontakte auch mit den anderen Gruppen und
ihren jeweiligen Profilen ein höchst komplexes Interaktionsfeld,
ein Kommunikationsnetz mit einer Vielzahl von positiven und
negativen sozialen Billardeffekten. Diese Wir-Vernetzungen im
Zusammen- oder Gegeneinanderwirken binden das Ich in völlig unterschiedlicher Weise in immer neue Situationen und Anforderungen mit anderen Menschen. In ihnen definiert sich der
Mensch als ein soziales Wesen.

Die allermeisten Wir vergehen, das meint, nahezu alle Wir-
Verbindungen lösen sich für den Einzelnen mit der Zeit auf. Zurück bleibt immer, solange es lebt, das *Ich*. Das überlebende Ich
überdauert das einzelne Wir, ja, die meisten Wir.

Die Loslösung des Ich von einem Wir ist meist ein schwieri-
ger Prozess. Dabei sind die Schwierigkeiten der Trennung immer
wieder völlig anders:

– Aus manchem Wir löst sich das Ich überraschend leicht, gar mit Fröhlichkeit, etwa bei einer Abschlussfeier zum Abitur oder beim Umzug aus guter Nachbarschaft. Dabei ist wohl auch Wehmut in der Erinnerung an vieles gemeinsam Erlebte und darüber, dass eine gemeinsame Zeit nun zu Ende ist. Aber es gibt reichlich neue Perspektiven, das Leben geht rasch weiter.

– Aus anderen Wir-Gruppen kann sich das Ich nur mit äußerstem Stress befreien, mit Selbstbehauptungskämpfen und Zukunftssorgen, etwa beim Verlust des Arbeitsplatzes oder bei der Scheidung vom Ehepartner mit endlosen Streitigkeiten. Hoffnungen und Chancen gehen zu Bruch. Ein Lebensabschnitt scheitert. Der Leidensdruck lähmt alles.

– Aus den schwergewichtigen Wir-Verbindungen heraus bewirken Trennungen meist tiefe Trauer, gar Verzweiflung. Letzter Abschied von Vater oder Mutter, vom Ehepartner. Am schrecklichsten der Abschied vom eigenen Kind. Etwas Unwiderrufliches verändert das Leben, zerstört Lebensläufe, schafft schicksalhafte Betroffenheit.

Das Ich erfährt sich im Abschied ganz persönlich selbst, denn mit jedem Abschied, aus welcher Situation auch immer, bleibt das Ich mit sich allein zurück. Die Franzosen sagen sehr sensibel: *Chaque au revoir est un petit mort – jeder Abschied ist ein kleiner Tod.* Ein Stück gelebtes Leben verschwindet. Die eigene Lebenszeit ist bedenklich vorangeschritten. Besonders die schwergewichtigen Abschiede erfordern ein starkes Ich – nicht zugunsten eines Wir, sondern zugunsten des Ich!

Dabei liegt die Notwendigkeit für ein starkes *Ich* in der Situation des zurückbleibenden *Ich* selber: *Ich* muss weiter. In den schweren Abschieden erweist sich das *Ich* sehr oft als schon lange chronisch schwach aufgrund der Tatsache, dass es sich zu rückhaltlos auf das Wir eingelassen hat. Das *Ich* erliegt oft der Gefahr, sich im Wir zu verlieren und sich selbst aufzugeben.

Die Gefahr des Verlustes des Ich im Wir zeigt sich besonders häufig in der Ehe: Traditionell führt das Wir in der Ehe leicht zur fast völligen Selbstaufgabe des Ich, zumindest zur Zurücknahme der persönlichen Interessen oft bis zur Unkenntlichkeit eigenständiger und eigenwilliger Bedürfnisse.

Bis weit in das 20. Jahrhundert hinein verlor vor allem die Frau ihr eigenständiges Ich in der Unterordnung unter den Mann und darüber hinaus in der Familie durch die Dominanz der Kinder und des Haushalts. Bei einer Trennung oder beim Tod ihres Mannes war die Frau deshalb oft hilflos, weil sie in vielen Dingen viel zu sehr unter der Dominanz des Mannes stand. Eigenes durfte oder musste sie nie. Bis auf den engen Tätigkeitsrahmen in ihrer Ehe und Familie wurde sie in ihrem eigenständigen Ich fast lebensunfähig gehalten, konnte nur über das Wir agieren. Je unselbstständiger sie war, desto hilfloser trauerte und litt sie unter dem Verlust ihres Mannes, weil sie wenig Übung hatte, sich auf ihr eigenständiges Ich zurückzuziehen und aus ihrem eigenen Ich heraus zu leben. Sie war in ihrem Selbst wenig trainiert.

Diese Gefahr des Verlustes des eigenen Ich gilt auch in den Wir-Verbindungen mit den Eltern oder mit den Kindern und überall da, wo die Partner sehr dominant sind. Das Ich ist dann schnell Opfer des Wir. Doch nur ganz selten macht ein Selbstopfer des Ich in einem Wir einen Sinn, zum Beispiel bei der Rettung eines Kindes oder in letzter Zuwendung zweier Liebender füreinander, also in ganz intimer Nähe. Ansonsten aber darf Priorität nie im Wir liegen, sondern immer nur im Ich.

Die Zeit der Trauer über den Verlust des intimen Partners, etwa über den Tod des Ehepartners, ist die Zeit der Rückgewinnung des verlorenen Ich. Trauer ist die Arbeit des Ich an sich selber:

– *Ich* muss wieder stark werden, wie *ich* es vor dem Wir war.
– *Ich* muss wieder die Kraft gewinnen, *ich* selber zu sein.
– *Ich* muss wieder ja sagen, denn *mein* Leben geht weiter.

Entscheidend dafür ist: Ich muss das mit dem Tod vergangene Wir historisieren. Ich muss hinter dem vergangenen Wir einen Punkt setzen mit der klaren Feststellung, dass das Wir vor dem Punkt jetzt zu Ende ist.

In dem Augenblick, wo ich in der Lage bin, diesen Schlusspunkt klar und deutlich zu setzen, in dem Augenblick beginnt der Neuanfang meines Ich. Die Trauer ist dann bei mir selber zum Ziel gekommen – und die Trauer verlässt mich, sobald sie mich befreit hat für mein neues Leben. Selbstverständlich spielt darin die Erinnerung an das vergangene Wir weiterhin eine große Rolle. Aber sie dominiert nicht mehr das neu begonnene Leben meines Ich.

Diese Konsequenz des Punktsetzens gilt für jeden ernsthaften Abschied. Nicht zuletzt auch bei dem eigenen Abschied, den ich von mir aus für andere setze. Ich selbst muss dann bereit sein, den anderen in seinem Ich so freizusetzen, dass er, frei von mir, unverletzt weiterleben kann. Ich muss ihn so ins Leben zurückgeben, dass er als eigenständiges Ich zu leben vermag!

Das aber bedingt schon im gelebten Wir die Achtung vor dem Eigenwillen des anderen Ich. Es liegt in der Verantwortung gegenüber dem anderen, dass ich ihm Raum lasse für sein Ich, für seine Wünsche und Bedürfnisse. Ich muss ihm die Möglichkeit lassen, dass er Dinge so machen kann, wie er es machen will. Der andere hat das Recht auf sein Ich. Das Wir mit mir garantiert das Recht des anderen auf sein Ich.

[3] Sterben und Tod

Ich stelle fest:
Solange ich lebe, ist der Tod nicht da.
Sobald der Tod da ist, lebe ich nicht mehr.

Daraus schließe ich:
Mein Leben hat mit dem Tod nichts zu tun.
Der Tod hat mit meinem Leben nichts zu tun.

Diese Feststellung geht zurück auf den antiken Denker Epikur[7], einen der großen griechischen Philosophen, 300 Jahre vor Christus. In seiner freiheitlichen Lebenserfahrung hat er den Tod als das natürliche Ende des Lebens immer fest im Blick gehabt. Seine nüchterne Definition über Leben und Tod gibt uns die Möglichkeit, zunächst einige elementare Sachfragen zu klären.

Erstens:
Leben und Tod sind zwei völlig verschiedene Dinge.
Es gibt für das objektive Erkennen keinen erfahrbaren inneren Zusammenhang zwischen Leben und Tod. Leben und Tod stehen diametral gegeneinander, denn:
– Alles, was für das Leben gilt, gilt für den Tod nicht:
Organisches Werden. Empfindungen, Reaktionsfähigkeit und Bewegung. Fortpflanzung. Geistige und soziale Strukturen. Ein Zuendegehen und Sich-Auflösen.
– Alles, was für den Tod gilt, gilt für das Leben nicht:

---

7 Epikur, BRIEF AN MENOIKEUS, *Ferner gewöhne Dich an den Gedanken, dass der Tod für uns ein Nichts ist …* Epikurs Brief an seinen jungen Schüler Menoikeus fasst die epikureische Ethik in kurzer Form zusammen.

Stillstand von materieller Bewegung. Aufgehobensein geistiger und sozialer Strukturen. Zeitloser Raum. Unbegrenzte Dauer. Gestaltlose Leere.

Zweitens:
Auch Sterben und Tod sind zwei völlig verschiedene Dinge.
– Denn das Sterben ist der Schlussteil des Lebens. Alles Sterben ist immer noch Leben bis zum allerletzten Verlöschen.
– Der Tod ist dagegen – in einer ersten vorläufigen Definition – *nach dem Leben.* Er erscheint als ein völlig eigenständiger Raum, als eine völlig eigenmächtige Dimension.
Deshalb ist die Angst vor dem Sterben etwas völlig anderes als die Angst vor dem Tod.

Drittens:
Das Sterben ist der Schlussteil des Lebens.
Das Sterben beschreibt das Leben in seinem Zuendegehen. Sterben ist so, als ginge die Flamme einer Kerze aus. Die Flamme ist plötzlich erloschen, einfach weg. Sie ist nicht irgendwo anders, auch nicht in einem anderen Raum. Sie ist einfach zu Ende, nicht mehr da.
Das Sterben ist wie das Erlöschen der Flamme. Der Mensch ist nicht mehr da, nie wieder da. Das Sterben ist für den Menschen das Zuendegehen, wie in der Natur alles Leben endgültig zu Ende geht. Sterben ist etwas ganz Natürliches.

Viertens:

Angst vor dem Sterben
ist deshalb primär Angst vor negativen Erfahrungen, die uns aus unserem Leben bestens bekannt sind: Angst vor Schmerzen. Angst vor endlosem Dahinsiechen. Angst vor Abschiednehmen.

Angst vor unerledigten Verpflichtungen. Angst um Menschen.
Angst vor Allein-, Hilflos-, Verlassensein. Angst vor ungewisser
Zukunft, vor dem Unbekannten, vor der Vergänglichkeit.
Das Sterben ist somit immer noch etwas höchst Soziales. Es voll-
zieht sich im Wir der Menschen, die aktiv um den Sterbenden
herum sind. Das Sterben liegt in der Obhut von Ärzten, in der
Hilfe von Pflegepersonal, in der Betreuung von Hospizhelfern,
von Pfarrern und Priestern, von Menschen, die für ein humanes
Sterben kämpfen. Am wichtigsten sind die liebsten Menschen
und Freunde, die dem Sterbenden Nähe und Zuwendung zeigen.
Der wesentliche Trost des Sterbenden in seiner Grenzsituation
liegt in der Treue der ihn liebenden Menschen zu ihm.

Fünftens:
Der Tod ist nach dem Leben.
Kein Mensch hatte je irgendeine Erfahrung mit dem Tod selbst.
Es gibt keine Erfahrungswerte mit der Dimension des Todes.
Von Zeit zu Zeit gibt es Sensationsmeldungen wie *Rückkehr aus
dem Tod*, aufgemacht in Form medizinischer Sachberichte. Der-
artiges Aufsehen erregten in den siebziger Jahren die Bücher von
Raymond A. Moody, etwa LEBEN NACH DEM TOD[8]. Menschen
berichten, wie sie aus dem Tod zurückgeholt wurden und dabei
das Totsein in Lichterscheinungen, in Raumtransformationen
und Stimmensphären erfuhren – Bilderbögen durchweg schöner
Empfindungen.
Die schönen Empfindungen mögen real gewesen sein. Doch jede
Rückkehr aus dem Tod war immer Rückkehr aus dem allerletzten
Winkel des Lebens, wieder angefachte Flamme des noch nicht
völlig verglommenen Dochtes. Es passierte immer noch im erlö-

---

8   Reinbek bei Hamburg 1977.

schenden Raum des Gehirns, war noch immer Leben diesseits. Insofern waren es Empfindungen des Sterbenden, nicht des Toten. *Der Tod*, so bestätigt die moderne Gehirnforschung schon Epikur, *ist die Aufhebung aller Empfindungen.* Deshalb: Es gibt keine Rückkehr und damit keinerlei evidente Erfahrungswerte aus dem Raum des Todes und über den Raum des Todes.

Sechstens:

Der menschliche Tod ist den Hinterbliebenen nur in einem sozialen Ereignis fassbar, nämlich als endgültiges Nicht-mehr-Dasein einer Ich-Person.

Der Tod stellt sich damit nur im Wir-Bezug innerhalb eines gelebten Lebensraumes dar und ist somit definierbar als das Gegenteil von dem, was der Mensch als Leben erfährt, nämlich als Nichtleben. Allerdings ist das Nichtleben dem Denken größer zu fassen als das Leben selbst, denn das Nichtleben war schon immer vor dem Leben und wird nach dem Leben immer sein.

Jeder Totenkult ist im Blick auf den Tod selbst nur soziale Konvention der Trauernden, dient nur zur Humanisierung der Betroffenheit der Hinterbliebenen. Auch er beinhaltet in sich keinerlei Öffnung zum Totsein an sich.

Siebtens:

Die Angst vor dem Tod – als Angst, das Leben zu verpassen

Memento mori – bedenke, dass du sterben musst bedeutet zuerst: Also lebe! Das Wissen um den Tod verstärkt den Willen zum Leben. Die Erfahrung der Todesnähe ist zugleich Ermutigung für das Leben, das noch möglich vor einem liegt. Der Schritt heraus aus der Todesnähe ist der motivierende Schritt ins Diesseitige: Du kannst noch wieder zurück ins Leben. Du kannst noch einmal alle Chancen wahrnehmen. Fülle die Zeit aus! Hol alles aus

dem Leben heraus, was dir lebenswert erscheint, denn Leben ist hier – nur hier – dein einziges Leben. *Carpe diem!*[9]
Sub specie aeternitatis – im Bewusstsein des Todes. Voll leben im Bewusstsein des Todes bedeutet, den Tod als endgültiges Ende uneingeschränkt anzuerkennen und damit umzugehen lernen. So leben heißt, zu sterben lernen, heißt, im Leben den Tod immer im Blick zu haben. Wer so bewusst lebt, kann bewusst sterben.

Achtens:
Die Angst vor dem Tod – als Hölle
Alle Spekulationen über den Tod als Hölle sagen nichts über den Tod, sondern sagen nur etwas über die Menschen.
– Zum einen über die Bösartigkeit speziell von religiösen Menschen, die andere mit Strafen und Qualen bis über das Leben hinaus verfolgen wollen. Das Ausmaß der gepredigten Höllenqualen ist eine einzige Menschenschande. Dazu gehört speziell auch Dante Alighieri[10], der durch die Zeit hindurch aus perversem Menschenhass mit seinen Höllenvisionen Gläubige und Ungläubige gequält hat, ein geistiger Terrorist wie alle Religiösen, die mit der Hölle Andersdenkende bis in alle Ewigkeit verdammen.
– Zum anderen darüber, dass sich die Menschen derartig verfolgen lassen. Wo immer heute bei uns Religionen und ihre Amts-

---

9 Nutze den Tag!
10 Dante schrieb zwischen 1311 und 1321 seine berühmte DIVINA COMMEDIA – DIE GÖTTLICHE KOMÖDIE, gleichsam ein großes Gedicht in 100 Gesängen. Es ist mit seinen 14230 Versen in drei große Hauptteile geteilt. Teil 1: Das *Inferno*, die Hölle. Teil 2: *Purgatorio*, der Läuterungsberg. Teil 3: *Paradiso*, das Paradies. Der Leser wird wie bei einer Besichtigung durch alle drei Bereiche geführt und erlebt in expressiver Plastizität den Weg des sündigen Menschen von der Bestrafung über die Reinigung zur Erlösung. Besonders bösartig beschreibt Dante die Bestrafung von ihm gehasster Menschen in der Hölle. Dantes Höllenvisionen haben die Höllenpredigten der Kirche und damit die Ängste der Menschen vor dem Tod aufs Tiefste geprägt.

träger in Liturgien oder sonstigen frommen Texten Menschen die Hölle androhen, hat sie ein freiheitlich demokratischer Staat als religiöse Terroristen vor Gericht zu stellen. Derartige Übergriffe auf das Individuum sind im Geiste der Menschen- und Grundrechte prinzipiell verboten und zu bestrafen[11].

Neuntens:
Die Angst vor dem Tod – als das Ende des Ich
Mit der Angst vor dem Tod geht die Hoffnung auf ein Leben danach einher. Der Mensch ist getrieben von dem religiösen Größenwahn, unsterblich zu sein. Diese Hoffnung beschreibt die Unfähigkeit des Menschen, sich mit dem Tod selbst loslassen zu können und glaubt deshalb als rettende Hoffnung an den Tod als Beginn eines ewigen Weiterlebens. Auch diese Hoffnung sagt überhaupt nichts über das Faktum Tod, sondern nur etwas über den Menschen und seine Angst vor seiner Sterblichkeit. Sie ist auf den Tod hin reine Spekulation.

[4] Das Nichts

Über den Tod als Raum oder Dimension an sich wissen wir gar nichts. Kein Mensch hat darüber auch nur eine einzige letztgültige Information. Der Tod an sich bleibt deshalb undefinierbar. Es bleiben nur rationale Abgrenzungen.

Eigentlich verbietet sich sogar, von dem Tod nur als *nach* dem Leben zu sprechen. Einsichtig ist vielmehr, den Tod auch als ständig gegenwärtige Verneinung und Aufhebung des Lebens zu denken, gleichsam als Zustand eines allumfassenden Anti-Seins,

---

11 Siehe dazu unten Seite 224, 229.

das jederzeit gegenwärtige und damit mögliche Nichts überall da, wo das Leben existiert und sofort aufhören kann.

Doch der Tod ist auch nicht nur der Moment des Lebensendes. Der Tod ist nach jedem Lebensende zugleich der Raum des Nichts, die Dimension des Nichts, gestaltlos, bewegungslos, zeitlos, in allem konträr zum Leben. Entsprechend gibt es kein evidentes Anzeichen für eine Fortsetzung des Lebens im Raum des Todes selbst. Der Tod als Raum des Nichts ist weder ein Raum des *bestraften Lebens* (Fegefeuer oder Hölle), noch ist er gar ein Raum des *belohnten* Lebens (Ewiges-bei-Gott-Sein).

Diese nihilistische Abgrenzung steht allen religiösen Spekulationen konträr entgegen, im Verständnis des Seins auch absolut kompromisslos. Um die innere Gegensätzlichkeit besser zu verstehen, stellen wir das Wesentliche beider gegensätzlichen Argumentationsketten direkt gegeneinander:

a) die religiös-theologische,

ausgehend also von dem Axiom: Gott ist

b) die nihilistisch-atheistische,

ausgehend also von dem Axiom: Gott ist nicht

a) Ewiges Leben
Die theologische Todesspekulation des Apostel Paulus

Die meisten Religionen, speziell aber die christliche Theologie, verlegen die entscheidenden Existentialien des Lebens in die Zeit des Todes, also in die Zeit nach dem Leben auf Erden. Paulus ist es gewesen, der die Idee eines ewigen Lebens nach dem Tod in einer umfassenden Theorie ausgearbeitet hat[12]. Wir entwickeln diesen paulinischen Ansatz in sieben Punkten:

---

12 Die Idee eines Lebens nach dem Tod liegt allen echten Paulus-Briefen zugrunde. Zu verweisen ist besonders auf den BRIEF AN DIE RÖMER Kapitel 6,3 – 11 und den

1. Paulus verkündigt die Gewissheit auf ein unbegrenztes Weiterleben nach dem Tod als ein ewiges Bei-Gott-Sein in einem Zustand göttlicher Vollkommenheit.

2. Die entscheidende These und damit die Faszination seiner Verkündigung eines Weiterlebens nach den Tod liegt in der Ich-Identität: Das Ich vor dem Tod ist identisch mit dem Ich nach dem Tod. Paulus vor dem Tod ist Paulus nach dem Tod. Die Individualität der geistigen Persönlichkeit bleibt durch den Tod hindurch erhalten.

3. Die Begründung für die Wahrung der Ich-Identität durch den Tod hindurch gibt Paulus mit dem *Christus-Ereignis*, dem Tod und der Auferstehung Jesu Christi: Christus ist einen biologischen Tod gestorben und aus eben diesem Tod auferstanden. Das Faktum, dass Christus vor dem Tod der gleiche war wie Christus nach dem Tod ist somit die Basis für das *Dass* seiner Auferstehung vom Tod und für sein Leben nach dem Tod.

Paulus setzt infolge die menschliche Existenz parallel mit dem Christus-Ereignis: So wie wir mit Christus sterben, so werden wir mit Christus auferstehen. Im Vollzug der *Imago Christi*, in der Ebenbildlichkeit des Menschen mit Jesus Christus vor seinem und nach seinem Tod liegt die These der Auferstehung des Ich und damit die Garantie für das persönliche ewige Leben begründet.

4. Das Ich des ewigen Lebens ist das durch Jesus Christus erlöste Ich, der wahre gerechte Mensch. Die Zueignung der Gerechtigkeit, die vor Gott gilt, liegt in der Taufe[13]. Der getaufte Mensch gilt vor Gott als gerecht und lebt damit in einem Gott wohlgefälligen Seinszustand. Paulus nennt diesen Menschen den durch Gottes Gnade gerechtfertigten Menschen.

---

1. BRIEF AN DIE KORINTHER Kapitel 15.
13 Römerbrief 6,2 – 11

5. Das Heil des ewigen Lebens hat seine absolute Voraussetzung in Gott und seinem Heilswillen zugunsten des Menschen. Gott allein ist die alles entscheidende treibende Kraft bei der Rettung des Menschen aus der Welt der Sünde und des Todes.

6. In welcher Form wird das Ich im Todesraum ewig existieren können? Sehr nervös hatten die Christen in Korinth per Brief an Paulus diese Frage gestellt offenbar in der Absicht, mit diesem Problem die ganze Theorie des ewigen Lebens scheitern zu lassen. Hierauf antwortet ihnen Paulus aus dem theologischen Axiom (Punkt 5) heraus sehr gelassen: Der allmächtige Schöpfergott, der die irdischen Körper geschaffen hat, wird auch die Schöpferkraft haben, die himmlischen Leiber zu schaffen[14].

Zugleich liefert Paulus den Korinthern dabei mit einem biologischen Vergleich den *Beweis* nach für den Tod als Beginn der Auferstehung: So wie das Samenkorn in die Erde gelegt wird und sterben muss, um neu zum Leben zu kommen, so muss der Mensch sterben, um auferstehen und ewig leben zu können.

7. Theologisch hat die Gewissheit des ewigen Lebens ihre Grundbedingung in dem festen Glauben an Christi Auferstehung.

Psychologisch hat sie ihren Grund in der Angst des Menschen vor dem Tod als dem endgültigen Ende des Ich. Paulus kann nicht loslassen. Er ist getrieben von der Angst, als Ich nicht mehr zu sein. Sein spekulativer Glaube an das unsterbliche persönliche Ich im ewigen Leben setzt ihn von dieser Angst frei.

---

14 1. Korintherbrief 15, 35 – 49.

b) Das Nichts
Die Todestheorie im atheistischen Denkansatz

1. Der Mensch steht als ein individueller Teil der Natur in der Evolution allen natürlichen Seins. Innerhalb dieser Evolution nimmt er nicht nur als Mensch eine Spitzenstellung ein, die ihn gegenüber allen anderen hervorhebt. Er nimmt auch als Ich eine Individualstellung gegenüber allen anderen Menschen ein. Jedes Ich ist einzig.

2. Das Prinzip der Evolution, dem implizit auch der Mensch ohne Ausnahme unterliegt, ist das physikalische Gesetz der Zunahme der Komplexität. Der Mensch unterliegt als Gattung und als Individuum in seinem Leben dem Prinzip des Werdens und damit der Höherstufung materieller und geistiger Existenz.

3. In gleicher Weise unterliegt der Mensch auch dem physikalischen Gesetz des Vergehens, nämlich der Auflösung singulärer komplexer Ordnungen. Singuläre komplexe Ordnungen haben keine dauernde, schon gar nicht ewig dauernde Stabilität und Lebensdauer. Sie sind gleichsam nur Momentzustände in einer sich ständig wandelnden Struktur. Spätestens auf dem Höhepunkt der Entwicklung bricht die Ordnung zusammen, löst sich auf, erlischt, stirbt.

Der Mensch steht nicht außerhalb dieser Kette, sondern ganz innerhalb dieser Kette. Der Mensch mit seinem geistigen Vermögen als Höchstzustand der Komplexität unterliegt also im strengen Sinne dem Gesetz des Werdens und des Vergehens gemäß physikalischer Komplexität. Der *Ordnungszustand* des menschlichen Ich wird spätestens mit Erreichen seines altersmäßigen Höchstzustands wieder aufgelöst und zerfällt dabei zurück in *Entropie* (höchstmöglicher *Unordnungszustand* der Materie). Dabei werden alle gelebten Ich-Strukturen für immer aufgelöst.

4. Der natürliche Lebensraum des Menschen reicht von seiner Zeugung über seine Geburt bis zu seinem Tod als seinem Erlöschen für immer. Nur die Zeit zwischen Geburt und Tod ist der Lebensraum des Individuums. In dieser Lebenszeit hat der Mensch die Möglichkeit, sein Dasein zu entfalten.

Beim Leben weiß der Mensch um sein Sterben und um seinen Tod. Bewusst zu leben bedeutet auch, den Tod anzuerkennen und sterben zu lernen.

5. Der Tod als Zusammenbruch hebt alle Ordnungsstrukturen und damit die Konditionen allen individuellen Daseins völlig auf. Der Tod ist eine endgültige Auflösung aller individuellen Konditionierungen, nicht nur der rein körperlichen, sondern auch der geistigen und aktiv sozialen.

Der Tod ist auch das Ende aller Mühen und Leiden des gelebten Lebens. Der Tod ein Freund. Denn letzlich hat der Tod auch etwas Gnädiges. Er erlöst da, wo endloses Leiden droht. Er beendet da, wo keine Hilfe mehr möglich ist. Er schließt ab, wo das Leben ganz einfach aufgebraucht ist.

6. Der Tod als Auflösung und damit als endgültiges Nichtmehrexistieren bedeutet für das *Nach dem Leben auf Erden* einen absoluten Nichtzustand. Eine wie auch immer geartete Weiterführung des Lebens im Raum des Todes gibt es nicht.

Der Tod ist ein absolutes Nichtmehrsein.

7. Der Atheist kann den Tod als Nichtmehrsein verstehen als das absolute Nichts.

Das Nichts als ein Freisein von allen Mühen und Leiden des irdischen Lebens. Das Nichts ohne Angst vor Verfolgungen und Bestrafungen für das gelebte Leben. Das Nichts ohne irgendwelche fremdbestimmten Dienstleistungen für eine ewige göttliche Herrschaft. *Das Nichts – einfach nur ewiger Frieden.*

[5] Atheistisches Manifest 16 – 20

Rückkehr zur Natur
Geburt und Leben. Sterben und Tod. Das Nichts
[Zur Frage der totalen Diesseitigkeit]

(16)

1. *Die Menschen leben in einer tiefen Angst vor der Natur und dem Diesseitigen.* Natur vernichtet, was ihren Naturgewalten im Weg steht. Natur zerstört, was nicht überlebensfähig ist. Natur opfert alles, was sich der Veränderung nicht anpasst. Natur ist feindlich. Natur ist ohne Gnade. Natur tötet.

2. Das Bedrohtsein durch die Natur ist eine Urerfahrung des sich bewusstwerdenden Menschen seit früher Kulturgeschichte, der Kampf ums Überleben. Auch jedem Menschen heute steht der Tod bevor als die radikalste Bedrohung seiner Existenz.

3. Nahezu alle Religionen lösen das Problem der menschlichen Angst vor der Natur und dem Diesseits mit dem Auszug aus dem Diesseits in ein wie auch immer geartetes Jenseits. Sie gehen mit den Menschen auf die Flucht aus und vor der Natur in eine andere Welt außerhalb, wo sie vor den Bedrohungen des Diesseitigen ein für alle Mal geschützt sind: Sie versprechen den Menschen das Jenseits als ihre eigentliche Heimat, als ihre zukünftige unantastbare Seinsqualität.

4. Dagegen wendet sich naturwissenschaftliches Denken ohne jede Einschränkung der Natur zu und damit der totalen Diesseitigkeit. Die Naturwissenschaften beziehen den Menschen

selbst in die Natur und das Diesseits ein und machen ihn gerade auch als Subjekt zum Objekt ihrer Forschung und Weiterentwicklung.

5. Sie haben es bisher nicht geschafft, den natürlichen Zerfall und damit speziell den Tod im Diesseits abzuschaffen. Es ist der modernen Medizin aber gelungen, viele Gefahren abzuwehren und die Lebensqualität bis ins höhere Alter zu verbessern, ja, sogar den Tod hinauszuschieben und damit die potentielle Lebensfähigkeit auch konkret wesentlich zu verlängern.

(17)

1. Die Geburt zeigt, dass der Mensch am Anfang seines Lebens sich seiner selbst nicht bewusst ist. *Erst indem sich das menschliche Gehirn vervollkommnet, wird sich der Mensch zunehmend seiner Umwelt immer differenzierter bewusst und erkennt darin sein eigenes Selbst.*

2. Das eigene Selbst ist der absolute Mittelpunkt jeder menschlichen Existenz. Der Mensch wird nur ein autonomes Individuum, wenn er sich als selbstverantwortliches Ich seines Lebens verstehen lernt und entsprechend handelt.

3. Zugleich ist das eigene Ich mit andern Menschen zu vielen unterschiedlichen Wir vernetzt. Diese Wir-Gruppen, in denen das Ich lebt, sind völlig unterschiedlich, vom Wir einer intimen Zweierbeziehung über das Wir der Sportmannschaft bis bin zum Wir der Glaubens- und Volksgemeinschaft.

4. *Die Wir-Vernetzungen im Zusammen- oder Gegeneinanderwirken binden das Ich in völlig unterschiedlicher Weise in immer neue Situationen und Anforderungen mit anderen Menschen.* In ihm erfährt sich der Mensch als ein soziales Wesen:

– zum einen lebt das Ich als soziales Wesen in vielen Gruppenbeziehungen, die ihm positiv Lebensmöglichkeiten, Ziele und Sinn zum Leben vorgeben.

– zugleich steht das Ich dabei oft Herausforderungen gegenüber, die seine Selbstständigkeit beschränken, ja, geradezu bedrohen und nivellieren.

(18)

1. *Die allermeisten Wir vergehen, das meint, nahezu alle Wir-Verbindungen lösen sich für den Einzelnen mit der Zeit auf. Das überlebende Ich überdauert das einzelne Wir, ja die meisten Wir.*

2. Zurück bleibt immer, solange es lebt, das Ich. Das Ich erfährt sich in jedem Abschied persönlich selbst. Ein Stück gelebtes Leben verschwindet. Die eigene Lebenszeit ist bedenklich vorangeschritten. *Ich muss weiter.*

3. Die Loslösung des Ich vom Wir ist meistens schwierig, vor allem dann, wenn es um Trennung von einem Menschen geht, dem wir besonders nahestanden oder mit dem wir eine lange Lebenszeit verbracht haben. Das bewirkt tiefe Trauer im Ich.

(19)

1. *In solchem Abschied,* etwa durch die Ehescheidung oder durch den Tod des Ehepartners, *erweist sich das Ich sehr oft als schon lange chronisch schwach durch die Tatsache, dass es sich zu rückhaltlos auf das Wir eingelassen hat.* Das Ich ist der Gefahr erlegen, sich im Wir zu verlieren und sich selbst aufzugeben.

2. Traditionell führt das Wir in der Ehe leicht zu fast völliger Selbstaufgabe des Ich, zumindest zur Zurücknahme der persönlichen Interessen, oft bis zur Unkenntlichkeit eigenständiger und eigenwilliger Bedürfnisse. Immer noch verliert vor allem die Frau ihr eigenständiges Ich in der Unterordnung unter den Mann und darüber hinaus in der Familie durch eine falsche Dominanz der Kinder und des Haushalts.

3. Die Zeit der Trauer ist die Zeit der Rückgewinnung des verlorenen Ich. Trauer ist die Arbeit des Ich an sich selber:

   – *Ich* muss wieder stark werden, wie ich es vor dem Wir war.
   – *Ich* muss wieder die Kraft gewinnen, ich selber zu sein.
   – *Ich* muss wieder Ich sagen, denn mein Leben geht weiter.

4. Entscheidend ist dabei: Ich muss das mit dem Tod vergangene Wir historisieren. Ich muss hinter das vergangene Wir einen Punkt setzen mit der klaren Feststellung, dass das Wir vor dem Punkt jetzt zu Ende ist.

5. In dem Augenblick, in dem ich dazu in der Lage bin, diesen Punkt klar und deutlich zu setzen, in dem Augenblick beginnt – erfahrungsgemäß – der Neuanfang meines Lebens. Die Trauer ist dann an ihr Ziel gekommen: *Ich kehre zurück in mein Leben.*

(20)

1. *Sterben und Tod sind schließlich zwei völlig verschiedene Dinge:*

– *Sterben ist der Schlussteil des Lebens.* Alles Sterben ist immer noch Leben bis zum allerletzten Verlöschen. Angst vor dem Sterben ist deshalb primär Angst vor negativen Erfahrungen, die dem Menschen aus dem Leben bekannt sind, wie Angst vor Schmerzen, vor Hilflosigkeit und Verlassensein.
Der wesentliche Trost des Sterbenden liegt in der Treue der ihn liebenden Menschen zu ihm in seiner Grenzsituation des Aus-dem-Leben-Gehens.

– *Der Tod ist nach dem Leben.* Er ist eine völlig eigenständige Dimension, die absolute Verneinung und Aufhebung des Lebens, der Zustand des umfassenden Nichts.
Das Nichts definiert die Auflösung alles denkbaren Seins individuell und generell, auch den Zusammenbruch der Ich-Strukturen. Der Tod ist auch dieses Nichts.

2. Der Atheist kann sein Nichtmehrsein verstehen als ein Aufgehen in das Nichts. Der Mensch ist darin völlig frei von allen Leiden des irdischen Lebens, von allen Fremdbestimmungen, sowohl von Höllenqualen als auch von himmlischen Dienstleistungen.

3. *Der Tod als das Nichts wird ihm ein ewiger Frieden sein.*

5. Gott – ohne Gott
Supervision des Lebens
[Zur Frage der Religion]

1954 wurde die Evangelisch-Theologische Fakultät an der Uni Hamburg gegründet. Leitgestalt war damals Helmut Thielicke, Professor für Systematik und Ethik. Viele Studenten kamen seinetwegen nach Hamburg. Ich hatte das Glück, gleich nach meinem Hamburger Abitur bei ihm studieren zu können.

In seinem Schatten wirkte ein Mann, der an der Uni nicht so bekannt war, aber in der weltweiten Mission einen großen Namen hatte: Professor Walter Freytag, Missionar und Missionswissenschaftler speziell für Afrika. Er hielt nur eine zweistündige Vorlesung pro Semester. Wir waren kaum zwei Handvoll Studenten bei ihm.

Er machte keine große Theologie. Er erzählte viel aus der außerchristlichen Religionswelt in Afrika, tausend kleine animistische Geschichten aus erster Hand. Es war damals noch bei uns die Zeit, in der im Kindergottesdienst die kleine Kollekte der Kinder in einen Kasten gesteckt wurde, auf dem ein „Neger" stand. Jedes Mal, wenn ein Groschen reingesteckt wurde, nickte der dankbar lächelnde „Neger". Manche Kinder brachten den Groschen extra in Pfennigen mit, damit unser kleiner Neger ordentlich nicken musste. Damals war unsere christliche Welt eben noch bis nach Afrika ganz und gar in Ordnung.

In der Zeit damals war ich glaubensmäßig noch sehr konservativ, meine Eltern politisch links, aber überzeugte Christen. Seit meinem fünften Lebensjahr wollte ich Pastor werden. Vom Glauben an Gott war ich unter ihrem Einfluss ähnlich betroffen,

wie Tilmann Moser es für sich geschildert hat[1]. Entsprechend
war für mich als Erstsemester der Theologie das Wichtigste mein
Bekennermut. Ich konnte gar nicht verstehen, dass der Professor für Neues Testament unter meine mit Herzblut geschriebene
erste neutestamentliche Seminararbeit schrieb: *Alles ganz schön,
aber Sie sollten mehr die wissenschaftlichen Kommentare lesen: Nur
3–4.* Ich ahnte auch nicht, dass eine der kleinen Geschichten
von Professor Freytag einmal in meinem kritischen Nachdenken
über Gott eine wichtige Rolle spielen würde. Diese Geschichte
war ein alter afrikanischer Schöpfungsmythos:

Ein Zwerg von verkrüppeltem Wuchs fing an, sich immer mehr
über seine Gestalt zu ärgern. Schließlich gab er seinem Stammesgott die Schuld daran, dass er so missgestaltet geschaffen war. Er
beschloss, zu ihm zu gehen und sich bei ihm zu beschweren. Der
Stammesgott empfing ihn freundlich und fragte ihn: – *Warum,
mein Freund, besuchst du mich? Was kann ich für dich tun?*

– *Ich bin ein Krüppel*, sagte der Zwerg, *du hast mich so gemacht.
Ich will mich bei dir beschweren. – Du bist mit deinem Wuchs nicht
zufrieden?* fragte der Stammesgott. *Dann helfe ich dir gerne. – Wie
denn?* fragte der Zwerg mürrisch. – *Ich habe*, so sagte der Stammesgott, *jeden Menschen mit einem eigenen Hammer gemacht. Hinter meinem Haus ist ein riesiger Garten. Da liegen alle Hämmer, mit
denen ich je Menschen gemacht habe. So wie der Hammer, so der
Mensch. Du darfst in den Garten gehen und dir aus all den Hämmern
den aussuchen, der dir am allerbesten gefällt und mit dem du gemacht
sein möchtest. Such dir den schönsten Hammer aus, und wenn du
ihn gefunden hast, kommst du mit ihm zurück, und ich mache dich
damit neu.*

---

1   Siehe oben Seite 74 f., Tilmann Moser, GOTTESVERGIFTUNG.

Der Zwerg lief begeistert los in den Garten. Immer wieder hörte man kleine Entzückensschreie, wenn er wieder einen besonders schönen Hammer gefunden hatte. Er suchte mehrere Tage und begutachtete jeden Hammer – bis ihm plötzlich ein Hammer besser gefiel als alle anderen Hammer. Überglücklich lief er mit ihm zurück zu seinem Stammesgott und rief ganz aufgeregt: – *Das ist der schönste Hammer von allen. Mach mich mit diesem Hammer. So möchte ich sein. Mach mich mit diesem Hammer.* Der Stammesgott lächelte: – *Schön, dass dir dieser Hammer so gefällt. Wir werden es machen, wie ich es versprochen habe. Vorher aber lass uns erst einmal unter den Hammer schauen, denn ich habe den Namen des Menschen, den ich mit dem Hammer gemacht habe, immer untendrunter geschrieben.* Gespannt guckten sie unter den Hammer, welcher Name da stehe. Da stand – der Name des Zwerges. Der Zwerg aber schrie: – *Das ist mein Hammer! Das ist mein Hammer, mit dem ich gemacht bin. Ich habe meinen wunderschönen Hammer gefunden* und lief glücklich und zufrieden zurück nach Hause.

Professor Freytag erklärte uns sehr tiefsinnig, wie dieser einfache Mythos den naiven Schwarzen in Afrika Identität geben würde. Später habe ich mich öfter gefragt, ob dieser alte erfahrene Missionar in seinem Gottesverständnis nicht damals schon eher Psychologe gewesen sein mag als strenger Theologe. Hatte er diese Geschichte als Theologe für seine schwarzen Schützlinge gar selber erfunden?

[1] Der offenbarte Gott

Die monotheistische Religion ist eine reine Erfindung der orientalischen Kultur. Die Offenbarungsreligion eines einzigen Gottes ist das typische Denkmodell der nahöstlichen Welt[2] jenseits des antiken westlichen Abendlandes.

– Zunächst natürlich in der altisraelitisch-biblischen Jahwe-Religion und der Theologie eines Gerechtigkeitsgottes. Das Bekenntnis zu einem einzigen Gott prägt im Judentum das Erwählungsbewusstsein der Gläubigen seit über 3200 Jahren.

– Daher die Übernahme und Umbildung dieses Gottesbildes in der christlichen Theologie- und Dogmengeschichte zu einem Gottvater Jesu Christi. Auch im Christentum wird Gott seit nahezu 2000 Jahren uneingeschränkt als einzigartig geglaubt.

– Dann schließlich in der arabisch-islamischen Religion als synkretistische Allah-il-Allah-Konzeption. Bis heute hält der Islam Völker und Menschen seit 1400 Jahren in einem riesigen Kulturbereich im Glauben an einen einzigen Gott zusammen.

Ägypten: Vieles spricht dafür, dass der Monotheismus, die Religion eines einzigen Gottes gegen all die anderen Götter und Götterwelten, ihren Ursprung im alten Ägypten hatte. Der junge Pharao Amenophis IV. Echnaton[3] erhob um 1350 vor Christus den Sonnengott Aton zum einzigen Gott seines Reiches. Er verbot alle traditionellen Götter, zerschlug die Vormachtstellung der alten Priesterschaft und gründete in Achet-Aton ein neues Kult- und Machtzentrum.

Die Idee des einen allmächtigen Herrscher-Gottes war von Anfang an Bestandteil der absolutistischen Machtkonzeption Echnatons. Der Herrscher-Pharao schuf mit dem einen Gott eine

---

2   Siehe dazu Paul Schulz, CODEX ATHEOS, op.cit., Seite 98 ff.
3   Neueste Literatur: Hermann A. Schlögl, ECHNATON, München 2008.

Machthoheit, die er mit seinem eigenen Pharaonen-Thron auf das Engste verband. Absolute Macht und absoluter Gott waren von Anfang an ursächlich miteinander verbunden, ein absolutistisches Herrschaftssystem gesichert und gestützt durch einen absolutistischen Monotheismus.

• *Judentum:* Die historischen Spuren des Überganges des Monotheismus aus dem Ägyptischen in die orientalische Welt lassen sich zumindest großlinig anhand der alttestamentlichen Quellen nachvollziehen, exklusiv in der Moses-Tradition[4]: Zeitnah zur Religionsrevolution Echnatons diente der semitische Josephstamm in Ägypten als Fronvolk, gleichsam ein ganzer Nomadenstamm als Gastarbeiter. Es war im Pharaonenreich durchaus üblich, weil nötig, Arbeitskräfte etwa für den Pyramidenbau in Dienst zu nehmen gegen staatliche Sozialleistungen. Dabei mag sogar die Führungsgestalt des Josephstammes auf das Herrscherhaus Einfluss gewonnen haben.

Innenpolitische Unruhen, durchaus der Sturz Echnatons, veranlassten den Josephstamm zur Flucht aus Ägypten. Die kontrarevolutionäre alte Priesterschaft verfolgte Echnatons Anhänger rigoros. Das Kommando dieser Fluchtaktion übernahm Moses, ein Ägypter, hoher Beamter im Dienste Echnatons, politischer und religiöser Monotheist. Als Bedingung und Gegenleistung für seine Fluchthilfe verpflichtet er den Josephstamm zum Bekenntnis zu seinem Monotheismus.

---

4   Als wichtige historische Quelle gelten hier die alttestamentlichen Bücher EXODUS (2. Buch Mose) und NUMERI (3. Buch Mose). Dazu: Martin Noth, GESCHICHTE ISRAELS, Göttingen 1950, diverse (hier 4.) Auflagen, Seite 105 – 130. Im Gegenüber dazu: Israel Finkelstein / Neil A. Silberman, KEINE POSAUNEN VOR JERICHO. DIE ARCHÄOLOGISCHE WAHRHEIT ÜBER DIE BIBEL, München 2002. Nicht rein historisch, aber als Problemskizze sehr geeignet: Sigmund Freud, DER MANN MOSES UND DIE MONOTHEISTISCHE RELIGION, Frankfurt/Main 1975, diverse Auflagen.

Die Flucht aus Ägypten gelang. Dabei kam es auf der Sinaihalb-
insel zu Zusammentreffen des Josephstammes mit anderen semitischen Nomadenstämmen und zu einer Art Vollversammlung
in Kadesch. Thema war durchaus die neue Machtkonstellation
Ägyptens als Folge für den ganzen Hegemoniebereich. Ägypten
war damals fast immer als Gegenmacht zu Mesopotamien ein
Bedrohungspotential für die gesamte Nordregion und den vor-
derasiatischen Raum.

   „Moses"[5] kämpfte bei diesen Zusammentreffen für seinen Monotheismus, indem er die ZEHN GEBOTE als Offenbarung seines
einzigen Gottes vom Berg Sinai präsentierte mit dem ersten Gebot *Ich bin der Herr, dein Gott, der dich aus Ägypten ... geführt hat.*
Du sollst keine anderen Götter haben neben mir[6]. Nach schweren
Auseinandersetzungen mit polytheistischen Gegnern, die ein
Kultritual um das goldene Kalb inszenierten, verpflichtete Moses
mehrere Stämme zum Monotheismus, wobei dabei die Bestim-
mung des alten semitischen Stammesgottes *Jahwe* zum einzigen
Gott wohl ein Kompromiss war.

   Nachfolgend entstand unter „Moses" in Kadesch der Stämme-
bund Israel von maximal 12 Nomadenstämmen[7]. Der Zusam-

---

5   Es ist nicht wahrscheinlich, dass der Name Moses für diese lange Entwicklung
    zwischen Flucht aus Ägypten und Landnahme Kanaans eine einzige gleiche Füh-
    rungsperson war. Moses möchte die Gestalt des Auszugs aus Ägypten gewesen
    sein. Darüber hinaus ist eher anzunehmen, dass die folgenden historischen Sta-
    tionen – Die Sinaitradition mit der Deklaration der Zehn Gebote ebenso wie der
    Bundesschluss bei Kadesch mit dem Beschluss der Landnahme Kanaans – nach-
    träglich in der Quellenredaktion der deuteronomistischen Geschichtsschreibung
    um 550 vor Christus unter der „Gesamtgestalt" Moses zusammengefasst worden
    sind.
6   EXODUS 20,2 – 3.
7   Zur Bildung eines 6- oder 12-Stämmebundes um ein Heiligtum herum (eine Am-
    phiktyonie) siehe Martin Noth, op.cit. Seite 83 ff.: Das Zwölfstämmesystem. Am-
    phiktyonien waren auch in Griechenland üblich.

menschluss war eher eine lockere Bindung der Stämme[8] in einer gemeinsamen Verpflichtung auf ein religiöses Zentrum, die *wandernde Bundeslade*, in der die Tafeln mit dem DEKALOG, den Zehn Geboten, verwahrt waren. In dieser Verfassung beschlossen die neuen Bündnispartner die Einwanderung nach Kanaan, dem heutigen Palästina, um vor Ägypten auszuweichen. Zum Zeichen der Zusammengehörigkeit wurde die Bundeslade periodisch von einem zum nächsten Stamm geschickt und dort als gemeinsames Heiligtum verwaltet. Die Eroberung des Kulturlandes Kanaan erfolgte in selbstständigem Vordringen der einzelnen Stämme und dauerte mit unterschiedlichen Erfolgen über 200 Jahre.

Den formalen Abschluss der Landnahme Kanaans bildete die Eroberung der alten kanaanäischen Hauptstadt Jerusalem. Dort gründete der Stamm Juda unter den Königen Saul, David und Salomon einen theokratischen Staat, das davidische Königtum. König David setzte in Jerusalem die wandernde Bundeslade fest und zwang somit die anderen Stämme in einen Zentralismus. Seitdem war Jahwe formal ein Staatsgott. Der Kampf um die Durchsetzung der Jahwereligion war ideengeschichtlich das zentrale Thema dieses Staates. Politisch existierte das Davidreich durch schwierigste Zeitwirren hindurch 1000 Jahre. In seiner Endphase wurde Jesus von Nazareth geboren.

Im Jahre 70 nach Christus eroberte der römische Kaisersohn Titus Jerusalem. Auf dem Triumphbogen, den das römische Volk

---

8 Auch hier hat die deuteronomistische Geschichtsschreibung um 550 vor Christus die Quellen umgestaltet, indem sie die Führer der zwölf Stämme später zu Brüdern – zu den zwölf Söhnen des Urvaters Jakob – erklärte und somit die Frühgeschichte Israels in verwandtschaftliche Genealogie umgestaltete. Natürlich waren diese Stammesführer historisch keine Brüder. Mit dem religiösen Mythos der 12 Brüder Israels wurde im Nachhinein in der babylonischen Gefangenschaft ein nationales Einheitsbewusstsein geschaffen.

dem siegreichen Titus zu Ehren baute, ist heute noch die Verschleppung der alten Kultgeräte aus dem Jahwe-Tempel nach Rom zu sehen. Der Tempel selbst wurde geschleift. Per Dekret des römischen Senats wurden alle Juden ultimativ aus Jerusalem vertrieben und ihnen zugleich verboten, die Stadt je wieder zu betreten. Die Juden verstreuten sich über die gesamte damalige Welt. Sie betrieben für ihre Religion nie Mission, beschränkten sich auf sich selbst in der Überzeugung, dass die Tora als das Wort des einzigen Gottes allein ihnen anvertraut sei. In diesem Erwählungsbewusstsein wurden sie vielerorts verfolgt und überdauerten trotzdem. Um 1900 tauchte die Idee der Rückkehr der Juden zum Zion auf. Es folgte ein dramatisches Jahrhundert der *zweiten Landnahme Kanaans*. Rückkehrende Juden bildeten 1948 in Palästina den neuen Staat Israel auf der Grundlage säkularer Demokratie mit einer extrem starken orthodoxen Opposition.

• *Christentum:* Die ersten *Juden-Christen* um die Jünger Petrus und Jakobus – die Urgemeinde in den Jahren zwischen 30 bis 70 nach Christus in Jerusalem – übernahmen aus den altjüdischen Wurzeln die alttestamentlich-monotheistische Gottesvorstellung und bezogen deren Verheißungen aktuell auf die Gestalt Jesu von Nazareth. Sie übertrugen auf ihn dabei den Hoheitstitel *(zum König) Gesalbte* = hebräisch: *Messias* = griechisch: *Christus* und nannten ihn Jesus *Christus*. Sie sahen in ihm den *davidischen König der Juden* und erwarteten ihn als solchen in seiner baldigen Wiederkunft. Mit der Vertreibung der Juden anno 70 musste auch diese erste streng jüdisch ausgerichtete Jesusgemeinde Jerusalem verlassen und löste sich dadurch auf.

Schon mitten in dieser Jerusalemer Urgemeinde hatte der Apostel Paulus die sektiererische urgemeindliche Theologie in eine Rettungsbotschaft Gottes für die ganze Menschheit globalisiert.

Mit seiner Bekehrungsmission seit etwa 50 nach Christus ge-
langte der christlich-jüdische Monotheismus aus dem Orient ins
westliche Römische Reich und damit ins eigentliche Abendland.
Diese neuen *Heiden-Christen* mit ihrem Gottesglauben existier-
ten dort in der altgriechisch-römischen Kultur zunächst rund
250 Jahre als Märtyrerkirche, vom römischen Staat immer wieder verfolgt und unterdrückt.

Unter Konstantin dem Großen wurde das Christentum dann
anno 321 zum Bündnispartner des römischen Kaisertums. Es
entstand eine *caesaro-papistische*[9] *Staatskirche* mit dem neuen
Machtzentrum Konstantinopel und der alles überragenden Kirche Hagia Sophia. In ihr bildeten der eine absolute Gott und der
römische Kaiser eine neue absolute Einheit als Grundlage einer
monarchistischen Herrschaft. Nach vielen Streitereien spaltete
sich diese Einheitskirche im *Schisma von 1054* in eine östlich-or-
thodoxe Kirche mit Zentrum Konstantinopel und ein westlich-
katholische Kirche mit Zentrum Rom. In Europa folgte ein jahr-
hundertelanger Führungsstreit zwischen Papst und Kaiser, beide
im Anspruch direkter Bevollmächtigung durch Gott. 1919 zer-
brachen alle christlichen West-Monarchien von Gottes Gnaden.
Seitdem steht das Christentum nicht nur religiös, sondern auch
politisch mit seinem absolutistischen Gottesglauben kontrovers
in der säkular-demokratischen westlichen Welt.

• *Islam:* 600 Jahre nach dem Entstehen des Christentums brach
ziemlich unvermittelt auf der arabischen Ostseite des Roten
Meeres eine neue Religionsbewegung auf. Eigentlich war dieses
Ausgangsgebiet kein besonderes Kulturland, eher nur ein Bedui-

---

9 Der Begriff *Caesaro-Papismus* beschreibt eine Staatsform, in der der weltliche
   Herrscher zugleich auch das geistig-religiöse Oberhaupt der Staatskirche ist und
   dieses Amt mit einem ausgeprägten Prunkgehabe ausübt.

nengebiet mit einigen kleinen Stadtzentren – Mekka und Medina. In Mekka wirkte Mohammed ohne besondere theologische Vorbildung zunächst als Kaufmann. Mittels einer Berufungsvision erklärte er sich zum Gründer einer neuen Religion, in der der Monotheismus in strengster Form durchgeführt werden sollte.

Seinen Monotheismus baute er zusammen aus Elementen der beduinischen *al-Lah-Verehrung,* darüber hinaus vor allem aus jüdischen und christlichen Elementen. Er schrieb selber den Grundtext des KORAN als neue Heilige Schrift, in der die Fehlentwicklungen im Judentum und im Christentum auf einen Idealtyp des Gottesglaubens neu ausgerichtet werden sollten. Zum Schutz seines absoluten Gottes Allah formulierte er aufgrund des 2. Gebotes des DEKALOGS[10] ein striktes Bilderverbot, mit dem jegliche bildnerische Gestaltung und damit menschliche Eigenvorstellung von Gott verboten wurde – Ausdruck eines radikalisierten Monotheismus gegenüber der göttlichen Trinität des Christentums.

Schon Mohammed hatte die neue Religion des Allah-il-Allah selber mit Gewalt durchgesetzt. Er bestimmte für seine Nachfolge ein Erbfolge-Kalifat, einen Zentralherrscher für alle weltlichen und religiösen Angelegenheiten. Dieses Amt löste schon in der nächsten Generation entsetzliche Vernichtungskämpfe aus und brachte die Spaltung des arabischen Islam in *Sunniten*[11] und *Schiiten*[12]. Dennoch breitete sich der Islam in rasender Geschwin-

---

10 EXODUS 20,4. DEKALOG nennt man die Zehn Gebote insgesamt in EXODUS 20,1 – 17 // DEUTERONOMIUM (5. Buch Mose), 5,6 – 18

11 *Sunniten* bilden die Hauptrichtung des Islam. Rund 90% der islamischen Gläubigen folgen der *Sunna,* der Gesamtheit der von Mohammed überlieferten Aussagen und Lebensgewohnheiten, was eher einem gemäßigt strengen Glauben entspricht.

12 *Schiiten* bilden die *Schia,* die Abspaltung, die Sekte. Sie schlossen sich anno 661 nach dem Tod Alis, dem 4. Kalifen, als seine Anhänger zusammen und halten bis heute an ihm als dem rechtmäßigen Nachfolger Mohammeds fest. Sie bilden rund 10% der islamischen Gläubigen und sind glaubensradikaler.

digkeit aus, eroberte 635 Damaskus und 638 Jerusalem, keine 20 Jahre nach der *Hedschra*, dem Gründungsjahr des Islam.

Das erste Kalifengeschlecht der Omaijaden wurde von den nachfolgenden Abassiden, den Gründern des prächtigen Kalifats Bagdad, bis auf den letzten Mann ausgerottet. Dieser buchstäblich letzte Prinz Rahman I. flüchtete nach Spanien und gründet dort ein Emirat, das spätere Kalifat Cordoba, einen Glanzpunkt der islamischen Wissenschaft. Mit dem Einbruch der Osmanen Richtung Westen fiel 1453 das christliche Machtzentrum Konstantinopel an den Islam und wurde zunächst in Kiew und wird bis heute in Moskau als orthodoxe Kirche fortgesetzt. Seit dem Fall Konstantinopels wurde Europa in mehreren Angriffswellen vom Islam bedroht[13]. Die jüngste Welle des wiedererstarkten Islam erleben wir in unseren Tagen.

So der Weg des Monotheismus als Einbruch der orientalischen Religion in das westliche Abendland. Unsere westliche Welt heute steht unter den Spätfolgen dieser Religionsbewegung seit rund 3300 Jahren. Spätfolgen meint nicht allein Beeinflussung durch das monotheistische Grundkonzept in unserer säkularen geistigen Entwicklung auch heute noch, sondern vor allem auch die brutalen politisch-religiösen Auseinandersetzungen dieser Religionsblöcke und Konfessionen in sich selbst und gegeneinander bis in die Gegenwart und in die Zukunft hinein.

Ideengeschichtlich spiegelt sich der Monotheismus also in allen drei Religion – Judentum, Christentum, Islam – wider, in unterschiedlichen Ausprägungen und mit dem jeweiligen Anspruch des Besitzes der absoluten Wahrheit und der Alleingültigkeit. Gemeinsam haben sie als Grundgedanken die Absolutheit des einzigen Gottes.

---

13 Die Türken als große europäische Bedrohung 1529 und 1683 vor Wien.

Diese Absolutheit Gottes gründet heute in drei konstituierenden Punkten:

1. Gott ist ein jenseitiges Wesen, das ohne Anfang und Ende ewig besteht. Es ist in seinem Sein völlig von der diesseitigen Welt unterschieden. Es ist in seiner Exklusivität und Allmacht ganz und gar unantastbar.

2. Dieses jenseitige Wesen Gott hat sich selbst den Menschen offenbart, sich ihnen in seiner Existenz kundgetan. Zugleich hat er ihnen seinen Willen mitgeteilt und damit die Existenzbedingungen ihres Daseins vorgegeben. Gerade auch dieser Wille ist absolut und unaufhebbar gültig.

3. Mensch und Welt sind die Schöpfung dieses göttlichen Wesens. Sie stehen deshalb qualitativ unter ihm. Sie sind ihm in jeder Hinsicht zur Verehrung verpflichtet und zum absoluten Gehorsam in allen Belangen seines offenbarten Willens. Sie unterliegen bei Zuwiderhandlungen seinem Strafgericht.

[2] Der erdachte Gott

Xenophanes von Kolophon hat schon im 5. Jahrhundert vor Christus die kämpferische Behauptung aufgestellt:
Nicht die Götter haben die Menschen gemacht,
sondern die Menschen haben die Götter gemacht.
Nicht die Menschen sind Geschöpfe der Götter,
sondern die Götter sind Geschöpfe der Menschen[14].

---

14 Zitiert nach Wilhelm Nestle, VOM MYTHOS ZUM LOGOS, Stuttgart 1922, 2. Auflage (1941), Seite 88.

Xenophanes ist damit der für uns greifbar erste Mensch in der Geistesgeschichte, der eine derart radikale Religionskritik gegen die Götter und die Götterwelt formuliert hat.

Xenophanes stand damit in der antiken altgriechischen Zeit gegen die damals alles beherrschenden Göttermythen, die Homer in seinen beiden großen Werken ILIAS und ODYSSEE geschildert hatte. In ihnen ist der Götter-Himmel des Olymp dargestellt mit dem Herrschergott Zeus und einer Vielzahl von Göttern und Halbgöttern. Zumindest die Hauptgötter stehen in einer spannungsgeladenen Verbindung zu den Menschen, indem sie mit ihrem Hass untereinander in das Leben der Menschen eingreifen und mit ihren Parteinahmen und Intrigen direkten Einfluss auf die Menschen nehmen. So sind die Menschen weniger die Geschöpfe der Götter, sondern immer wieder mit unausweichlichem Verhängnis Opfer der Götter. Wie unabwendbares Schicksal hängen die Götter über den Menschen.

Dieser homerische Götterhimmel hat die unterschiedlichen Völkerstämme Griechenlands gleichsam unter einem religionskulturellen Dach vereint. Denn indem die Volksstämme diesen Götterhimmel für sich anerkannten, wuchsen sie religiös zusammen und bildeten zumindest zeitweise eine mehr oder weniger homogene Kulturgemeinschaft. Homers Götter wurden dadurch gleichsam zu Staatsgöttern, die eine gemeinsame kultische Identität sicherten und für die der Staat deshalb aus Staatsräson Anerkennung forderte. Zuwiderhandeln war damit ein staatspolitischer Angriff[15]. Homers ursächlich literarische Leistung war langfristig eher eine staatspolitische Leistung in der Bildung eines gemeinsamen Volksbewusstseins. Das gilt auch dann, wenn

---

15 Der Prozess gegen Sokrates wegen Leugnung der Götter war deshalb für Athen primär ein staatspolitischer Prozess. Siehe dazu Paul Schulz, CODEX ATHEOS. op.cit., Seite 33 ff.: Sensationsprozess gegen Sokrates.

Homer gar nicht ein einzelner Dichter war, sondern eher ein Sammelname für vielschichtige Traditionsbildungen[16].

Die altgriechische Aufklärung seit 550 vor Christus, allen voran eben Xenophanes, begann einen Kampf gegen diesen homerischen Götterhimmel und damit zugleich gegen die Staatsgötter. Mit rationaler Vernunft wurden damals alle Religionsvorstellungen entmythologisiert und damit die Göttermythen von Grund auf in Frage gestellt. Ein dramatischer Kampf. Als Anaxagoras damals in Athen behauptete, die Sonne sei gar kein Gott, sondern ein glühender Stein, wurde er in einem Gottlosenprozess zum Tode verurteilt. Dass die Götter von den Menschen erdacht seien, war insofern ein erster brisanter Entdämonisierungsprozess der Welt insgesamt.

Mit dieser Religionskritik kämpfte die Vernunftphilosophie damals zugleich für die Eigenständigkeit und die geistige Freiheit des Individuums. Allen voran Sokrates in Athen leugnete die Götter, die der Staat anerkannte, und stand für die Durchsetzung der weltlichen Vernunft. Deshalb machte der Staat Athen auch ihm einen Gottlosenprozess und verurteilte ihn 399 vor Christus zum Tode. Für seine Religionsfreiheit, das heißt, für seinen unbeugsamen Willen zur Freiheit von den Göttern, hat er sich als siebzigjähriger Philosoph hinrichten lassen.

Die Folge dieser Götterkritik von Xenophanes über Sokrates bis hin zu Epikur war langfristig der Zerfall des griechischen Götterhimmels und damit die totale Zerstörung dieser einst mächtigen Religion. Die Entmythologisierung relativierte alles Reden von den Göttern bis hin zu ihrer totalen Auflösung und damit zum

---

16 Der Sammelname „Homer" ähnelt dem Sammelnamen „Moses", der ähnlich in der Volkstradition für die lange Strecke der frühen Entwicklungsphase als Einzelperson dargestellt wird. Siehe oben Seite 152, Anmerkung 5. Zur neuesten Auseinandersetzung um Homer das Buch von Raoul Schrott, HOMERS HEIMAT. DER KAMPF UM TROJA UND SEINE REALEN HINTERGRÜNDE, München 2007.

Untergang der altgriechisch-römischen Zeus-Religion. In dem Untergang dieser Religion kommt der Atheismus der altgriechischen Vernunftphilosophie voll zur Wirkung.

Als das Christentum dann fast 600 Jahre nach Xenophanes in dieses griechisch-römische Kulturgebiet eindrang, war der altgriechische Götterolymp schon längst zur Ruine ausgebrannt und durch die griechische Vernunft im Innersten zerstört. Ein Beispiel dafür ist im Frühjahr des Jahres 51 nach Christus die erste Auseinandersetzung zwischen dem Christentum aus dem Orient und der antiken Kultur des Abendlandes. Da hielt der Apostel Paulus seine berühmte Rede auf dem Areopag, dem geistigen Zentrum des antiken Athen, die erste uns bekannte monotheistische Predigt in Europa[17]. Paulus stand da als Christ nicht vor irgendwelchen heidnischen Priestern oder religiösen Ordnungshütern. Er stand vor den Spitzen der griechischen Philosophie und versuchte ihnen den auferstandenen Christus zu verkaufen. Paulus, so berichtet der Biograph Lukas, ist dabei entsetzlich abgeblitzt. Die griechischen Philosophen haben ihn mit seinem Christusmythos schlicht ausgelacht.

Nicht die Göttermythen waren der Gegner des Christenmythos. Die waren beim Auftreten der Christen längst zerrieben. Paulus und mit ihm das Christentum mussten für ihre neue Religion das Denken in Mythen, das die Naturphilosophen seit Xenophanes in jahrhundertelangem Nachdenken mühsam abgeschafft hatten, erst wieder einführen. Gegen den Widerwillen alten Mythen gegenüber mussten sie erst wieder eine völlig neue Bereitschaft zum Mythosglauben entwickeln – ein dramatischer Ideenkampf. Er reichte hinein bis in den arianischen Streit um die Frage, ob Jesus ganz einfach nur ein besonderer Mensch sei

---

17 Das erzählt Lukas in der APOSTELGESCHICHTE 17,15 – 34.

oder Gott. Anfangs stand mit Bischof Arius noch die Vernunft-position *Jesus nur Mensch* mehrheitlich fest. Am Ende, nach 200 Jahren, galt das Dogma *Jesus ist wesenhaft Gott.* Der Mythos und damit eine endlose christliche Dogmenbildung hatten gesiegt. Wenig später, im Jahre 529, wurde die letzte griechische Philosophenschule im Römischen Reich vom christlichen Kaiser Justinian I. geschlossen und damit die griechische Vernunftphilosophie vom Christentum verboten und ausgerottet.

Genau an dieser Stelle begann im 19. Jahrhundert, nach der Französischen Revolution, die wissenschaftliche Religionskritik gegen das Christentum. Denn als die französische Aufklärung bereits ausgelaufen war, unternahm Ludwig Feuerbach seinen radikalen Vorstoß gegen die Absolutheit des christlichen Gottesglaubens. Angestoßen war Feuerbach durch eine VORLESUNG ÜBER DIE ÄSTHETIK[18] des bedeutenden Philosophen Friedrich Hegel an der damals neu gegründeten Humboldt-Universität in Berlin. Hegel war darin ausführlich auf die Ursachen des Zusammenbruchs der griechischen Religion eingegangen, nämlich auf die Tatsache, dass gerade die griechischen Götter eben wirklich nicht mehr gewesen seien als menschgestaltig gedachte Übermenschen. Dieser *Anthropomorphismus* der griechischen Religion sei ihr impliziter Tod gewesen.

Der Gedanke, dass Götter Produkte des menschlichen Denkens seien, ließ den jungen Philosophen Feuerbach nicht mehr los. Er machte sich an die Arbeit, um diese These auch an dem christlichen Gott durchzuführen. 1841 veröffentlichte er sein berühmtes Werk VOM WESEN DES CHRISTENTUMS. Dort heißt es gleich zu Anfang: *In der Religion ist dem Menschen sein eigenes Wesen Gegenstand ... Das eigene Wesen ist ihm Gegenstand als ein*

---

18 Hegels VORLESUNG ÜBER DIE ÄSTHETIK im Jahr 1825, in: VORLESUNGEN ÜBER DIE ÄSTHETIK I, Suhrkamp-tw, Werke 13, Seite 75 f.

anderes Wesen. Die Religion ist so die Entzweiung des Menschen mit sich selbst. Er setzt sich Gott als ein ihm entgegengesetztes Wesen gegenüber.

Der aufgeklärte Mensch, der erkennt und weiß das seit Xenophanes von Kolophon. Mit Feuerbach weiß es nun auch der Christ: Dem Menschen ist *Gott sein entäußertes Selbst.* Redet der Mensch von Gott, dann redet er von sich selbst, über sich selbst, in Form und Gestalt seiner selbst. Noch einmal Feuerbach: *Alle Theologie ist Anthropologie*[19].

Es gilt, diesen zentralen Satz *Alle Theologie ist Anthropologie, Alles Reden von Gott ist Reden des Menschen über Gott, Gott ist ein gedachter Gott* nicht einfach mit einem Kopfnicken ad acta zu legen, sondern ihn im eigenen Denken konkret in Ansatz zu bringen, denn nur so bewirkt er einen konstruktiven, persönlichen Denkfortschritt. Entsprechend hatte ich oben schon angedeutet[20], dass mir die afrikanische Schöpfungsgeschichte vom Zwerg, die Professor Freytag uns Studenten erzählt hatte, später einen wichtigen Impuls zu meiner Religionskritik gegeben hat. An diesem ganz einfachen Beispiel habe ich Feuerbach verstanden und mir daran meinen Gottesglauben immer wieder kritisch klarzumachen versucht, bis ich meine überkommenen Gedanken eines Tages völlig neu sortiert hatte. Da war ich Atheist. Meine Ausgangsfrage war damals:

Was unterscheidet diesen afrikanischen Schöpfungsmythos vom Zwerg eigentlich vom biblischen Schöpfungsmythos?

– Der afrikanische Schöpfergott hat jeden Menschen mit einem Hammer gemacht wie ein Handwerker, der einen Baumstamm behaut. Er hat einen großen Garten, in dem er arbeitet

---

19 Zur Gesamtdarstellung Feuerbachs siehe Paul Schulz, CODEX ATHEOS, op.cit., S. 297 ff.
20 Siehe oben Seite 148.

und sein Handwerkzeug ablegt. Er geht mit dem Menschen ganz menschlich um, sorgt für ihn. Er hat die Fähigkeit, das Leben mit einem Eingriff neu zu gestalten. Zugleich ist er der Oberste und verfügt über alles.

– Der biblische Schöpfergott hat Adam aus Lehm gemacht wie ein Töpfer. Er haucht ihm seinen Odem ein. Er besitzt einen großen Garten, den er selber angelegt hat und den Menschen darin leben lässt. Er ist freundlich und sorgt für ihn. Er kann mit einem Eingriff ins Leben neues Leben schaffen[21]. Er ist der Oberste, der über alles verfügen kann.

Worin liegt der letztlich qualitative Unterschied zwischen beidem? Warum glaube ich an den einen und glaube nicht an den anderen? Gibt es gegenüber der afrikanischen in der biblischen Geschichte einen tieferen Erkenntnisgrund?

Es gibt keinen, keinen einzigen:

– Beide gleich sind rein menschliche Stories, keine überschreitet den naiven menschlichen Horizont ihrer Zeit. So anthropomorph naiv die eine, so naiv anthropomorph die andere. Wenn nicht in der einen, dann auch in der anderen kein letztgültiger Gedanke.

– Alles, was im Kern zur Entstehung des Menschen gesagt wird, ist real falsch. So war es nicht. Der Mensch ist genauso wenig mit einem Hammer gemacht, wie er nicht aus Lehm geformt ist. Es ist schlicht nicht die „Wahrheit".

– Wenn die Geschichte aber nicht einmal in den einfachsten Bedingungen der Realität entspricht, stimmt auch ihre Gottes-

---

21 Der Schöpfungsmythos in GENESIS 2,4b – 26 findet vom gleichen Erzähler (Jahwisten-Quelle) mit dem Sündenfall und der Vertreibung aus dem Paradies in Genesis 3,1 – 24 seine Fortsetzung und seinen Abschluss. Alles, was wir bisher über die formale Struktur dieses Schöpfungsmythos gesagt haben (oben Seite 85 f.), gilt ebenso für die Textstruktur dieses weiteren Jahwisten-Textes. Zum *Jahwisten* als Erzählerquelle ebenfalls oben S. 85, Anm. 2.

vorstellung nicht. Weder die eine, noch die andere bietet deshalb dem denkenden Menschen in sich eine Grundlage, seine Existenz auf den so gedachten Gott zu wagen.

Schon den Theologen der späteren alttestamentlichen Zeit reichte der alte Schöpfungsmythos Genesis 2,4b ff. nicht mehr aus. Im Jahr 587/86 vor Christus von Nebukadnezar nach Babylon in die Gefangenschaft deportiert, erlebten die Juden dort 70 Jahre lang eine blühende Wissenschaft, speziell eine moderne Kosmologie mit einem völlig neuen Weltbild. Gegen dieses babylonische Himmelreich reichte die Garten-Eden-Story von einem Gott, der in seinem Garten spazieren geht, als Schöpfungsgeschichte einfach nicht mehr aus. Also formulierten die Juden bei ihrer Rückkehr aus der Gefangenschaft – 700 Jahre nach dem alten Mythos – einen völlig neuen Schöpfungsbericht, GENESIS 1 – 2,4a[22]:

Kein Mythos mehr. Ein moderner Lehrbericht, mit ersten Ansätzen wissenschaftlicher Kategorisierung und Erklärungen. Sie abstrahieren, sie definieren, sie klassifizieren. Viel zu früh wäre es, hier schon vom Erfassen der Naturgesetze zu sprechen. Dennoch werden ohne Zweifel Naturgesetzmäßigkeiten als grundlegend herausgearbeitet, insgesamt eine kosmologische Ordnung und damit ein universales Weltbild[23].

Folgerichtig wird auch ein völlig neues Gottesbild erkennbar. Gott ist transzendiert. Gott ist hinausgestiegen über den subjektiven Erfahrungsbereich des Einzelnen. Gott setzt die Logik, den Ablauf der Entwicklungsketten. Gottes Wirken ist – *deistisch* ver-

---

22 Die alttestamentliche Forschung nennt diese Quelle *Priesterschrift*. Als Autorenschaft für diesen und viele andere Bibeltexte der Zeit direkt nach der babylonischen Gefangenschaft wird die lehrende Tempel-Priesterschaft in Jerusalem angenommen.

23 Dieses neue Weltbild GENESIS 1 – 2,4a war zur damaligen Zeit um 550 vor Christus das fortschrittlichste Weltbild überhaupt.

nünftig[24] – unabdingbares Wirkungsprinzip. Um dieses Wirken Gottes von jedem menschlichen Tun abzusetzen, verwenden die Theologen in GENESIS 1, demonstrativ im Gegensatz zu Genesis 2, für Gottes Handeln das hebräische Wort *barah:* Gott *schuf* allein durch sein *Wort,* seinen Befehl (hebräisch: *dabar*) – eine exklusive Formel, die ausschließlich das göttliche Schaffen ausdrückt, um bloß jegliche Ähnlichkeit oder Annäherung Gottes an den Menschen zu vermeiden.

Noch mehr: Der Mensch verschwindet in diesem Bericht völlig aus dem Mittelpunkt. Weder ist der Mensch exklusiver Grund noch hochgestecktes Ziel der Schöpfung. Der Mensch wird nur aufgezählt als Objekt unter Objekten. Er hat seine anthropozentrische Bedeutung völlig verloren – und damit verliert das Gottesbild alle anthropomorphen Züge. Das neue kosmozentrische Weltbild schafft ein neues kosmologisches Gottesbild[25].

Das beweist geradezu: Der Fortschritt der Theologie im Alten Testament entmythologisiert selber. Die Theologie schafft damit in radikaler Form ein neues Weltbild und mit dem neuen Weltbild ein radikal neues Gottesbild. Sie denkt Gott neu! Diesem Fortgang vom Mythos in Genesis 2,4b – 26 zum Lehrbericht in GENESIS 1,1 – 2,4a entspricht unsere erkenntnistheoretische Definition, die wir oben zum Begriff Erkenntnis und Wissen entwickelt haben mit der Formel

A erkennt B als C

Der Mensch (A) erkennt die Wirklichkeit (B)

nur als Bild von der Wirklichkeit (C)

---

24 Als *deistisch* bezeichnet man die Auffassung der französischen Aufklärung, die Gott nur als *prima causa* der Naturgesetze sah, aber nicht als einen persönlichen, gar personhaften Gott.

25 Zu diesem theologischen Denkprozess siehe Paul Schulz in DIE ZEIT, 1975, ZEIT-SERIE in Nr. 10. 11. 12, und in Paul Schulz, IST GOTT EINE MATHEMATISCHE FORMEL?, Reinbek/Hamburg 1976, Seite 9 – 35: Der Mensch und Gott.

Das bedeutet: Der in seinem Denkprozess fortschreitende Mensch (A) erkennt die Konstante, die Wirklichkeit (B) in immer neuen veränderten Bildern (C). Er fasst die Wirklichkeit nie direkt, sondern immer nur in seinen sich verändernden Vorstellungen von der Wirklichkeit. Auch Gott ist nur ein Bild, das sich der Mensch mit seinen Bildern von der Wirklichkeit macht. Auch Gott ist immer nur (C). Folglich ist Gott zwangsläufig abhängig von dem Erkenntnisstand des Menschen und damit immer variabel. Das Weltbild in (C) bestimmt das Gottesbild in (C). Hat der Mensch generell und individuell ein neues Weltbild in (C), muss sich in (C) ein neues Gottesbild bilden, muss neu gedacht, neu definiert werden. Die Bibel selbst beweist geradezu, wie Gott auch dort in immer neuen Bildern gedacht worden ist.

In solchen exakten Textexegesen und Zeitanalysen und daraus möglichen rationalen Schlussfolgerungen hat sich mir persönlich das großartige Forschungsgebiet der wissenschaftlichen Bibelkritik erschlossen, eine Domäne der evangelisch-protestantischen Theologie in Deutschland seit 150 Jahren. Im Sinne der kritischen Vernunftaufklärung ein völlig neuartiger akribischer Ansatz der modernen theologischen Wissenschaft, die nach exakten rationalen Kriterien die christliche Urquelle, die Bibel, Text für Text, Vers für Vers, Wort für Wort analysiert und religions- und kulturgeschichtlich aufschlüsselt – und dabei immer wieder nichts anderes findet als rein menschliche Religionsgeschichte:

– *Zunächst die wissenschaftliche Erforschung des Alten Testamentes*[26]*:* Bedeutende Forscherpersönlichkeiten – allen voran *Hermann Gunkel* als Experte für Formen- und Gattungsstrukturen literarischer Überlieferungen, *Otto Eißfeldt* als Fachmann für literarkritische Untersuchungen und für orientalische Religions-

---

26 Hans-Joachim Kraus, GESCHICHTE DER HISTORISCH-KRITISCHEN ERFORSCHUNG DES ALTEN TESTAMENTES, Neukirchen 1956.

geschichte, *Martin Noth* als Historiker der alten Geschichte und
Topographie Israels – haben mit säkularen Forschungsmethoden
der Quellengeschichte, der Textkritik, der Gattungsgeschichte,
der vergleichenden Zeit- und Kulturgeschichte und mit exakten
Textexegesen ein rein weltliches Verständnis des Alten Testamentes erstellt, ein faszinierendes Vergangenheitsbild der religions-
und geistesgeschichtlichen Entwicklung dieser alten Basiskultur.
Keine dogmatische Glaubensakrobatik, sondern reine rationale
Wissenschaft. Von jedem nachprüfbar. Von jedem durch eigene
Erkenntnisse falsifizierbar. Von jedem mit neuen Forschungser-
gebnissen weiter aufzuklären.

– *Sodann die wissenschaftliche Erforschung des Neuen Testamentes:*
Hier allen voran der Neutestamentler *Rudolf Bultmann* mit der
Erforschung der Geschichte der synoptischen Tradition[27] und
damit vor allem mit der Darstellung der Textquellenentwicklung
speziell der Evangelien. Auch hier entstanden sensationelle Erkenntnisse durch kritische Quellenanalysen, Textkritik, formen-
und gattungsgeschichtliche Definitionen, durch traditions- und
zeitgeschichtliche Vergleiche.

Daraus entwickelte sich ein völlig neues Bild von den frühen
gerade auch textgeschichtlichen Entwicklungen im Urchristen-
tum und damit von der Entstehung der drei ersten Evangelien
Markus, Lukas und Matthäus. In Folge entstand eine völlig neue
Sicht vom historischen Jesus, also nicht von Jesus Christus, der
von der Urgemeinde verkündet worden ist, sondern von Jesus
selbst, der selber etwas verkündet hat. Dabei ist sicher, dass aus
den rund 260 Jesus-Logien nur ein geringer Textbestand von Jesus selber stammt, vielleicht 5 Prozent, also 10 bis 15 Texte. Sie

---

27 So Rudolf Bultmanns richtungweisendes Werk GESCHICHTE DER SYNOPTISCHEN
TRADITION, Tübingen 1919, in vielen Auflagen.

ergeben ein völlig anderes Bild des originalen Jesus von Nazareth, als die Urgemeinde ihn nach seinem Tod manipuliert hat[28].

Am Ende dieser Überlegungen steht notwendigerweise der berühmte Aufsatz ENTMYTHOLOGISIERUNG[29] von Rudolf Bultmann, mit dem er der modernen Theologie seine Arbeitsprämisse vorgegeben hat. Sie lautet: Die christliche Botschaft ist von allen Mythen, ja, vom mythischen Denken überhaupt, zu befreien und dem modernen Denken zu erschließen.

Diese These klang und klingt genau so herausfordernd, wie die Diskussion dann kontrovers geführt wurde. Denn hatte Hegel gesagt, dass die griechische Religion an ihrem Anthropomorphismus zerbrochen sei, dann setzte jetzt Bultmanns Forderung voraus, dass die christliche Religion – auch die ganze Jesusgeschichte – von gleicher anfälliger struktureller Art geprägt ist und mithin

---

28 Dazu eine dreifache kritische Anmerkung: – 1. Dass konservativ Gläubige alles daran setzen, die Ergebnisse der modernen theologischen Wissenschaft nicht zur Kenntnis nehmen zu müssen, kann man ihrem beschränkten Glaubenshorizont zuschreiben. – 2. Dass protestantische Theologen und Pastoren, die das studiert haben, vor der Gemeinde und der Öffentlichkeit die Grunderkenntnisse der modernen theologischen Wissenschaft geradezu vertuschen und stattdessen den Menschen oft Unhaltbares verkünden, kann man nur aus ihrem sozialen Status verstehen, ihr damit verdientes Gehalt nicht riskieren zu wollen. Sonst sähe ja in kürzester Zeit die Pastorenarbeit völlig anders aus und über das neue JESUS VON NAZARETH-Buch des Papstes Benedikt XVI wäre protestantismusweit eine scharfe Debatte entbrannt. – 3. Dass die *Neuen Atheisten* oft eine brutale Religionskritik gerade auch gegen theologische Inhalte führen, ohne auch nur die allergeringste Ahnung zu haben von der Arbeit der modernen theologischen Wissenschaft, ist oftmals eine Frechheit. Nicht die Kritik als solche, sondern die Chuzpe und Dummheit ihrer Argumentation. Welcher naturwissenschaftliche Astronom nimmt heute einen Kritiker ernst, der sich mit seinen kritischen Ausfällen auf dem Sachstand des ptolemäischen Weltbildes befindet? Mancher der so forschen atheistischen Religionskritiker scheint in seinem Wissen über die aktuelle Religion- und Theologiedebatte noch nicht einmal auf ptolemäischem Sachstand angekommen zu sein. Deshalb in aller Deutlichkeit: So nicht.

29 Rudolf Bultmann, NEUES TESTAMENT UND MYTHOLOGIE. DAS PROBLEM DER ENT-MYTHOLOGISIERUNG DER NEUTESTAMENTLICHEN VERKÜNDIGUNG (1941) in: H.-W. Bartsch (Hg.), KERYGMA UND MYTHOS Bd.1, 4. Auflage, Hamburg 1960, Seite 15 – 48.

ein anthropomorpher Mythos. Was bleibt dann übrig? In hegelscher Konsequenz müsste auch das Christentum über kurz oder lang wegen seiner anthropologischen Denkvorstellung zusammenbrechen.

Damit begann eine völlig neue Debatte, damals bei Bultmann zunächst um die Axiomatik des Christus-Mythos. Gibt es durch allen Mythos hindurch eine Grundwahrheit der Christus-Religion? Bultmann antwortete als Christ: Ja. Der Glaube an das *Dass* der Auferstehung Jesu[30].

Heute ist diese Frage gegenüber allem mythisch-religiösen Denken viel globaler: Gibt es ein Axiom *Gott ist*? Gibt es im Mythos, etwa im Mythos Genesis 2,4b ff., speziell Gott betreffend überhaupt einen absolut als richtig anerkennbaren Seinsgrundsatz, aus dem die religiösen Gottesbehauptungen abzuleiten sind? In unserem Erkenntnisschema heißt das: Ist Gott (B) und als (B) im Mythos erkennbar? Ist Gott die absolute Wirklichkeit, eben doch der sich selbst offenbarende transzendente, supranaturale Gott?

Jede davon abweichende Aussage bedeutet axiomatisch *Gott ist nicht*, selbst die Feststellung *Gott ist nur (C)*. Vor allem die Radikalität der feuerbachschen Religionskritik *Theologie ist Anthropologie* bedeutet dagegen: Selbst das behauptete *Gott ist* lässt sich nur als anthropologischer[31] Behauptungssatz verifizieren.

Die rationale Erforschung des Alten und Neuen Testamentes hat mir meinen kindlich naiven Glauben genommen. Sie hat mich befreit von allen beengenden konfessionellen Scheuklap-

---

30 Die Debatte über diese bultmannsche Glaubensaussage kann hier nicht geführt werden. Wir erwähnen sie hier nur, um die Logik des Gesamtzusammenhangs zu Ende zu bringen. Die Diskussion über den Glauben an das religiöse *Dass* würde in den Gedankenkreis hineingehören, den wir oben Seite 90 ff. unter Glauben und Wissen beschrieben haben.

31 Zur ontologischen Konsequenz des feuerbachschen *Anthropologischen Atheismus* siehe Paul Schulz, CODEX ATHEOS, op.cit., S. 303 ff.

pen und von allen glaubensmäßigen Fremdbestimmungen. Sie hat mich geistig erwachsen gemacht, zur Rationalen Geburt gebracht. Da war ich 29 Jahre alt. Gerade so aber hat sie mich zugleich frei gemacht für ein Bewusstsein, die geistigen Grundlagen meiner Existenz eigenständig zu verantworten – in der großartigen Chance freien, unabhängigen Denkens und Handelns.

[3] Die Vielfalt der Gottesvorstellungen

Wenn aber die Götter und auch Gott das Produkt menschlicher Vorstellungen sind, dann versteht sich natürlich sofort, warum es derart unterschiedliche Religionen gibt. Denn natürlich hängen die Menschen in ihren Gottvorstellungen davon ab, in welchen sozialen und kulturellen Lebensbedingungen sie existieren. Unterschiedliche Lebensbedingungen in all ihren Bereichen prägen unterschiedliche Bilder von den Göttern, von Gott.

Auch dies hatte Xenophanes von Kolophon in seiner Götterkritik schon scharfsinnig erkannt und spöttisch formuliert:

Hätten die Rinder und Rosse und Löwen
Hände wie Menschen,
Könnten sie malen wie diese
und Werke der Kunst sich erschaffen,
Alsdann malten die Rosse gleich Rossen,
gleich Rindern die Rinder
Auch die Bilder der Götter,
und je nach dem eigenen Aussehn
Würden sie die leibliche Form ihrer Götter gestalten[32].

---

32 Zitiert nach Wilhelm Nestle, op.cit., Seite 89.

In summa: Der Gott der Frösche quakt wie die Frösche. Die Gottvorstellungen der Menschen und des Menschen entstehen aus
und in den spezifischen Bedingungen, in denen die Menschen
leben. Deshalb gibt es so unterschiedliche Götter und Religionen, weil die Menschen in so unterschiedlichen sozialen, wirtschaftlichen und kulturellen Bedingungen leben. Götter und
Gott haben immer das Maß derjenigen, die sie erfunden haben.

Margot Käßmann, die derzeitige Bischöfin der Evangelischen
Kirche in Niedersachsen, outete ihren Gottesglauben vor einiger
Zeit mit der Feststellung, sie könne sich Gott durchaus als Frau
vorstellen. Sie könne durchaus statt *„Vater" unser im Himmel* zur
„Mutter" unser im Himmel beten ...[33].

Das mag sich eine protestantische Bischöfin hundertmal so
vorstellen können. Es ist doch wunderbar, welche Fantasie eine
gläubige Christin in einem so hohen Amt aufbringen kann. Nur
hat diese Gottesvorstellung natürlich gar nichts mit dem ursächlichen Gott der christlichen Religion zu tun. Die Meinung einer
Bischöfin, dass Gott für sie so oder so sein könnte – den Fröschen
ein Frosch, den Rossen ein Ross, den Kühen eine Kuh, den Frauen eine Frau – ist eine Sache.

Der ursächliche christliche Gottesanspruch des absoluten Gottes ist dagegen eine völlig andere Sache, hat damit überhaupt
nichts zu tun. Entsprechend haben ich oben[34] dargestellt, dass
Gott in der christlichen Religion einen absoluten Eigenanspruch
definiert. Es geht in der biblisch-theologischen Tradition immer
und ausschließlich darum, dass Gott sich selber offenbart hat,
um sich als unaustauschbar einzig darzustellen.

Das Quaken der Frösche, wie sie sich ihren Frosch-Gott vorstellen können, schließt sich wenigstens gegenüber einer kon-

---

33 Zitiert nach damaligen Presseberichten im Jahr 2004.
34 Siehe oben Seite 154, 158.

sequenten christlichen Theologie absolut aus. In diesem Sinne formuliert gerade Luther in der protestantischen Theologie ein uneingeschränktes *solus deus*, einen *100-prozentigen* autonomen Gott, nicht einmal einen *99-prozentigen* autonomen Gott. Allein das eine Prozent – so Luther – würde Gottes Absolutheit und Einzigartigkeit relativieren. Daher rührt auch die ständige Angst der konservativen Theologie vor Relativismus und Pluralismus. Der menschliche Widerspruch mit auch nur einem einzigen Prozent zerstört die Absolutheit Gottes.

Frau Käßmanns Gottesspekulation hebt deshalb rein logisch das ursächliche Prinzip der Absolutheit Gottes auf. Das ist menschlich völlig verständlich, theologisch aber äußerst destruktiv. Keine Frage, Margot Käßmann manipuliert Gott nach ihrem Belieben. Sie ist damit auf dem Weg der Relativierung des Göttlich-Absoluten. Sie macht sich im Sinne von Feuerbach ihren eigenen Gott, indem sie ihn, subjektiv orientiert, ihren Bedürfnissen anpasst. Sie bildet sich Gott nach ihrem Bild.

Im Letzten verhält sie sich damit dem absoluten Gott gegenüber zumindest als nicht gottgehorsam mit schwerwiegenden Folgen für die Gesamtheit der dogmatischen Aussagen der christlichen Religion. Die alte Theologie nannte das schlicht *gottlos*, auf dem Weg in den Atheismus[35].

Wofür ist dieses konkrete Beispiel gut? Es führt ein in den aktuellen Konflikt der Kirche heute, von Gott sprechen zu müssen in der zerreißenden Spannung zwischen

– einerseits der uralten theologischen Behauptung des *offenbarten Gottes*, der *von oben her* absolut gesetzt ist, unantastbar jenseitig, ewig und unendlich;

---

35 Zu dieser Schlussfolgerung siehe unten Seite 178 f., 181 ff.

– und andererseits der aufgeklärten Einsicht des *erdachten Gottes*, der *von unten her* projiziert ist, diesseitig-relativ, menschlich-pluralistisch, austauschbar, begrenzt und endlich.

Die Kirchen selbst und ihre Gläubigen erfahren inmitten ihrer Religion die radikale Aufklärung in der Schlussphase des Umbruchs von einem absolut-transzendenten in ein individuell-anthropologisches Gottesbild.

In den Jahren 1977 bis 1979 fand in Hannover ein *Glaubensprozess* der *VELKD*, der *Vereinigten Evangelisch-Lutherischen Kirche Deutschlands*, statt gegen den Theologen Dr. Paul Schulz, damals Pastor an der Hauptkirche St. Jacobi in Hamburg. Die Presse sprach damals von einem *Ketzerprozess*, denn es war und ist der einzige Prozess, den die protestantische Kirche in den letzten rund 100 Jahren gegen einen ihrer Theologen geführt hat[36]. Was hatte die beiden Seiten so gegeneinander aufgebracht?

Zentraler Streitpunkt war *Gott*. Wie muss ein Theologe, allzumal als Pastor, von Gott reden? Was sind die Bedingungen für ein richtiges Reden von und über Gott? Gibt es verbindliche Maßstäbe, Bekenntnisvorschriften, Begrenzungen der Vorstellungen, die nicht überschritten werden dürfen?

Ketzerpastor Schulz hatte in seinen Predigten und theologischen Veröffentlichungen festgestellt, dass es Gott so, wie er von der Bibel her als jenseitig offenbarter Gott geglaubt wird, nicht gibt. Er forderte gerade auch in der Kirche ein völlig neues Nachdenken

---

36 Offiziell ist dieser Kirchenprozess dokumentiert in: NIEDERSCHRIFT ÜBER DAS FESTSTELLUNGSVERFAHREN NACH DEM KIRCHENGESETZ DER VELKD ÜBER DAS VERFAHREN BEI LEHRBEANSTANDUNGEN VOM 16. JUNI 1956 GEGEN PASTOR DR. PAUL SCHULZ; HAMBURG, IN HANNOVER VOM 14.11.1977 – 21.2.1979. Zum gesamten Vorgang die Dokumentation DER FALL PAUL SCHULZ, DOKUMENTATION DES GLAUBENSPROZESSES GEGEN DEN HAMBURGER PASTOR, Haug von Kuenheim (Hg.), Köln 1979.

darüber, wie in unserer modernen Zeit glaubwürdig über Gott neu geredet werden müsse. Da DIE ZEIT in mehreren Artikelserien Schulz' theologischen Denkversuch darstellte, erlangten seine Thesen nicht nur in seiner Gemeinde eine starke Resonanz, sondern darüber hinaus auch in der Öffentlichkeit.

Eine wichtige Rolle spielte in den folgenden theologischen Auseinandersetzungen das 10. Gebot der HAMBURGER ZEHN GEBOTE[37], die Schulz mit seinen Konfirmanden erarbeitet hatte:

Gott denken.
Religion ist der Versuch der Menschen,
im Leben Sinn zu finden.
Du kannst dir Gott vorstellen als Höchstwert deines Lebens,
um dir so die Fülle deiner Lebensmöglichkeiten
bewusst zu machen.

In diesem Gebot drückte sich exemplarisch Schulz' gesamte Herausforderung an die traditionelle kirchliche Glaubenshaltung aus, wodurch sich der Widerspruch der Kirchentheologen vom Prinzip her auf die uneingeschränkte Gültigkeit des ersten Gebotes[38] der BIBLISCHEN ZEHN GEBOTE konzentrieren musste:

Ich bin der Herr, dein Gott.
Du sollst keine anderen Götter haben neben mir.

Diese Zuspitzung zeigt, dass beide Seiten sich von Anfang an der Tragweite dieses Konfliktes und ihrer eigenen Position voll bewusst waren:

---

37 Diese HAMBURGER ZEHN GEBOTE wurden damals zuerst abgedruckt in DIE ZEIT 1975, Nr. 7, mit einer nachfolgenden Flut von Leserzuschriften. Dann auch in Paul Schulz, IST GOTT EINE MATHEMATISCHE FORMEL? op.cit., Seite 245 ff.
38 EXODUS 20,2 – 3.

– *Die Kirche kämpfte gegen Feuerbach.* Ihre Vertreter waren ge-
willt, jeden Versuch einer Öffnung dogmatischer Positionen im
Sinne einer wie auch immer gearteten Vermenschlichung zu
stoppen. Trotz aller Debatten über Religion und Theologie ver-
harrten sie in all ihren Begründungen in der Letztgültigkeit eines
aus dem Jenseits handelnden Gottes.

– *Schulz kämpfte mit Feuerbach.* Er versuchte von verschiedenen
Seiten her weltliche Denkschneisen in das dogmatische Glau-
bensdickicht zu schlagen, um so die Notwendigkeit sichtbar zu
machen für Öffnungen für das moderne Selbstverständnis der
Menschen. Gemäß seinem 10. Gebot *Gott denken* zielte er mit
dem Ausstieg aus dogmatischen Gottesvorstellungen auf die
Möglichkeit eigener Gottesvorstellungen als Supervision des autonomen Ich. Der persönliche Gott als eigener Gott.

Das Urteil der VELKD, der *Vereinigten Evangelisch-Lutherischen
Kirche Deutschlands*, gemeinsam mit der EKD, der Evangelischen
Kirche in Deutschland, war kompromisslos konsequent: Schulz'
Theologie wurde als Widerspruch zu den Bekenntnisgrundlagen
der evangelischen Kirchen gewertet. Er verlor sein geistliches
Amt als Pastor und alle daraus bestehenden – auch materiellen –
Rechte. Schulz verließ daraufhin die Kirche. Er blieb Doktor der
Theologie.

Man kann dieses Urteil bekenntnisbezogen als konsequent
verstehen und akzeptieren. Nur müssten daraus dann auch alle
anderen Konsequenzen gezogen und streng auf ihre Einhaltung
bestanden werden. Frau Käßmann und alle weiteren entsprechenden Ansätze müssten dann ausgeschlossen werden. Heraus
käme ein statischer Fundamentalismus in Form der Kreationisten oder ähnlicher Sektierer. Aber wollte und will das die protestantische Kirche in letzter Konsequenz wirklich?

Wenn das nicht der Fall ist, dann aber muss man dieses Urteil auch heute noch – 30 Jahre danach – zutiefst bedauern, weil mit ihm – in dreifacher Hinsicht – eine riesige Chance verspielt wurde:

1. Die Freigabe des theologischen Gewissens gerade auch der Amtsträger in der protestantischen Kirche hätte über den traditionellen Glauben hinaus einen breiten Denkprozess freisetzen können auf Erneuerung hin gemäß dem Prinzip, dass ein neues Weltbild ein neues Gottesbild bedingt[39]. Die Uraufgabe der Theologie, die Neugestaltung der Gottesvorstellung für eine moderne Zeit, hätte so zur zentralen Mitte ihrer Selbstbesinnung werden können.

2. Gerade in dieser Neuorientierung läge die Möglichkeit, mit den Menschen unserer Zeit in einen völlig offenen Dialog einzutreten, eine programmatische Öffnung auf den denkenden Menschen unserer Zeit, heraus aus der Bevormundungsautorität eines verwalteten Zentralgottes der Vergangenheit in die Offenheit der Orientierungsautorität eines eigenverantworteten Gottes für die Zukunft. Der Gedankenfortschritt durch die Individualität des Ich als Dimension eines Gottes der Zukunft.

3. Gewonnen wäre die Chance, dass der derzeitige Transformationsprozess[40] der Gottesfrage in unserer aufgeklärten Gesellschaft nicht völlig außerhalb und gegen die Kirche abläuft. Wir erleben zurzeit eine sensationelle säkulare Öffnung der Gottesfrage, die alle bisherigen Wandlungen übertrifft: Gegen den offenbarten Gott der erdachte Gott, gegen den verwalteten Gott der gestaltete Gott, gegen den zentralen Gott der eigene Gott. Die totale Individualisierung Gottes im Ich.

---

39 Siehe dazu oben Seite 165 ff.
40 Transformationsprozess, nicht Reformationsprozess!

[4] Der eigene Gott als Schritt zum Atheisten

In der pluralistischen Gesellschaft heute hat eigentlich jeder seine ihm eigene Gottesvorstellung. Gott ist völlig privatisiert. Selbst Atheisten kämpfen gegen ein Bild von Gott an, das sie sich persönlich von ihm gemacht haben, ohne es für sich selber haben zu wollen. Die totale Freiheit des Denkens gerade auch in der Religion hat dazu geführt, dass sich nahezu jeder Gott so vorstellen kann, wie er es möchte.

Eine junge *strenggläubige* Dominikanerschwester sagt in einer TV-Talkshow: *Ich stelle mir Gott als Liebe vor.* Sie schaut dabei – entzückend anzusehen – unschuldsvoll mit verklärtem Blick gen Himmel. *Sie stellen sich Gott vor ...?* frage ich sie. *Das ist krass Feuerbach. Sie als Mensch projizieren Ihre Wünsche und Sehnsüchte auf Gott, als Gott. Ihr Gott ist nicht Gott. Ihr Gott ist nur Ihre persönliche Vorstellung von Gott, Ihr eigener Gott.* Sie verstand das sofort, kam ins Stocken, brach ihre Aussage ab ...

Es ist völlig klar, dass jede Aussage, die mit *Ich stelle mir Gott vor als ...* oder mit *Für mich ist Gott ...* beginnt, nur eine Projektion Gottes sein kann. Dann wird deutlich, wie viele Menschen sich Gott vorstellen, ohne wirklich an den von der Kirche verkündeten Gott zu glauben. Da liegt das Kriterium. Die Menschen haben eine Gottessehnsucht, ohne dass es für sie den Gott, den die Kirche verkündet, wirklich gibt oder geben muss. Sie nennen etwas Gott, was außerhalb dogmatischer Kontrolle ist. Sie projektieren ihren eigenen Gott – ohne den offiziellen Gott!

Folglich versinkt das kirchlich-dogmatische Gottesbild in zunehmendem Desinteresse. Aus jahrzehntelanger Erfahrung mit Gesprächen über Gott verdichtet sich der Eindruck, dass diese breite Grauzone der Gottabwendung von den Menschen unserer Zeit gewollt ist trotz oder gerade wegen ihrer Gottessehnsucht.

Es gibt eine bewusste Indifferenz des modernen Gottglaubens. Der moderne Mensch hält sich bewusst im Schatten auf, den der offizielle kirchliche Glaube von Gott wirft. Dieser Schatten erscheint in der Gottessehnsucht der Menschen gleichsam nur als Abdruck des absoluten Gottes in allen möglichen individuellen Abtönungen, denn

– der Mensch will nicht den absolut offenbarten Gott direkt, die Zentralmacht der kirchlichen Institution, das unmittelbare Gegenüber als Bevormundung und Fremdbestimmung,

– der Mensch will einen ihm eigenen Gott, der zu ihm passt, der seine Bedürfnisse abdeckt, der seine persönlichen Voraussetzungen erfüllt.

Deshalb stellt sich heute die Gottesfrage viel vielschichtiger

– nicht als dogmatische Religionsfrage, wie sie einst Gretchen an Faust stellte[41]: *Wie hältst du es mit der Religion? Glaubst du an Gott?* Und sie meinte damit den Gott ihres Priesters, ihrer Kirche. Das ist viel zu manifest, zu konfessionell, zu verbindlich.

– sondern als Persönlichkeitsfrage: Wozu ist für mich persönlich Gott gut? In welcher Form ist Gott für mich nützlich? Wie komme ich mit Gott an? Alles persönliche Vorausbedingungen. Der Mensch richtet Gott aus nach seinem eigenen Maß, kalkuliert mit Gott seinen eigenen Vorteil. Gott gewinnt da Bedeutung, wo sich sein Nutzen ergibt. Gott ist Kriterium des Selbst. Aus der eigenen Selbstsuche bildet sich Gott.

Von der feuerbachschen Religionskritik her erfährt die Gottesfrage eine radikale Öffnung, die gerade in der Spannung liegt zwischen dem *nicht mehr so, aber anders doch gerne*. Um diesen Öffnungsprozess zu verstehen, müssen wir den inneren Zusam-

---

41 Wieder einmal anregend zu lesen: Wolfgang von Goethe, FAUST I, Zeile 3414 – 3468: Marthens Garten. Margarete. Faust.

menhang dieser beiden Pole aufschlüsseln. Deshalb zunächst noch einmal im ersten Schritt Feuerbachs Grundformel:

• *Alle Theologie ist Anthropologie:* Ein jenseitig offenbarter Gott ist dem menschlichen Verstand nicht evident. Gott so, wie er von der Bibel her geglaubt wird, gibt es nicht. Mit Feuerbach ist dieser Gott als Projektion, ja, als Selbsttäuschung des Menschen aufgedeckt und damit als Realität aufgehoben. Die absolute Zentralgewalt Gott ist gebrochen. Erledigt ist die Theologie des *von Gott her.*

Im zweiten Schritt ergibt sich die radikale Öffnung der Gottesfrage nach vorn durch die Umkehrung dieser religionskritischen Grundformel Feuerbachs:

• *Alle Anthropologie ist Theologie:* Erst diese Umkehrung zwingt in ein neues Denken. Denn nicht erledigt ist die Anthropologie des Gottesglaubens, die Frage, warum hat der Mensch je auf Gott hin geglaubt, warum glaubt er auch heute noch an etwas Göttliches, an Gott, obwohl die Frage für den Verstand eigentlich klar erledigt ist. Was steckt im Menschen drin, das ihm den Bezug auf Gott hin offenhält? Nicht erledigt also ist die Anthropologie des *auf Gott hin.*

Das ist der Punkt: Erledigt ist die Theologie des *von Gott her.* Nicht erledigt ist die Anthropologie des *auf Gott hin.* Ganz im Gegenteil. Die Auflösung aller institutionellen Gottesvorstellungen ist zugleich die Freisetzung aller persönlichen Gottesbilder. Gott bildet nicht mehr die fremdbestimmte Zentralmacht einer Institution, sondern die selbstbestimmte Individualkraft des Ich.

Die Umkehrung der feuerbachschen Grundformel definiert zugleich den Einstieg des aufgeklärt denkenden Menschen in den Atheismus:

Indem der Mensch sagt, *Ich stelle mir Gott vor als ...* oder *Für mich ist Gott ...,* beginnt er, unbeabsichtigt oder absichtlich, das festgesetzte traditionelle Gottesbild zu verändern und löst sich damit Schritt für Schritt aus der absoluten Autorität des offenbarten Gottes. Dieser innere Reflexionsprozess des Denkens ist ein Prozess der Individualisierung: Der einzelne Mensch unternimmt aus eigenen Stücken die Definition Gottes.

Alle Verteidiger der Religion haben dieses eigenmächtige Denken des Menschen über Gott immer als Sünde gebrandmarkt. Sie haben jegliche Individualität als Abfall von Gott bekämpft. So etwa beschreibt schon der Paradiesmythos der Bibel die Individualisierung des absoluten Gottes mit der relativierenden Frage der Schlange an Eva: *Sollte Gott etwa gesagt haben, du sollst nicht?*[42] Die Aufhebung des geforderten Gehorsams durch eine relativierende Frage des menschlichen Ich bezeichnet der Mythos als die Ursünde. Das Ich entzieht sich damit der absoluten Unterwerfung der höchsten Autorität Gott. Alle weiteren Distanzierungen sind nur noch Folge daraus.

Gottlos ist nicht erst, die Existenz Gottes grundsätzlich aufzuheben. *Gottlos* ist bereits ein eigenes Denken, ein eigenmächtiges Entscheiden ohne bejahende Rückversicherung in Gott, jedes abweichende Handeln von dem von Gott gesetzten Normen. Das Selbstständige, das Eigene, das Ich selbst ist der entscheidende Loslösungsschritt. Der Mensch entwindet sich auf Dauer dem Zwang Gottes. Ein ganz natürlicher Vorgang.

Auch im streng konfessionellen Sinn ist *gottlos* nicht erst die radikale Verneinung Gottes. *Gottlos* ist bereits die gedankliche Abweichung des Ich von den generell vorgegebenen Bekenntnissätzen der Glaubensgemeinschaft. Luther beschimpft den katholischen Papst als gottlos, nicht weil der keinen Gott hätte, sondern weil er mit Gott nach eigenem Ermessen umging gegen

---

42 Vergleiche GENESIS 3,1 ff.

Luthers absolute Norm *sola scriptura*[43]. Auch Giordano Bruno galt in seiner Zeit als gottlos, nicht weil er Gott leugnete, sondern weil er statt des katholischen Gottes einen andersartigen, seinen eigenen All-Gott hatte. Schon der konfessionell Andersgläubige ist *gottlos*.

Die Abschaffung des biblisch offenbarten Gottes bedeutet also nicht schon zwangsläufig die Abschaffung Gottes überhaupt. Die Loslösung vom traditionell jenseitigen Gott führt zuallererst in ein Ausweichen in Gottesvorstellungen individueller Machart und von da zur Schaffung eines eigenen Gottes. Die Loslösung von dem offenbarten, absoluten Gott beginnt immer mit seiner Relativierung durch Bilder von Gott gemäß persönlicher Bedürfnisse und Vorstellungen:

Bischöfin Margot Käßmann mit ihrer Öffnung zum *Mutter*-statt *Vater*gott erweist sich in ihrem persönlichen Gottes-Denken generell als nicht dem *absoluten Gott* und auch nicht *sola scriptura*-gemäß[44]. Sie bestimmt selbst ihr Gottesbild. Indem sie das tut, relativiert sie nicht nur die Absolutheit Gottes, sondern auch die Absolutheit seines Willens und damit seiner Gebote. Nur so wird es ihr auch möglich, sich gegen das Gebot des absoluten Gottes von ihrem Mann scheiden zu lassen. Im Sinne des absoluten Gottes wäre die Scheidung auf gar keinen Fall möglich, denn dann wäre eine zerbrochene Ehe der dringende Anlass zur Sinnesumkehr und nie zur Scheidung. Indem sie den absoluten Gott nach ihren eigenen Vorstellungen relativiert, kann sie auch frei nach ihren persönlichen Bedürfnissen handeln. Anders herum: Indem sie eigenmächtig nach ihren Bedürfnissen handelt,

---

43 *Sola scriptura* – allein die BIBEL, die HEILIGE SCHRIFT, schafft für Luther Letztgültigkeit.
44 Siehe oben Seite 93 ff.

gibt sie die letztgültige Autorität des absoluten Gottes auf und ist frei durch ihre und für ihre Subjektivität.

Genau da liegt der emanzipatorische Akt des heutigen Menschen: Gerade das, was die Religion selbst als Ursünde bezeichnet, die Subjektivität, der eigene Wille, ist der Schritt in die menschliche Autonomie, der befreiende Schritt zu sich selbst. Durch die Loslösung von Gott als der höchsten religiösen Autorität setzt sich der Mensch frei von der größtmöglichen Fremdbestimmung. Indem er sich herausnimmt aus der göttlichen Bevormundung, entwickelt er sich zu einem sich selbstbestimmenden und verantwortenden Individuum. Er wird ein autonomer Mensch, der sich losgelassen in der Gesellschaft frei bewegen kann.

In diesem Befreiungsakt liegt die Bewusstseinsentwicklung vieler Menschen heute. Sie bilden ihr eigenes Gottesbild völlig unabhängig von der Kirche. Sie schaffen sich ihren Gott selbst. Gerade diese Feststellung betont die moderne Selbstbestimmung als einen Individualisierungsprozess auf einen eigenen Gott hin. Bevor der Mensch ganz gottlos wird, versucht er sich an selbst gestalteten Gottesvorstellungen zu orientieren. Der letzte Schritt in den Atheismus setzt die Auflösung des absoluten Gottes in die Imaginationen eines eigenen Gottes voraus.

Darum liegt für die heutigen Menschen im Buddhismus eine besondere Faszination, die Faszination einer geistigen Weite und Freiheit im Gegensatz zum Druck der christlichen Beschränktheit und der kirchlichen Glaubenspflicht. Der Buddhismus
– bietet dem Menschen einerseits eine Rückbindung zu einem Punkt, der in ihm selbst liegt, ohne ihn mit realitätswidrigen Glaubensdogmen zu verbinden und mit traditionellen Fremdwerten zu belasten.
– Er bietet ihm zugleich ein offenes Reflexions- und Meditationsfeld, auf dem der Mensch uneingeschränkt seine vitalen

geistigen Kräfte in eigener Verantwortung einsetzen kann. Der Mensch fühlt sich freiheitlich bewegt ohne hierarchisch-institutionelle Bevormundung. Er geht mit, ohne folgen zu müssen. Er kommt begrüßt an und kann verabschiedet weiterziehen. Immer ist es sein eigener Weg.

Die Frage an Bischöfin Käßmann wäre, ob sie ihre eigene Freisetzung weg von einem fremdbestimmenden absoluten Gott auf einen selbstbestimmten eigenen Gott hin nicht an die Menschen ihrer Gemeinde und ihrer Kirche weitergeben sollte und müsste, zumindest so weit, wie sie den Weg bisher selber gegangen ist. Es ist doch ein riesiger Befreiungsschritt, dass man sich heute in der protestantischen Kirche sogar als Bischöfin scheiden lassen kann, wo geschiedene Pastoren noch vor wenigen Jahren vertrieben wurden und in der katholischen Kirche Scheidung als schwere Sünde gegen Gott strengstens untersagt ist. Warum die Aufhebung des absoluten Gottes und seines Willens nur verdeckt als persönlicher Bedürfnisfall, warum nicht als Prinzip? Warum nicht Freigabe des Gottesglaubens als individuelles Lebensrecht? Warum nicht anstelle eines institutionell verwalteten Gottes ein selbst gestalteter Gott? Warum nicht doch mit Schulz:

Du kannst dir Gott vorstellen als Höchstwert deines Lebens,
um dir so die Fülle deiner Lebensmöglichkeiten
bewusst zu machen.

Diese Disposition zur individuellen Freiheit gerade auch in allen religiösen Belangen ist Kennzeichen aktueller gesellschaftlicher Entwicklung. Von einem ganz anderen Ansatz her, nämlich aus rein soziologischen Beobachtungen und Analysen des Zeitgeistes und der zeitgeschichtlichen Analyse, erfährt unsere Darstellung eine Bestätigung durch den Soziologen Ulrich Beck mit seiner sehr erhellenden Untersuchung DER EIGENE GOTT[45]:

– Beck denkt im großen Rahmen unserer modernen Gesellschaft, untersucht speziell Strukturen, die unserer Welt in den letzten 50 Jahren ihre eigene Prägung gegeben haben. Dabei definiert er die Auflösung alter Gesellschaftsmuster durch Individualisierung im Inneren und Globalisierung von außen. Unter Individualisierung versteht er nicht den millionen-, gar milliardenfachen Egoismus der je einzelnen Menschen.

– Beck versteht Individualisierung dagegen als ein *Resultat der langen Geschichte moderner Institutionen*, die den Individuen gleichsam wie ein gesellschaftlicher Zwang immer stärker auferlegt werden. Diese *institutionalisierte Individualisierung muss als Ergebnis historischer Kämpfe um die religiöse Toleranz, die zivilen, politischen und sozialen Grundrechte nicht zuletzt um die allgemeinen Menschenrechte entziffert werden, die dem verallgemeinert gedachten Individuum seine Freiheiten garantieren sollen*[46].

– Nach Beck entsteht das generelle Bild des autonomen Menschen so im Prozess der generellen Individualisierung. *Diese Idee der menschlichen Person ... ist also die einzige, die in der wechselnden Flut der einzelnen Meinungen unabänderlich und unpersönlich erhalten bleibt. Das zeigt also, wie der Mensch* [das meint hier: Die Idee des Menschen] *ein Gott für den Menschen geworden ist*[47].

---

45 Ulrich Beck, DER EIGENE GOTT. FRIEDENSFÄHIGKEIT UND GEWALTPOTENTIAL DER RELIGIONEN, Frankfurt/Main, 2008.
46 Kursiv Beck zitiert aus op.cit., aus den Seiten 124 – 126.
47 Beck zitiert hier Émile Durkheim, DER INDIVIDUALISMUS UND DIE INTELLEKTUELLEN, in: Hans Bertram (Hg.). GESELLSCHAFTLICHER ZWANG UND MORALISCHE AUTONOMIE, Frankfurt 1986. Durkheim zitiert hier mit *Wie der Mensch ein Gott für den Menschen geworden ist* Ludwig Feuerbach mit seinem berühmten Satz: Homo homini deus – Der Mensch ist dem Menschen Gott.

– Beck stellt nun in diesem großen Rahmen der institutionellen Individualisierung fest, dass in den westlichen Gesellschaften, die die Autonomie des Individuums verinnerlicht haben, sich der einzelne Mensch in immer größerer Unabhängigkeit einen eigenen Gott schafft, der zu einem eigenen Leben passt. *Mit dem eigenen Gott geht es um die Errichtung und Sicherung eines inneren Raumes – als Voraussetzung des eigenen Lebens*[48]. In diesem eigenen Raum verliert der überkommene Gott immer mehr an Einfluss und Bedeutung.

In summa: In dem Prozess der Individualisierung wird die Zentralmacht Gott gebrochen. An die Stelle tritt die Individualkraft des menschlichen Ich. Die absolute Autorität des offenbarten Gottes verwandelt sich in die Relativität des erdachten Gottes. Auf der Suche nach seiner Ich-Identität denkt der Mensch existentiell nicht mehr von einem fremden Gott her, sondern auf einen eigenen Gott hin. Im eigenen Gottesbild entsteht die Dimension eines eigenen Selbst.

In diesem Transformationsprozess spielt der Begriff „Gott" durchaus eine ganz wesentliche Rolle, denn dass es Gott als offenbarten Gott nicht gibt, hebt den Reflexionsprozess auf Gott hin nicht auf. Ganz im Gegenteil. Gerade weil es Gott nicht gibt, als jenseitiger Gott nicht erfahrbar wird, drückt sich die Gottessehnsucht des Menschen als wesentlicher Leitwert seiner selbst in seinem selbst erdachten eigenen Gott aus.

Der eigene Gott begleitet den Menschen so eine ganz lange Zeit immer und immer wieder als Katalysator seiner Loslösung vom absoluten Gott, als Leitwert einer neuen Selbstfindung. Schon viel länger als der Mensch von sich meint, steht er unter der Supervision eines Gottes, den er sich selbst gemacht hat. Was er

---

48 Beck, op.cit., Seite 29. Wichtig hier der Kontext des ganzen Absatzes.

immer noch für den offenbaren Gott hält, ist schon längst sein erdachter eigener Gott zur Erhöhung der Lebensfähigkeit und des Lebenswertes des Ich: *Ich stelle mir Gott vor als ... Für mich ist Gott ...* – es ist schon längst der eigene Gott, auch bei der jungen Dominikanerin, selbst wenn sie ihren eigenen Gott öffentlich als offenbaren Gott vermarktet.

Den Menschen aus sich selber heraus zu sich selbst kommen zu lassen, ihm nichts vorzuschreiben, sondern ihn zu motivieren, ihn anzuregen, ihm Orientierungspunkte zu geben, ist auch als Pastor schon immer mein seelsorgendes Ziel gewesen. Gott nicht zu vermitteln als ein fremdbestimmtes Kontrastbild zu sich selbst, sondern als Spiegelbild des positiven Ich, eben als Ermutigung:

Du kannst dir Gott vorstellen als Höchstwert deines Lebens,
um dir so die Fülle deiner Lebensmöglichkeiten
bewusst zu machen.

Antoine de Saint-Exupéry beginnt sein berühmtes Märchen LE PETIT PRINCE mit einer plötzlichen Begegnung. Ein kleiner Mann, der kleine Prinz, bittet Exupéry, ihm ein Schaf zu malen. Gerne malt er ihm ein Schaf, so gut er kann. Doch der kleine Prinz ist nicht zufrieden. *Das ist nicht mein Schaf,* sagt er. Also malt Exupéry ein anderes Schaf. Auch das gefällt dem kleinen Prinzen nicht und auch nicht alle weiteren. Immer ist es nicht *sein Schaf.* Da malt Exupéry eine große Kiste und sagt, *Da ist dein Schaf drin.* Der Prinz ist begeistert, da drin ist *sein Schaf.* Durch die Luftlöcher in der Kiste sieht er voller Freude, dass *sein Schaf gerade eingeschlafen ist.*

Der kleine Prinz konnte sich in seiner Fantasie sein eigenes Schaf selber imaginieren. All die vorgefassten Entwürfe hatten ihn eingeengt. Jetzt war er selbst aktiv kreativ, war frei für sich selbst. *Mein eigener Hammer, mein eigener Hammer, aus dem ich ge-macht bin*, rief der Zwerg und rannte damit begeistert nach Haus, zurück ins Leben. So die Eingangsgeschichte.

Auch in der Frage Gott kommt alles darauf an, den Menschen ihren Freiraum zu lassen. Wenn Feuerbachs Satz stimmt, dass der Mensch sich Gott schon immer selber gemacht hat, dann muss man dem modernen Menschen die Chance geben, sich seinen Gott selber vorzustellen, Gott für sich selbst zu imaginieren und diese Selbstgestaltung auszuleben.

Eines Tages aber kommt dieser Mensch an einen Punkt, an dem er erkennt, dass sein eigener Gott natürlich gar kein Gott ist, sondern nur die Projektion seiner Wünsche, seiner Hoffnun-gen, seiner Sehnsüchte, nur er selbst. Jetzt müsste der Mensch noch einmal ganz neu nachdenken, denn er müsste jetzt diese Erkenntnis umsetzen in einen letzten entscheidenden Schritt hin zu sich selbst – ganz ohne Gott.

Dieser Transformationsprozess aus einem offenbaren über ei-nen erdachten Gott hin zu einem Denken und Leben ganz ohne Gott lässt sich insgesamt als ein atheistischer Bewusstwerdungs-prozess in sieben Phasen darstellen:

Erste Phase: Im Allgemeinen glaubt der Mensch fest an einen offenbaren jenseitigen Gott. Wer hier steht, mag hier stehen bleiben. Es ist sein Leben. Es ist sein Recht. Es ist seine Entschei-dung. Niemand darf ihn zwingen. Niemand drängt ihn. Der Au-tor am allerwenigsten.

Zweite Phase: Jeder aber, der nicht mehr uneingeschränkt und fest an den offenbaren Gott glaubt, befindet sich auf dem Weg in ein Leben ohne einen letztgültigen Gott, in der Spur des Athe-ismus. Der erste Zweifel ist bereits der erste Schritt der Trennung von Gott. Dieser erste Schritt ist ein eigener Schritt, denn der

Mensch erzeugt die Trennung von Gott selbst, indem er die Absolutheit Gottes durch seine Ich-Bedürfnisse relativiert und damit aufhebt.

Dritte Phase: Mit der Verschärfung des Nichtglaubens beginnt eine Zeit des verstärkten Zweifelns und der Verlustangst. Der Mensch entwickelt Schuldgefühle und Daseinsängste. Er scheitert immer wieder mit seinen Versuchen, in den Stand eines festen Glaubens zurückzukehren. Stattdessen fällt er immer tiefer in Verunsicherung und Unwertempfindungen.

Vierte Phase: Nahezu gleichzeitig mit der Trennung von der absoluten Autorität Gottes beginnt er die Suche nach einer eigenen Gottesvorstellung. Immer stärker wird das absolute Bild von Gott aufgelöst durch ein Bild, das sich der Mensch von Gott eigenständig nach seinen Bedürfnissen macht. Diese Phase wird darin erkennbar, dass der Mensch immer häufiger von sich sagt, *Ich stelle mir Gott vor als ...* oder *Für mich ist Gott ...* Schließlich wird der *eigene Gott* zum Leitbild des Selbst.

Fünfte Phase: In der offenen Diskussion unserer Gesellschaft über Religion erfährt und begreift der Mensch an sich selbst die Feststellung Feuerbachs: *Gott ist dem Menschen sein eigenes Wesen ... Sein eigenes Wesen ist dem Menschen Gegenstand als Gott ... Der Mensch setzt sein eigenes Wesen sich selbst als Gott gegenüber.* Spreche ich von Gott, spreche ich von mir selbst.

Sechste Phase: Aus dieser Bewusstwerdung heraus ergibt sich geradezu selbstverständlich der Schritt in den Atheismus:

Wenn ich akzeptiert habe, dass mein eigener Gott gar kein eigenständiger Gott ist, sondern ganz allein die Projektion meiner selbst, dann muss ich den letzten Entscheidungsschritt zu mir selber vollziehen. Dieser Schritt heißt: Ich kann aus mir heraus denken und leben – ganz ohne Gott.

Siebte Phase: Befreit von Gott wird der Mensch zu einem autonomen Ich. Er lebt als sich selbstbestimmendes und selbst verantwortendes Individuum frei in der Gesellschaft.

Keine dieser sieben möglichen Lebensphasen ist verwerflich,
jede ist urmenschlich. Jeder kann sich prüfen, in welcher Phase
er steht. Kein Mensch sollte sagen, er wisse nicht, wo er steht.
Dann muss er eben ernsthaft über sich nachdenken. Verwerflich ist allein die Indifferenz. Denn wie will man mit sich selber
zurechtkommen, wenn man sich nicht immer wieder bewusst
macht, wo und wofür man in den entscheidenden Fragen seiner
Existenz steht?

Spannend sind natürlich die fünfte und sechste Phase, der entscheidende letzte Schritt in ein atheistisches Denken und Leben,
in ein autonomes Ich – ganz ohne Gott.

Eigentlich ist dieser letzte Schritt leicht. Wirklich. Wenn ich
verstehe und akzeptiere, dass Gott immer nur der erdachte Gott
des Menschen ist, der offenbarte jenseitige Gott genauso wie der
eigene diesseitige Gott, dann ist es doch wirklich nur noch ein
ganz kleiner logischer Schritt. Ich muss jetzt nur noch verstehen,
dass mein eigener Gott natürlich kein eigenständiger Gott ist,
sondern ich selbst.

Ich brauche dann immer nur da, wo ich *meinem Gott* denke
oder gar von ihm spreche, mutig *Ich* zu sagen. Statt *Für mich ist
Gott Liebe* sage ich *Für mich ist Liebe das Höchste*. Dieser Wandel
ist die Wende. Ich muss für meinen höchsten Lebenswert nicht
Gott berufen, sondern mich selber. In diesem Denkschritt *Ich
selber statt mein von mir erdachter Gott* ereignet sich der letzte Be-
wusstwerdungsschritt zu sich selbst. Dieser ganz kleine, aber so
wichtige letzte Schritt bedeutet, dass ich ab sofort den Mut habe,
da, wo ich bisher immer *Gott* gesagt habe, jetzt *Ich* sagen kann

und will. Dieser Schritt befreit mich im Letzten zu mir selbst. Dieser Schritt zu mir selbst macht das Reden ganz ohne Gott, macht das Denken und Leben als Atheist zur selbstverständlichsten Sache der Welt.

Ich selbst habe mir diesen so wichtigen Schritt klargemacht mit einer freundlichen Erinnerung, die ich an den Augenblick habe, als mein Sohn plötzlich laufen konnte. Eigentlich hatte er schon tagelang erste Schritte probiert, war aber immer wieder zusammengesackt. Dann saß ich in meinem Sessel, meine Frau mir gegenüber in ihrem. Marcus stand an meinen Knien. Ich sagte spontan zu ihm: *Du kannst laufen, also lauf zu Mama!* Er mochte mich zunächst nicht ganz verstanden haben, sah mich zögerlich an. Ich drehte ihn in Richtung zu meiner Frau und sagte: *Du kannst laufen. Lauf!* Meine Frau breitete die Arme aus – und er lief los, wackelig, aber direkt in ihre Arme – und wenig später wieder zurück … und er läuft heute noch.

Du kannst laufen – der Indikativ. *Also lauf!* – der Imperativ. Ich nenne diese Entscheidungsformel den Indikativ-Imperativ-Bezug:
> Der Indikativ: *Mit deinem eigenen Gott bist du Atheist.*
> Der Imperativ: *Also werde Atheist!*
> *Werde ein Mensch, der sich zu sich selbst bekennt*
> *– ganz ohne Gott!*

Der Mensch wird als Atheist nicht selbstherrlich Gott. Der Atheist ist immer nur Mensch – Mensch ohne Gott.

Der Mensch wird als Atheist ein autonomer Mensch. Er erkennt, dass von seinem Starksein als Mensch, von seinem persönlichen Lebenseinsatz, von seiner Zuwendung vom Ich zum Du alles abhängt. Er weiß sich gerade als Atheist vom Leben her voll gefordert.

[5] Atheistisches Manifest 21 – 25

Gott – ohne Gott
Supervision des Lebens
[Zur Frage der Religion]

(21)

1. *Die Wiege des Monotheismus steht in Ägypten.* Die Idee des einen Gottes scheint mit dem Aton-Kult des Amenophes IV. Echnaton um 1350 vor Christus entstanden zu sein.
Sie schuf dort die erste Machteinheit zwischen dem einen absoluten Herrscher und dem einen absoluten Gott.

2. Die Übernahme des Monotheismus in den jüdischen Kulturbereich ist im Alten Testament in der frühen Moses- und der Sinaitradition mit der Einsetzung der Zehn Gebote nachzuvollziehen. Bei der Gründung des israelitischen Zwölfstämmebundes 1250 vor Christus bildete der Glaube an den einen Gott Jahwe das religiöse Zentrum, das im orthodoxen Judentum bis heute Gültigkeit hat.

3. Die erste Christengemeinde in Jerusalem übernahm die jüdische Gottesvorstellung und bezog deren Verheißungen auf Jesus von Nazareth. Paulus globalisierte die Christusbotschaft auf die ganze Welt und löste damit die Verbreitung des Monotheismus ins europäische Abendland aus.

4. 600 Jahr später entstand in Mekka und Medina mit der Allah-Religion Mohammeds eine neue monotheistische Religion des Islam. Sie bildete auf der Basis des jüdischen Alten Testamentes und des christlichen Neuen Testamentes einen neuen

Ein-Gott-Glauben, der durch ein Verbot jeglicher bildneri-
scher Darstellung Gottes besonders streng gehalten wurde.

5. Judentum, Christentum, Islam sind die drei monotheistischen
   Offenbarungsreligionen. Sie gründen auf der Überzeugung,
   dass sich der einzige lebendige Gott mit einem absoluten Geltungsanspruch und einer unantastbaren Willensbekundung
   gegenüber den Menschen selbst offenbart hat.

(22)

1. *Religionskritik im Sinne einer Leugnung der Götter als eigenständig*
   handelnde Wesen ist entstanden im Vernunftdenken der antiken
   griechischen Philosophen seit 550 vor Christus. Sie ist Ausdruck
   der frühen Aufklärung und damit der Bewusstwerdung und
   Selbstwertsteigerung des Individuums in der politischen Demokratie und der klassischen Philosophie der griechischen
   Antike.

2. Die führende Gestalt dieser frühen Religionskritik war Xeno-
   phanes von Kolophon im Kampf gegen den Götterhimmel
   Homers, wie er uns in der Ilias und Odyssee überkommen ist.
   Xenophanes behauptete als Erster, dass nicht die Götter die
   Menschen geschaffen hätten, sondern die Menschen die Göt-
   ter.

3. Diese Religionskritik zerstörte langfristig die griechische Religion. Sie wurde der eigentliche Gegner auch des neuen Christentums bis zum Jahr 529, als vom christlichen Kaiser Justinian I. die letzte griechische Philosophenschule geschlossen
   und damit das kritische Vernunftdenken brutal ausgerottet
   wurde. An seiner Stelle entfaltete sich unangefochten ein neu-

er komplexer Christusmythos, aus dem die abendländisch-katholische Dogmatik entstand.

4. Mit Ludwig Feuerbach setzte nach der französischen Aufklärung eine neue wissenschaftliche Religionskritik ein. Feuerbach nahm Hegels Kritik an dem Anthropomorphismus der griechischen Religion auf und wendete sie uneingeschränkt auf das Christentum an. Feuerbachs materialistischer Atheismus gipfelte in der Feststellung: Gott, auch der biblisch offenbarte Gott, ist ein vom Menschen erdachter Gott. Alle Theologie ist Anthropologie.

5. Seit Feuerbach steht das Christentum in einer fundamentalen Auseinandersetzung mit dem Atheismus. Ein breiter Entmythologisierungsprozess und eine unaufhaltsame wissenschaftliche Säkularisierung lassen den christlichen Offenbarungsglauben immer stärker dahinschwinden.

(23)

1. *Für die christlichen Kirchen ist der Kampf um den sich selbst offenbarenden Gott ein Kampf um die Grundwahrheit ihrer Religion und aller Glaubensaussagen.* Dies betrifft sowohl den erstarrten Dogmenbestand der katholischen Kirche wie auch die verblassten Bekenntnisformeln der protestantischen Kirche.

2. Um ihre konservativen Positionen zu verteidigen, führte die protestantische Kirche 1974 – 1980 ein Lehrbeanstandungsverfahren durch gegen den Hamburger Pastor Dr. Paul Schulz. Schulz hatte in Predigten und Veröffentlichungen seiner Gemeinde gesagt, dass es Gott so, wie es die Bibel und die Kirche verkündeten, nicht gibt.

3. In diesem *Ketzerprozess* wurde darum gestritten, wie in der modernen Zeit heute in der Kirche von Gott gesprochen werden darf oder muss. Schulz forderte die Freigabe der Gottesvorstellung aus dem Traditionellen in eine Offenheit nach vorn. Gott als eigener Leitwert des persönlichen Verantwortungsbewusstseins und der Lebensgestaltung.

4. Mit dem Urteil wurde Dr. Schulz seines Amtes als Pastor enthoben und verlor alle seine geistlichen Rechte. Die Kirche berief sich dabei auf die alten lutherischen Bekenntnisschriften und verpflichtete damit für die Zukunft jede christliche Verkündigung auf einen absolut geltenden Offenbarungsgott.

5. Zumindest formal hat sich die Kirche mit diesem Urteil eine Öffnung auf den denkenden Menschen unserer Zeit hin versperrt. Der derzeitige Transformationsprozess der Gottesfrage in unserer aufgeklärten Gesellschaft weg von einem institutionellen, offenbarten Gott zu einem selbst verantworteten, eigenen Gott läuft völlig außerhalb und gegen die Kirche ab.

(24)

1. *In der pluralistischen Gesellschaft heute hat jeder seine ihm eigene Gottesvorstellung.* Die totale Freiheit des Denkens gerade auch in der Religion hat dazu geführt, dass sich nahezu jeder Gott so vorstellen kann, wie er es nach seinen Bedürfnissen möchte.

2. Die heutigen Menschen haben eine Gottessehnsucht, ohne dass es für sie den Gott, den die Kirche verkündet, wirklich geben muss. Auf der Suche nach seiner Ich-Identität denkt der moderne Mensch nicht mehr von einem fremden Gott her, sondern auf einen eigenen Gott hin.

3. Der Individualisierungsprozess wird erkennbar in Formulie-
rungen wie *Ich stelle mir Gott vor als ...* oder *Für mich ist Gott
...* Der Mensch will einen ihm eigenen Gott, der zu ihm passt,
der seine Bedürfnisse abdeckt, der seine persönlichen Voraussetzungen erfüllt.

4. Gott bildet nicht mehr die fremdbestimmte Zentralmacht
einer Institution, sondern die Individualkraft des Ich. Wenn
Feuerbachs Satz stimmt, dass der Mensch sich Gott schon immer selber gemacht hat, dann kann auch der moderne Mensch
das Recht wahrnehmen, sich seinen Gott selber vorzustellen,
Gott für sich selber zu imaginieren.

5. Gerade weil es einen jenseitigen Gott nicht gibt, drückt sich
für den Menschen in seinem selbst erdachten eigenen Gott
der wesentliche Leitwert seiner selbst aus. Im eigenen Gottesbild entsteht die Dimension des eigenen Selbst.

(25)
1. *Der Transformationsprozess von einem offenbarten zu einem erdachten Gott führt zu der Einsicht, dass ein selbst erdachter Gott
natürlich gar kein eigenständiger Gott ist, sondern nur die Projektion des eigenen Menschseins, also letztlich nur der Mensch selbst.*
Sein Gott ist dem Menschen – wie Feuerbach sagt – sein eigenes Wesen.

2. Diese Erkenntnis führt geradezu zwingend in den Atheismus.
Wenn der Mensch einsieht und akzeptiert, dass Gott, sowohl
der offenbarte jenseitige wie der selbst gedachte eigene, kein
eigenständiger Gott ist, sondern ganz allein die Projektion

menschlicher Bedürfnisse, dann muss er daraus einen letzten Entscheidungsschritt vollziehen.

3. Dieser Entscheidungsschritt heißt: Ich nehme mich aus jeder Gottesvorstellung heraus. Ich kann aus mir selbst heraus als ein mich selbstbestimmendes und verantwortendes Individuum denken und leben ganz ohne Gott. Also bin ich Atheist.

4. Der Mensch wird als Atheist nicht selbstherrlich Gott. Der Atheist ist immer nur Mensch – Mensch ohne Gott.

5. Der Mensch wird als Atheist aber ein autonomer Mensch. Er erkennt, dass von seinem Starksein als Mensch, von seinem persönlichen Lebenseinsatz, von seiner Zuwendung vom Ich zum Du alles abhängt. Er weiß sich gerade als Atheist vom Leben voll gefordert.

6. Der starke, autonome Mensch
Öffentliche und private Selbstverantwortung
[Zur Frage von Ethik und Moral]

Podiumsdiskussion der Hospizbewegung. Heikendorf an der Ostsee. Das Thema lautete *Sterbebegleitung.* Wie gehen wir mit Sterbenden um, mit dem Tod? Die Einladung an mich kam ganz kurzfristig. Eine Referentin war ausgefallen. Sie sollte als Atheistin aus der Sicht eines Menschen ohne Gott über den Tod sprechen. Ohne sie drohte der Veranstaltung die Absage. Gegen alle Terminzwänge sagte ich spontan zu.

In Hamburg kam ich erst im letzten Augenblick aus der Vorlesung weg. Deshalb im Schnelltempo durch den dichten Abendverkehr über die Autobahn. Meine Frau fuhr. Wir kamen in dem Augenblick an, als der erste Referent vorgestellt wurde, ein katholischer Pfarrer. Dann eine Frau, deren Mann vor kurzem in der Betreuung des Hospizes verstorben war. Schließlich ein Arzt, der sich zur Christengemeinschaft bekannte.

Die junge Diskussionsleiterin stellte dann mich vor. Ich hatte am Tag vorher gerade die Einleitungsgeschichte zum zweiten Kapitel dieses Buches fertiggestellt. Ich fragte die Zuhörer, ob ich ihnen zu meiner Vorstellung diese Geschichte vorlesen dürfe und erklärte dazu die Aktualität ihrer Entstehung. Es ist immer wieder aufregend, die erste Wirkung auf einen Text zu erfahren, den man gerade abgeschlossen hat.

Das Publikum zeigte sich äußerst sachbezogen, sehr viele, die gerade persönlich mit dem Sterben und dem Tod befasst waren, auch junge Menschen. Dann die vitale Gruppe all derer, die der Hospizbewegung nahestanden, vor allem Mitarbeiter und freie Helfer, Sozialarbeiter, Krankenschwestern, Ärzte. Alles Menschen, die durch ihre tägliche Erfahrung zum Sterben viel zu sagen hatten.

Der katholische Pfarrer war wunderbar. Es gelang ihm von Anfang an ohne jedes Pathos und ohne falsche Frömmigkeit, eine vertrauensvolle Ruhe in das Gespräch zu bringen. Trost, so sagte er, käme sprachgeschichtlich von Treue. Treue bedeute, zu jemanden stehen, gerade auch in dessen Not. Dabei nahm er meine Geschichte wohlwollend auf, betonte die menschliche Verunsicherung zwischen Glauben und Nichtglauben. Es war geradezu eine freundschaftliche Einladung an mich, von mir aus den Beistand zu einem Menschen ohne Gott weiterzudenken.

Am Sterbebett, sagte ich, ginge es nicht mehr um irgendeine theoretische Diskussion, es ginge nur noch um Beistand für den Sterbenden, um das Dabeisein – auch ohne Worte. Ich erzählte dann von mir selbst. Von meiner eigenen Angst vor langem Leiden und Schmerzen, vor dem Sterben, nicht vor dem Tod. Der Tod sei für mich das absolute Nichts, ein ewiger Frieden.

Das Publikum nahm meine Gedanken positiv auf, fragte aber keineswegs nur zustimmend. Religiöse Ängste wurden sichtbar. Zweifel an Gottes Liebe. Ratlosigkeit. Eine Dame widersprach vehement meiner Aussage, dass Paulus vom eigenständigen Menschen ein viel zu negatives Bild zeichnen würde, dass für ihn alles Gute nur von Gott käme, alles Schlechte vom Menschen.

Plötzlich stand der Arzt auf, stellte noch einmal dar, dass ihm seine christliche Bekehrung die göttliche Erlösung von allen Problemen gebracht hätte und sie für alle die einzig wirkliche Möglichkeit sei. Das aber wolle er gar nicht weiter ausführen. Er wolle vielmehr eine Erklärung zu Dr. Schulz abgeben: *Sie, Herr*

Dr. Schulz, so fuhr er fort, *sind Atheist, leben ohne Gott.* Ich hätte überhaupt gar keine Legitimation, hier zu reden. Ich hätte als Atheist ohne Gott gar keine Ethik. Ich hätte ja auch gar kein Verantwortungsbewusstsein, weil ich mich ohne Gott gegenüber niemandem verantworten müsse. Ich könne sogar jemanden umbringen, ohne mich vor jemandem verantwortlich zu wissen. Vor mir also müsse man jeden Menschen warnen.

Totenstille im Saal. Beklommenheit, ja, Entsetzen. Einen Augenblick schien alles ganz unwirklich, als hielte die Zeit an. – Natürlich werde ich immer wieder gefragt, wie das ohne Gott gehen kann, und dabei manchmal auch hart angefasst. Aber dass sich jemand dergestalt in einem solchen Rahmen von Angesicht zu Angesicht äußerte, das war dann doch ungewöhnlich.

Der katholische Pfarrer fand zuerst die Orientierung. Natürlich, sagte er, müsse sich auch ein Atheist für seine Taten verantworten, wenn auch nicht vor Gott, so doch vor den Menschen. Aber hier ginge es doch um die Menschlichkeit des Menschen, die man nicht einfach einem anderen Menschen absprechen dürfe. Hier eine junge Frau, dort zwei Männer, ganz vorne eine ältere Dame, konnten am Mikrophon nur mühsam ihre menschliche Betroffenheit zurückhalten.

Ich bat die Diskussionsleiterin und das Publikum, zu diesem Vorwurf jetzt nicht Stellung nehmen zu müssen. Unser Thema sei ein anderes. Ich würde nach der offiziellen Diskussion bereit sein, im kleinen Kreis auf die Frage nach dem Atheisten und seiner moralischen Verantwortung ohne Gott Antwort zu geben. So lief das Gespräch langsam entspannter zum Thema des Abends zurück. Ein kleiner Kreis versammelte sich anschließend und wir redeten noch lange miteinander – über den Tod natürlich, aber auch über die Selbstverantwortung des Menschen ohne Gott.

Spät in der Nacht fuhren wir nach Hamburg zurück. Ziemlich langsam auf der nahezu verkehrsleeren Autobahn. Viel Wichtiges war an diesem Abend gesagt worden. Doch immer wieder kehrten unsere Gedanken zu diesem *Christen* zurück. *Wie können gerade Christen so selbstherrlich sein*, sagte ich. *Du musst nicht an den denken*, sagte meine Frau. *Denken wir lieber an den katholischen Pfarrer. Er war doch ein wirklich starker Mensch.*

[1] Vom schwachen zum starken Menschen

Die Religion, allzumal die christliche Religion, redet den Menschen klein. Sie macht ihn in seinem natürlichen Selbstbewusstsein kaputt. Sie drückt sein Ich immer wieder in den Staub und lässt selbst den getauften Christen laut beten:

Ich armer elender sündiger Mensch,
bekenne dir, allmächtiger, barmherziger Gott,
alle meine Sünden und Missetaten,
die ich begangen habe in Gedanken, Worten und Werken,
womit ich dich jemals erzürnt
und deine Strafe zeitlich und ewiglich verdient habe ...[1]

Die liturgischen Gesänge und Gebete der Kirchen und ihre Kirchenlieder sind voll von solchen Bekenntnissen. *Kyrie eleison, Herr, erbarme dich!*[2] Der doch eigentlich erlöste Christ wirft sich Gott zu Füßen (431,1; 432,1; 95,1)[3], weil er sich als elender Sünder fühlt. Er bittet um *Strafverschonung* (176,1; 119,1). Er fleht um *Errettung* (284,3) und *Erlösung* (59,2). Er hofft auf *Gnade*

---

1 Die GEMEINSAME BEICHTE (geht auf Luther zurück) in: VOM AMT DER SCHLÜSSEL UND DER BEICHTE (später in Luthers KLEINER KATECHISMUS)
2 Introitus der Messe
3 Kirchenlied (Liednummer, Strophe) des EVANGELISCHEN KIRCHENGESANGBUCHES NORDELBIEN.

(221,1; 208,1; 119,3), auf *Vergebung* (357,4; 118,5; 41,3) und *Erbarmen* (151,3; 55,1.2.), auf *Begnadigung* und *Linderung der Strafen* (282,3). Allein schon diese kleine Auswahl von Sprachformeln, die in Anbetungstexten ständig wiederkehren, kennzeichnet das Bewusstsein des christlichen Menschen. Seine Selbstbezichtigungen als sündiger Mensch dokumentieren ihn in seinem selbstergebenen Schicksal. Er bekennt sich auch mit Gott aus sich selbst heraus für null und nichtig.

Diesem christlichen Minderwertigkeitsbewusstsein entspricht die bedingungslose Huldigung Gott gegenüber. Sie drückt sich aus in all den Hoheitstiteln, in denen das göttliche Wesen beschrieben und angerufen wird: *Herr, mein Gott, mein Heil, mein Leben* (111,2), *König aller Königreiche* (6,1), *Allmächtiger Gott* (204,9), *Schöpfer aller Dinge* (16,9; 46,4), *Majestätisch Wesen* (128,4), *Herrscher aller Throne* (233,2), *Gnadensonne* (101,3; 25,1), *Sonne der Gerechtigkeit* (218,1), *Glanz der Herrlichkeit* (127,3). Der Islam nennt – parallel zum Christentum – 99 offizielle Herrlichkeitsnamen für Allah, mit denen sich die Gläubigen per Fuß- oder Kniefall demutsvoll vor der Gottheit niederwerfen[4].

Solche Unterwürfigkeit geht zurück auf Grundstrukturen eines theokratisch-monarchistischen Denksystems. Das sind rudimentäre Verhaltensmuster aus einer Zeit, in denen die Menschen Leibeigene absolutistischer Herrscher waren, subaltern, unterprivilegiert. Der einzelne Mensch, ein Underdog.

Die totale Nichtigkeitserklärung des Menschen stammt von Paulus. Im RÖMERBRIEF 3,9 – 20 stellt Paulus mit einem Rundumschlag die Behauptung auf, dass der Mensch als Einzelner und alle Menschen zusammen verdammungswürdig seien. Gott allein sei alles Gute. Alles Schlechte läge beim Menschen.

---

4   Auch heute noch gibt es religiöse Proskynese als Unterwerfungsritual vor der göttlichen Hoheit, auch noch bei bestimmten kirchlichen Handlungen.

Der Mensch sei nichts, weil er sich gegen Gottes Gebot gestellt hat. Deshalb habe Gott ihn für seine Sünden mit dem Tod bestraft[5]. Dass jeder Mensch sterben muss, beweise, dass auch jeder Mensch gesündigt hat und schlecht ist[6].

Augustin hat diesen Zusammenhang zwischen Sünde und Tod verschärft, indem er behauptet, dass das Schlechtsein des Menschen vom ersten Menschen Adam her nicht nur vorgegeben sei, sondern dass jeder Mensch durch Adam[7] generell gesündigt habe. Adams Sünde würde gleichsam mit dem Samen von Adam her von Mensch zu Mensch als Erbsünde wie ein Fluch weitergegeben, so dass der Mensch deshalb wie unter Zwang immerfort sündigen müsse. Deshalb sei jeder natürliche Mensch unter dem Fluch der Sünde Adams ursächlich verloren.

Paulus – Augustin – Luther: Luther ist der brutale Vollstrecker dieser Sündentheorie. Seine Predigten von einem zornigen Gott über den Sünder fundamentieren die Verlorenheit des Menschen ohne Gott. Der Mensch ohne Gottes Gnade ist erbarmungslos verdammt. Gerade auch Luther[8] hat die These vertreten, dass ein

---

5   Paulus bezieht sich hier auf die Geschichte vom Sündenfall Adams und Evas (GENESIS 3,1 – 15). Daher sein Satz *Der Tod ist der Sünde Sold* = Die Folge der Sünde ist der Tod (RÖMERBRIEF 6,23a; dazu 5,12).

6   Paulus argumentiert so, als sei mit diesem Sündenfall der Tod überhaupt erst in die Welt gekommen (RÖMERBRIEF 5,1 – 12). Das ist absurd. Der Tod ist nicht durch Adam und Eva, nicht durch die Schuld des Menschen in die Welt gekommen. Der Tod war schon immer vorher das natürliche Prinzip des Werdens und Vergehens, also das generelle Wesen der natürlichen Natur. Paulus deutet dagegen den Tod nicht biologisch, sondern moralisch. Mittels dieser Verkehrung argumentiert er vernichtend gegen den natürlichen Menschen und baut darauf seine ganze Rechtfertigungstheologie auf. Paulus stellt so die Natur-Realität völlig auf den Kopf. Diese Umdeutung ist eine der verhängnisvollen Fehlleitungen des christlichen Weltbildes.

7   Augustin kommt zu dieser Interpretation des Paulus durch einen (absichtlichen?) Übersetzungsfehler. Er übersetzt in Römer 5,12 das griechische *eph' ho* nicht mit *seit Adam*, sondern lateinisch mit *in quo – durch Adam*.

8   Natürlich auch in der katholischen Kirche. Der Papst hat allerdings vor kurzem die Vorhölle, den *Limbus*, so mir nichts, dir nichts wegrationalisiert. Wo diese Kinder nun aufgenommen werden, würde man gerne wissen.

kleines Kind, das bei der Geburt stirbt und nicht schnell genug getauft wird, wegen seiner Erbsünde in die ewige Verdammnis kommt. Wie viel mehr natürlich der nicht getaufte Erwachsene. Der Fluch der Erbsünde ist deshalb das Erpressungsmittel gegen jeden Menschen. In der katholischen Kirche müssen bereits die kleinen Kinder zur Beichte, um ihre Sünden zu bekennen, ausgefragt von Priestern hinter Gardinen, die vor allem auch unter die Bettdecke gucken! Denn da sitzt für die Kirche die Sünde. Sie hören sich genüsslich die dünnen Beichten der kleinen zitternden Mädchen und Jungen an. Das ist Nötigung und religiöse Unzucht mit kleinen abhängigen Wesen. Diese kirchliche Bespitzelung im Namen Gottes wird nicht legitimer, wenn der Mensch groß und erwachsen ist.

In allen Predigten ist der Kirche der seine Sünden bekennende Mensch der liebste Mensch. Er erweist sich so als abhängig, als gefügig, als gehorsam, als schwach und untertänig. Ein natürlich selbstbewusster, gesunder Mensch kommt dagegen in der Kirche nie vor. Er ist als hoffärtig verschrien, als selbstherrlich, anmaßend, hochmütig und stolz. Nichts ist schlimmer als der Mensch, der Gott nicht braucht. Ein solcher Mensch ist des Teufels, der Antichrist. Der Mensch muss vielmehr immer so schwach sein oder gemacht werden, dass Gott ihn immer wieder glanzvoll vergeben und retten kann. Deshalb noch tiefer, Christ! Noch tiefer, Mensch! Je tiefer der Mensch, desto höher Gott. Das ist das Geheimnis der *abgrundtiefen Liebe* Gottes.

Zu seiner letzten Demütigung wird dem Menschen auch noch ein Endgericht angedroht und damit seine potentielle ewige Verdammnis nach dem Tod[9]. Mit dem Angstmachen um das

---

9   Bischöfe lächeln scheinheilig in die Fernsehkameras und sagen, das sei doch alles gar nicht mehr so in der Kirche. Paradebeispiel dafür war im Juni 2007 der Auftritt von Dr. Wolfgang Huber (evangelischer Bischof) und Dr. Hans-Jochen Jaschke

himmlische Seelenheil haben die Priester selbst Gottesleugner angesichts des Todes niedergezwungen. Denn auch hier ist der kirchliche Druck total. Trotz Christi Kreuzestod kann kein Mensch sicher sein, dass er in den Himmel kommt. Er wird immer reglementiert mit der Drohung, dass ihn sein Erdenleben im Endgericht Gottes das ewige Leben kosten kann.

Ich wehre mich gegen diese Unterdrückungsmoral. Ich bin selbst Pastor gewesen und weiß um das Reden der Theologen, weil ich selber so gepredigt habe: Der natürliche Mensch muss schlechtgeredet werden, damit er durch die Gnade Gottes gerettet werden kann. Dem Menschen wird so jeder Eigenwert aus sich selbst heraus abgesprochen, auch das letzte Zutrauen zu sich selbst genommen. Zusätzlich zu seinem irdischen Überlebenskampf wird er als unwert mit irrationalen Foltern belastet.

Ich setze dagegen im scharfen Kontra die Existenz eines starken, selbstbewussten Menschen: Du kannst auch ohne Gott! Du hast einen freien Willen. Du hast einen Verstand. Du kannst dich befreien aus jeder religiösen Gefangenschaft. Du bist mit deiner Steuerkraft vernunftoffen und befähigt für alle Lebenslagen. Bekenne dich zu dir selber. Werde der du bist, ein sich selbstbestimmender, ein autonomer Mensch, dein eigener Herr!

Ich definiere den starken, autonomen Mensch so: Der Mensch ist sein eigener Herr. Also: Ich bin mein eigener Herr, ein Mensch, der niemanden über sich duldet. Ich erkenne prinzipiell keine fremdbestimmende Autorität über mir an, auch keinen Gott über mir. Gerade auch über meine Bindungen verfüge ich selbst.

(katholischer Weihbischof) bei der Kerner-Talkshow mit dem Atheisten und Religionskritiker Richard Dawkins, wo beide Bischöfe einvernehmlich parlierten, dass es eine Hölle so doch gar nicht mehr gäbe. Sie sagen nicht die Wahrheit! Keines der dogmatischen Prinzipien der Kirchen ist aufgehoben worden, schon gar nicht Fegefeuer und Hölle.

Der starke, autonome Mensch heißt für mich zugleich: Der Mensch als ein Ich duldet keinen Sklaven unter sich. Also: Ich dulde keinen Sklaven unter mir. Es gibt keine erniedrigte Existenz unter mir. Jeder Mensch ist ein Ich, ein Herr wie ich. Seine Würde ist unantastbar. Das bedingt die Fähigkeit zum Freigeben und Loslassen persönlicher Ansprüche auf den Anderen.

Ich qualifiziere den starken, den autonomen Menschen durch drei Basiswerte des heutigen Zeitbewusstseins:

Erstens: Der autonome Mensch ist vom Prinzip her ein freier Mensch, im Sinne von Jean-Jacques Rousseau: *Der Mensch ist frei geboren*[10], von der Natur frei ins Leben gesetzt. Erst die mensch- und die religionsbedingten Strukturen machen den Menschen unfrei und abhängig. Frei geboren heißt auch ohne jede göttliche Vorbelastung, auch ohne Erbsünde. Der Kampf um diese menschliche Freiheit ist ein Befreiungskampf von menschlichem und göttlichem Absolutismus.

Zweitens: Der autonome Mensch ist ein Gleicher unter Gleichen im Sinne des demokratischen Prinzips. Jeder Mensch hat gleiche Rechte und Pflichten. Die Grund- und Menschenrechte gelten uneingeschränkt für alle und für jeden. Diese Gleichheit bedeutet nicht die Gleichartigkeit des Lebens und der Lebensumstände. In der Gleichheit liegt die Möglichkeit zur individuellen Entfaltung der Fülle des Lebens. Kein Ich ist deshalb wie das andere. Es hat aber gleichberechtigte Ansprüche auf individuelles Leben in der Fülle der Möglichkeiten.

---

10 Erster Satz von Rousseaus berühmter Schrift CONTRAT SOCIAL – DER GESELL-SCHAFTSVERTRAG. Siehe dazu unten S. 225, speziell Anm. 27 mit Literaturverweis.

Drittens: Der autonome Mensch ist ein Mensch in einem selbst verantworteten Wertesystem. Aufgrund der individuellen Freiheit (gemäß *erstens*) und der gemeinsamen Gleichheit (gemäß *zweitens*) ergibt sich für den autonomen Menschen das Prinzip einer nützlichen Humanität. Verpflichtend ist für den Starken in der Gemeinschaft nicht das Prinzip des persönlichen Gutseins, sondern des Handelns im Sinne des Humanum. Im Humanum vollzieht sich das nützlich Gute für den Anderen. Deshalb ist Humanität, Menschlichkeit, die ethische Selbstkontrolle des autonomen Menschen für sein Handeln in der Gemeinschaft.

Dazu zwei wichtige Schlussfolgerungen:

Der autonome Mensch muss viertens von diesen drei Grundpositionen her *ein Mensch ohne Gott, ein Atheist sein.* Denn da der autonome Mensch einen Herrn über sich nicht anerkennt und selbstverantwortlich handelt, anerkennt er auch aus Prinzip Gott als Herrn seiner selbst nicht an, ist er ohne Gott bewusster Atheist. Als Atheist ist er sich nicht selbst Gott als eine selbstherrliche Autorität. Der Atheist bleibt immer Mensch. Er weiß um seine Grenzen im Scheitern seiner Lebensziele. Er weiß um die Grenzen seiner Lebensfähigkeit in Grenzsituationen und im Tod.

Der autonome Mensch ist *fünftens gegenüber dem religiösen, dem christlichen Menschen ein anderer, ja, ein neuer Mensch.* Seine Grundhaltung macht ihn zu einem zukünftigen Menschentyp, der sich aus seiner eigenen Kraft heraus dem Leben und der Zukunft stellt. Diese Kraft ist für ihn die menschliche Vernunft. Die Menschen werden ihre Probleme nur in den Griff kriegen, wenn sie ihre religiöse Irrationalität aufgeben und alle rationalen Kräfte einsetzen, um neue säkulare Lösungen für die individuellen und globalen Probleme zu finden.

[2] Utilitaristische[11] Humanität

Ich sage nicht: Der starke Mensch ist gut. Der starke, autonome Mensch ist nicht automatisch ein guter Mensch. Auch ein Atheist ist keineswegs gut, wie ja auch selbstverständlich kein religiöser Mensch schlecht ist. Ich vertrete kein idealisiertes Menschenbild, das weiß gegen schwarz setzt, denn:

Kein Mensch ist gut, deshalb auch nicht der starke Mensch. In einer pluralistischen Gesellschaft, gar in einer multikulturellen Wertegemeinschaft ist *gut* ein völlig relativer Begriff, weil das gleiche Handeln hier gut und dort nicht gut sein kann. *Gut* wäre nur gut, wenn alle trotz ihrer unterschiedlichen Bedürfnisse und Interessen zur gleichen Zeit *Dasselbe* gut fänden. *Gut* aber ist abhängig von den jeweils unterschiedlichen individuellen und generellen Wertsetzungen. Deshalb ist gut letztlich so unterschiedlich, wie es unterschiedliche Menschen gibt.

Daher ist es für eine moderne Gesellschaft nicht von generellem Wert, dass ein Mensch danach strebt, ein guter Mensch zu sein. Wozu sollte er das? Dieses Bestreben mag ein religiöses Ziel sein, um seinem Gott zu gefallen. Es mag auch ein philosophisches Ziel sein, um dem platonischen Idealbild des summum bonum zu genügen. Ein gesellschaftliches Ziel ist es nicht. Niemandem wird vorgeschrieben oder als Voraussetzung für irgendetwas abverlangt, ein guter Mensch zu sein. Der demokratisch

---

11 *Utilitaristisch* ist in der Ethik-Diskussion der Fachbegriff für *nützlich*.

verfasste Staat braucht keine guten Menschen. Er kultiviert auch keine.

Dies umso weniger, weil Humanität überhaupt nicht das menschliche Gutsein betrifft. Humanität ist menschlich sein und nicht gut sein. Human, menschlich sein, setzt keinen guten Menschen voraus. Eine humane Handlung ist nicht deshalb gut, weil der human Handelnde ein guter Mensch ist. Auch macht eine humane Tat, machen auch viele humane Taten keinen guten Menschen. Bei human geht es also nicht um einen Gutmenschen oder um eine Gutseintheorie, sondern um Handlungen, die für den anderen Menschen im besonderen Fall Nützliches und damit Gutes bewirken. Human ist dann gut, wenn von dem, an dem gehandelt wird, die Tat als hilfreich und nützlich und damit als für ihn positiv empfunden wird.

Humanismus ist also die Lehre vom richtigen Handeln auf den hin, der in seiner Situation Hilfe, Nützliches und damit für ihn Gutes braucht. Humanismus ist deshalb die Anleitung zum positiven sozialen Handeln ganz unabhängig davon, wes Geistes Kind derjenige ist, der diese Handlungen ausführt. Selbst ein „schlechter" Mensch kann human handeln, allzumal ein Mensch, der allgemein für schlecht gehalten wird.

Deshalb kann der Satz stehen bleiben: Der Starke ist nicht gut. Er muss überhaupt nicht gut sein. Wie aber müsste der Starke sein in unserer sozialen Gemeinschaft, speziell in unserer europäischen Kultur? Er muss bereit sein, seine Fähigkeiten und Möglichkeiten für die Gemeinschaft, in der er lebt, zum Nützlichen und damit zum Guten einzusetzen. Humanität bedeutet, dass der starke, autonome Mensch besonders gefordert ist, der Gemeinschaft nützlich zu sein, indem er seine Kräfte konstruktiv zum Wohle der Gemeinschaft einsetzt.

Salus publica supremus lex – das öffentliche Wohl ist oberstes Gesetz. Dieser staatsrechtliche Grundsatz im Alten Rom ist auch die Basis für die Solidarität aller Verantwortungspflichtigen in einer modernen Gesellschaft. Zu ihnen zählen alle, die in irgendeiner Weise in unserer Gesellschaft stark und fähig sind.

Wir entwickeln dieses humanistische Grundmodell aus zwei unterschiedlichen ideengeschichtlichen Begründungen heraus:

I. Die Frage nach dem starken autonomen Menschen infolge der antiken Vernunftphilosophie

Natürlich ist es eine spannende Frage, wo im Kulturraum Europa zum ersten Mal die Idee des autonomen starken Menschen entwickelt worden ist. Wer hat den Mut gehabt, den Menschen als eigenständiges, autonomes Wesen in den Mittelpunkt zu stellen? Für Kundige ist es leicht zu vermuten, dass es innerhalb der antiken Vernunftphilosophie gewesen sein muss, zu der Zeit also der ersten großen europäischen Aufklärung in Griechenland, 600 – 350 vor Christus. Damals ist dort nicht nur das Modell der Demokratie entwickelt worden, sondern auch die Grundforderung der geistigen Freiheit des Individuums.

In dieser Zeit entstand auch die Frage nach dem Individuum als einer eigenständigen qualifizierten Persönlichkeit. Allerdings hatten die Vernunftdenker es auch damit besonders schwer, denn sie gerieten mit dieser Frage zwangsläufig in Kontroverse mit der herrschenden Religion. Deren Götter, Zeus und der ganze Götterolymp, bildeten die Blockade gegen ein autonomes, selbstständiges Individuum:

– Zum einen: Die Götter lebten in willkürlicher Moral, waren selbst nicht auf einen strengen Sittenkodex festgelegt. Zeus etwa ging zum ständigen Ärger Heras immer wieder durch fremde Betten. Die Götter – selbst Zeus als Göttervater – waren mit solchem Lebenswandel für die Menschen nicht vorbildfähig.

– Zum anderen drangsalierten die Götter die Menschen. Im Streit untereinander für oder gegen die Menschen belegten die Götter die Menschen mit schweren Flüchen, verfolgten sie, wie etwa Ödipus oder Iphigenie, mit grausamen Schicksalsschlägen. Die Menschen empfanden diese über ihnen waltenden Göttermächte als dumpfe religiöse Last.

Die griechische Aufklärung hatte also größte Schwierigkeiten. Jeder Rückbezug auf die Götter würde den Menschen von den Göttern weiter abhängig machen. Die neuen Vernunftdenker mussten ihre Version eines autonomen Menschen also geradezu zwangsnotwendig gegen die Götter entwerfen. Sie mussten das Problem rein innerweltlich mit der weltlichen Vernunft lösen.

Am radikalsten traten dabei die Sophisten auf. Ihr Vordenker, der brillante Redner Protagoras, definierte knallhart *Der Mensch ist das Maß aller Dinge*. Höchste Provokation also gegen die Götter[12]. Er setzte damit den Menschen mit einem Schlag frei aus allen vorausgehenden religiösen Bindungen. Er stellte den Menschen in eine unbegrenzte geistige Offenheit. Er verzichtete auf alle Orientierungspunkte und Lebensmaßstäbe. Der Mensch ist frei. Er kann so oder auch so. Oder auch ganz anders. Doch darf das so sein? Freiheit ja! Aber totale Freiheit? Gerade auch besonders verantwortungsbewusste Denker wie Sokrates, anfangs selbst Sophist, zögerten. Volle Freiheit ohne Bindung? Was ist das für ein Mensch? Ist das überhaupt ein Mensch?

---

12 Protagoras, obwohl ein Freund des großen Staatmanns Perikles, wurde deshalb von den konservativen Athenern zum Tode verurteilt.

In diese offene Denksituation hinein gab Diogenes von Sinope den entscheidenden neuen Anstoß. Diogenes, ein Mann ebenfalls mit höchst kritischem Verstand, ein Mann, der allen Kulturkonsum verweigerte und seine Zeitgenossen ständig mit gezielten Sticheleien herausforderte und provozierte. Der berühmte Alexander der Große meinte, wenn er nicht Alexander der Große wäre, würde er gerne Diogenes sein. Eines Tages kam dieser Alexander bei Diogenes vorbei, als der in seiner Tonne lag und sich sonnte. Alexander sagte zu ihm: – *Fordere, was du von mir willst*, worauf Diogenes antwortete: – *Geh mir aus der Sonne*[13].

Von diesem *Diogenes in der Tonne* sind zwei wichtige Begebenheiten überliefert, die die Frage nach dem freien autonomen Menschen angestoßen haben.

– Am helllichten Tag lief er mit einer angezündeten Laterne über den Marktplatz, leuchtete jedem ins Gesicht und murmelte dabei immer wieder: – *...ich suche einen Menschen ... ich suche einen Menschen ...*

– Er mag sich nicht recht verstanden gefühlt haben. Deshalb rief er eines Tages laut: – *Heda, Menschen, kommt her!* Und als sie herbeiliefen, schlug er mit seinem Stock wild auf sie ein und schimpfte: – *Menschen hab ich gerufen, nicht Unflat!*

Die Denkanstöße, die Diogenes damals und später ausgelöst hat, lassen sich kurz in sieben Stationen nachvollziehen:

I.1. Zunächst die Provokation: Um ein Mensch zu sein, braucht es mehr, als nur zur Spezies der Hominiden zu gehören.

---

13 Dieses Diogenes-Zitat und auch die beiden folgenden von ihm bei Diogenes Laertius, LEBEN UND MEINUNGEN BERÜHMTER PHILOSOPHEN, Hamburg 1990, 3. Auflage, Seite 304 ff.: DIOGENES, Absatz 38.41.32. Neu ediert im Marix Verlag Oktober 2008.

I.2. Daraus der Denkanstoß: Nicht der Ist-Zustand des Menschen beschreibt das Humanum, sondern der Soll-Zustand. Der Mensch muss wachsen, nicht nur körperlich, sondern vor allem auch geistig-moralisch. Er muss zu dem werden, was er als Mensch im Optimum sein könnte. In seinem Wachsen vollzieht sich das Reifwerden zum Menschlichen.

I.3. Daraus die Grundfrage: Was aber ist das Menschliche? Diese Frage, was einen Menschen zum Menschen macht, hat die altgriechischen Philosophen bewegt. Das zu erkennen, war eine ganz große Herausforderung ihrer weltlichen Vernunft: Was also macht den Menschen zu einem starken autonomen Menschen? Dazu die Antworten der drei großen Denker

– *Sokrates*. Er riet seinen Schülern, mit ihrem Verstand nach dem *Logos*, d.h., nach der Letztgültigkeit von Handlungs- und Lebensweisen zu fragen. Wenn der Mensch mit seinem Verstand ganz und gar überzeugt ist, dass so zu handeln und zu leben angemessen und richtig ist, dann kann er dem in der Überzeugung folgen, die wahre Tugend (griechisch: arete) erkannt zu haben. Wer aber die wahre Tugend wirklich als letztgültig, als Logos, erkannt hat, der wird ihr auch freudig folgen.

– *Aristoteles*. Er schrieb zwei Ethik-Schriften, die letztere widmete er im hohen Alter seinem Sohn Nikomachos[14] gleichsam als Lebensvermächtnis. Seine wichtigste Einsicht in das ethische Handeln (gegen Sokrates): Es reicht nicht, die Tugenden mit dem Verstand nur zu wissen. Wichtig ist der unbedingte Wille, der die Begierden des Menschen mit den Tugenden niederzwingt und erst so überhaupt ein maßvolles und damit verantwortungsbewusstes menschliches Leben ermöglicht.

---

14 Deshalb NIKOMACHISCHE ETHIK, Hamburg 1985.

– *Epikur.* Der große Ethiker fasste alles reife menschliche Handeln in dem Begriff *Freundschaft* zusammen. Ein Mensch, der dem anderen Menschen ein Freund ist, erfüllt darin alle Voraussetzungen und Möglichkeiten der Menschlichkeit. In wahrer Freundschaft erfährt der Mensch sein höchstes Glück.

I.4. *Cicero*, rund 50 Jahre vor Jesus. Er war Römer, Machtkontrahent Caesars, Jurist und Philosoph. Er kannte die Bestrebungen der griechischen Denker um die ethische Wertbildung des Menschseins genau. Er wusste auch, dass es keinem gelungen war, für das menschliche einen verbindlichen Generalwert zu finden. In seinen ethischen Schriften[15] entwickelte er selbst in dialogischer Form immer neue Ansätze für ein umfassendes Ethik-Konzept.

Schließlich gelang Cicero eine großartige Lösung. Er fasste alle bisher gelaufenen Versuche um einen ethisch starken Menschen zusammen in dem lateinischen Begriff *humanitas* – Humanität, Menschlichkeit. Er deutete den Begriff *humanum* nicht als das Gute. Der Mensch ist selber nicht gut, ist nicht das Gute! Sondern der Mensch ist dem Guten verpflichtet. Humanität bedeutet für ihn, dem Guten verpflichtet zu sein. Cicero wurde damit zum Vollender der antiken Ethik.

I.5. Mit der Verfolgung der antiken abendländischen Philosophie durch das Christentum ab 600 im frühen Mittelalter ging das Wissen um die Antike verloren. Speziell auch Cicero wurde nahezu vollständig vergessen und spielte keine Rolle mehr. Erst 700 Jahre später entstand die Renaissance, die Wiedergeburt der Antike, ausgelöst durch Francesco Petrarca.

Er entdeckte in der alten Bibliothek von Verona Texte von Cicero und begriff sofort dessen großartige Bedeutung. Vor allem war

---

15 Besonders wichtig: DE FINIBUS BONORUM ET MALORUM – ÜBER DAS HÖCHSTE GUT UND DAS GRÖSSTE ÜBEL, Stuttgart 1989.

er tief beeindruckt von der bei Cicero entdeckten Humanität der Antike, *als die Kaiser noch keine Christen waren.* Er schrieb Bücher über die heidnische Humanität großer Römer und führte sie den Christen als moralische Vorbilder vor.

Petrarcas neue Humanität war eine Ethik ohne Gott. Durch den Rückgriff an der Kirche vorbei auf die Gedankenfülle der heidnischen Antike ergaben sich zugleich viele Erneuerungen im zeitgenössischen Denken. Sie lösten bei vielen Zeitgenossen Begeisterung aus. Alle wollten Humanisten sein, wollten im neuen Geist des Humanismus leben. Für die Wiederentdeckung der antiken humanitas und ihre Neubelebung gab die Nachwelt Petrarca den Ehrentitel *Vater des Humanismus.*

I.6. Ethik – ohne Gott. Die katholische Kirche versuchte schon damals und sie versucht das auch heute noch[16], die große Tradition der humanistischen Wertefindung ohne Gott kleinzureden, zu diffamieren, zu unterdrücken. Dagegen aber steht ein hoher Moralanspruch des säkularen Humanismus, der älter und offener ist als alles Christentum. Ein breiter Strom von verantwortlichem Bewusstsein ohne Gott, der vor allem in den letzten 300 Jahren die Welt beeinflusst und verändert hat. Dazu die europäischen Hauptpunkte:

– Die *französische Nationalversammlung* schuf 1792 mit ihrer ersten Verfassung die säkulare Menschenrechtserklärung *Freiheit, Gleichheit, Brüderlichkeit.* Sie ist das erste europäische Dokument einer demokratischen Selbstverantwortung. Sie wurde zur Grundlage nahezu aller nachfolgenden Verfassungen des

---

16 Papst Johannes Paul II. verstieg sich 1993 in seiner ENZYKLIKA VERITATIS SPLENDOR zu der Feststellung, dass es außerhalb der katholischen Kirche in der säkularen Welt ein eigenes anzuerkennendes Wertesystem nicht gäbe. Im *Glanz der göttlichen Wahrheit* sei nur das katholische Moralmonopol letztgültig.

modernen Europa. Sie bildet heute den Grundbestand der Men-
schrechtserklärung der UNO und der neuen EU-Charta.

– Die *Neu-Humanisten* schufen im Sinne Goethes das Bildungs-
ideal der deutschen Klassik. In ihrem Geist gründete Wilhelm
von Humboldt für die Jugend das humanistische Gymnasium
zur Vermittlung antiker Kulturwerte – bis heute das geistige Fundament der freien abendländischen Kultur.

– Die *Sozialisten* kämpften gemäß dem KOMMUNISTISCHEN
MANIFEST von Karl Marx und Friedrich Engels gegen die Verelendung der Massen durch wirtschaftliche Ausbeutung und
Entmenschlichung, weltweit ein hohes humanes Ziel säkularer
Politik gerade auch heute, selbst oder gerade weil die sozialisti-
schen Durchführungen zum großen Teil (außer China) gescheitert sind.

– Die *Existentialisten* mit ihrem philosophischen Leitbild Jean-
Paul Sartre ergriffen auf breiter Basis eine ganze europäische Ge-
neration mit dem Anspruch einer selbst verantworteten Existenz.
Angesichts des Nichts als letztes Sein zählt allein der persönliche
Lebensentwurf für die Zeit auf Erden.

– Die *Neuen Humanisten*, speziell um den Humanistischen
Verband Deutschlands (HVD) mit Zentrum Berlin, vertreten in
Theorie und Praxis eine konfessionsfreie Weltanschauung mit
einem atheistisch-humanistischen Konzept. Ihre fortschrittliche
Aufklärungsarbeit muss sich zukünftig beweisen.

Sie alle[17] und viele Impulse mehr bilden den Grundbestand der
säkularen europäischen Bildungs- und Wertegemeinschaft im
Kontrast zum Wertekonzept der christlich-religiösen Kirchen.

I.7. Die abendländische Kultur ist die Initialkultur der säkularen Rationalität. Als naturwissenschaftliches Denken hat sie die

---

17 Weiterführende Erklärungen zu den einzelnen Entwicklungslinien in CODEX
ATHEOS, op.cit., Seite 119 ff.

moderne Welt geprägt. Entscheidend ist die Frage, ob die zweite große geistige Errungenschaft des Abendlandes, die säkulare Humanität, weltweit in ein verbindliches Ethikkonzept der kommunizierenden Völker mit einzubringen ist. Europa hätte hier in Verpflichtung gegenüber seiner eigenen Ideengeschichte eine höchst bedeutsame Zukunftsaufgabe für die Menschen.

II. Jesus von Nazareth und der starke Mensch

Jesus war ganz anders, völlig anders als jenes Bild, das die Kirche sich in den letzten 2000 Jahren von ihm gemacht hat. Die Theologen wissen das. Sie sagen es nur nicht. Sie dulden, dass der Papst ein Jesus-Buch[18] geschrieben hat, in dem er sich nahezu allen wissenschaftlichen Erkenntnissen der modernen Evangelienforschung entzieht. Die Jesus-Debatte darüber hier aufzurollen, würde an dieser Stelle jeden Rahmen sprengen[19].

Es geht mir hier stattdessen nur um das eine Anliegen, den zentralen Gedanken der andersartigen Botschaft Jesu von Nazareth zusammenfassend klar zur Sprache zu bringen[20]. Ich gehe dabei exemplarisch von einem einzigen Jesus-Text aus, nämlich

---

18 Joseph Ratzinger, JESUS VON NAZARETH, Freiburg 2007.
19 Als Beispiel einer radikalen Gegenposition zum Jesus-Buch des Papstes verweise ich auf meine wissenschaftliche Analyse JESUS VON NAZARETH. EINE ATHEISTISCHE ETHIK? Hamburg 2006, aufgenommen in CODEX ATHEOS, op.cit., Seite 135 – 260. Dazu auch Professor Gerd Lüdemann, Fachtheologe für Neues Testament, der das Jesus-Buch von Joseph Ratzinger wissenschaftlich eine *peinliche Entgleisung* nannte (Wikipedia).
20 Ich lasse hier alles Textkritische weg und verweise gemäß Anmerkung 19 auf meine wissenschaftliche Analyse JESUS VON NAZARETH. EINE ATHEISTISCHE ETHIK? In ihr sind zu den wichtigen Textfragen alle notwendigen wissenschaftlichen Ergebnisse dargestellt. Mit diesem Hinweis mache ich mich hier frei von allen üblichen Nachweisbelegen im Text, um nur den Inhalt herausarbeiten zu können.

von Jesu altbekannter Beispielgeschichte vom BARMHERZIGEN SAMARITER[21]:

Ein Mann ging von Jerusalem nach Jericho hinab und wurde von Räubern überfallen. Sie plünderten ihn aus und schlugen ihn zusammen. Dann gingen sie davon und ließen ihn halbtot liegen. Zufällig kam ein Priester die Straße entlang. Er sah ihn und ging vorüber. Ebenso kam auch ein Tempeldiener an den Ort, sah ihn und ging vorüber. Ein Samariter aber, der auf Reisen war, kam in seine Nähe. Als er ihn sah, fühlte er Erbarmen mit ihm. Er trat hinzu, verband seine Wunden, indem er Öl und Wein draufgoss, hob ihn auf sein Reittier, brachte ihn in eine Herberge und pflegte ihn. Am nächsten Morgen nahm er zwei Denare, gab sie dem Wirt und sagte: Pflege ihn. Wenn du mehr brauchst, bezahle ich es dir, wenn ich wiederkomme.

Ich konzentriere mich darauf, ausgehend von dieser Geschichte, die Hauptpunkte der Botschaft Jesu aufzuzeigen:

II.1. Dieses Gleichnis gehört zu den *verba ipsissima*[22] Jesu, zu den Jesus-Worten also, die die Mehrzahl der Jesus-Forscher heute für echt halten. Jesus beschreibt mit dieser Geschichte einen Modellfall für ethisch verantwortliches Handeln und damit das Zentralanliegen seiner Botschaft.
II.2. Die Geschichte hebt völlig eindeutig den Samariter als die handelnde Person hervor. Er ist der Lernfall, das heißt, an ihm macht Jesus sichtbar, was verantwortliches Handeln ist. Parallel zu dieser Geschichte gibt es andere Jesus-Texte, die dieselbe Lernaussage vermitteln. Deshalb ist es sicher, dass dieses Textbeispiel einen jesuanischen Zentralpunkt darstellt.

---

21 LUKAS-EVANGELIUM 10,30a – 35.
22 Fachbegriff für ureigene Texte des Jesus von Nazareth.

II.3. Gott kommt als Handlungsmotivation in dieser Geschichte nicht vor. Auch in allen anderen gleichgelagerten Texten nicht. Jesus hatte zwar ein sehr enges Gottesverhältnis, nannte Gott intim *abba – Väterchen*. Nirgends aber führt Jesus Gott als Begründung für das ethische Handeln des Menschen an. Ich spreche deshalb bei Jesus von einer *atheistischen Ethik*, von einer Ethik ohne Gott.

II.4. Die Motivation zum Handeln ist für den Samariter allein das Elend des Opfers. Der Samariter empfindet Erbarmen mit dem Opfer. *Erbarmen haben – griechisch: esplangchniste* ist ein Exklusivbegriff der Botschaft Jesu. Das Handlungsmotiv liegt ganz allein in der Mitverantwortung für den Leidenden, also in der helfenden Zuwendung zum Nächsten. Jesus verkündet eine nützliche Humanität.

II.5. Alle ähnlichen Beispiele und Aussagen Jesu sind von ihm zusammengefasst in seiner GOLDENEN REGEL[23]:

Wie ihr wollt, dass euch die Leute tun,
das sollt ihr ebenso auch ihnen tun.

Mit der GOLDENEN REGEL macht Jesus den externen Betrachter zum direkten Verantwortlichen gegenüber dem, der in Not ist. Er fordert den Betrachter unabdingbar in die Solidarität mit dem Betroffenen, zwingt ihn geradezu aus sich selbst heraus durch eigenes Mitfühlen zur Zuwendung zum Nächsten.

II.6. Der Samariter ist kein guter Mensch. Im Gegenteil. Er ist als Samariter bei Jesu Zuhörern als gottlos verschrien. Doch Jesus diskutiert nicht dessen Sünden. Es geht Jesus überhaupt nie darum, ob der Mensch vom Wesen her gut oder sündig ist. Jesus ist

---

23 LUKAS-EVANGELIUM 6,31 // MATTHÄUS-EVANGELIUM 7,12. Sonst wird diese Regel immer negativ formuliert: *Was du nicht willst, dass dir die anderen tun, das tue ihnen auch nicht.* Dagegen formuliert Jesus nicht verneinend, sondern positiv: *Du kannst es. Tu es.* Jesus denkt absolut positiv, förderlich, konstruktiv.

nicht Paulus. Es geht Jesus nur darum, ob ein Mensch in seiner Situation sachgerecht handelt, ob er sich der guten Sache in seiner kritischen Situation verpflichtet weiß.

Deshalb spricht Jesus nur von *Unterlassungssünde* da, wo der Mensch hätte etwas tun können und müssen, es aber nicht getan hat. In vielen Texten brandmarkt Jesus in radikaler Schärfe derartige Unterlassungen. Unterlassung ist konkretes Versagen in einer aktuellen Situation, ein Versagen, das aufgehoben wird mit der Einsicht, die bei der nächsten Anforderung zum verantwortungsbewussten Handeln führt.

II.7. Jesus zeigt in immer erneuten Vorbildern den Starken, den autonomen Menschen, der solidarisch handelt. Fazit: Nur der Starke kann helfen:

– Nur wer etwas hat, kann geben. Wer nichts hat, von dem kann man nichts kriegen. Also ist sozial verpflichtet etwas abzugeben, wer etwas abgeben kann. Geben können setzt grundsätzlich Haben voraus.

– Nur wer reich ist, kann Armut bekämpfen, kann bessere Strukturen schaffen, Verhältnisse ins Soziale verändern. Wer Niedrigstlöhne empfängt, kann auch sozial nichts investieren, keine finanziellen Mittel einsetzen.

– Nur wer privilegiert ist, kann gegebenenfalls auch auf sein Recht verzichten, verzeihen und vergeben.

– Nur wer an wichtiger Position steht, kann auf Strukturen Einfluss nehmen und so für menschliche Bedingungen sorgen. Veränderungen setzen Chefsein voraus. Unterprivilegierte sind Opfer, sind Außenseiter, bewirken selbst nichts Konstruktives.

– Nur der Sieger kann Frieden machen. Der Verlierer hat sein Mitspracherecht verloren. Frieden stiften setzt den voraus, der Macht gewonnen hat und damit auch die Kraft besitzt, gerade auch ehrenhafte Friedensbedingungen festzulegen und zu garantieren.

Es kann überhaupt kein Zweifel sein, dass Jesus die Moral der Starken gefordert hat, das Verantwortungsbewusstsein derjenigen, die Kraft und Mut haben, Nerven und Stehvermögen haben, Übersicht, Weitblick und Kreativität haben. Nur der Starke kann etwas erreichen. Nur mit den Starken und ihren Möglichkeiten lässt sich etwas bewegen. Wer schwach ist, der bewegt nichts. Das ist ja gerade seine Schwäche. Er wird immer nur bewegt durch andere. Das ist die harte, die brutale Realität.

Immer ist es der Starke, der etwas leisten kann und leisten muss. Jedes Haben verpflichtet. Reichtum verpflichtet. Auch bescheidenes Eigentum verpflichtet. Rechthaben verpflichtet. Soziale Stellung verpflichtet. Arztsein verpflichtet. Machthaben und Siegen verpflichten! Wissen verpflichtet. Jedes Können, jede Fähigkeit verpflichtet. Zeithaben zum Zuhören, zum Mitgehen, zum Trösten verpflichtet. Jeder kann Nützliches bringen!

Jesus interessiert, ob der Mensch das Potential, das in ihm steckt, freisetzt, seine Fähigkeiten und Möglichkeiten in den Dienst einer guten Sache stellt. Allein das zählt für Jesus. Jesus hat die Starken, jeden, wo immer er stark ist, aufgefordert, sich auf diese Solidarität einzulassen. Seine Nächstenliebe war die Solidaritätsgemeinschaft der Starken für die Schwachen. Entsprechend sind viele zu ihm, zu Jesus, gekommen in der Hoffnung, dass er ein Starker sei, der ihnen helfen könne.

III. Der starke, autonome Mensch und die säkulare Wertegemeinschaft

Nicht ein guter Mensch sein zu sollen, nicht das höchste Gute, das summum bonum, erfüllen zu müssen, nicht in Gott das jenseitig Vollkommene erkämpfen zu wollen – welch eine große

Befreiung für den Menschen! Entlastet von falschen Zielvorgaben und Sinnsetzungen, vom religiösen Ballast bedrohlicher Forderungen und irrationaler Versprechungen wird das rein irdische Leben in seinen Bedingungen und Chancen klarer und greifbarer.

Der Mensch wird dann stark, wenn er sich seinem Leben hier auf Erden mit aller Kraft real zuwendet. Das Leben bietet ihm eine unendliche Fülle von Chancen, die er natürlich selber nutzen muss. Er selbst ist gefordert. Nur wer sich selbst befiehlt und beherrscht, wird Herr über sich selbst, ein starker, autonomer Mensch[24]. Er kann sich zur Eigensteuerung selber Maßstäbe setzen, sich selber eine Verfassung geben für sein Leben[25], um alles am Leben wahrzunehmen, was sich ihm als Chancen bietet.

Eine verantwortungsvolle Lebensentfaltung liegt darin, seine Kräfte nicht nur für sich selbst zu nutzen, sondern sich mit seinen Fähigkeiten einzusetzen für das bewährte Solidaritätsprinzip der abendländischen Humanität. Ihr gemäß versteht sich der moderne europäische Staat als humane Wertegemeinschaft, die dem sozial Schwachen hilft. Sie bietet zugleich dem Starken in seinen Rechten den sichersten Schutz.

Der Bürger als starker Mensch der säkularen Gesellschaft ist Leitbild der europäischen Demokratien. Auch der einfache Mensch hat sich in ihnen als eigenständiges Individuum entwickeln können, denn:

---

24 J. W. von Goethe, schon eigentlich ein rechter Weltmann, schreibt dazu in seinen *Zahmen Xenien*: *Wer mit dem Leben spielt, kommt nie zurecht. Wer sich nicht selbst befiehlt, bleibt immer ein Knecht.*

25 Der große Thomas Mann hat das so gemacht. In einer Lebenskrise als junger Mann 1919 beschloss er für sich in einem langen Reflexionsprozess über seine Zukunft eine persönliche *Lebensverfassung* als klare Orientierungslinie durch sein zukünftiges Leben.

– Es war der säkulare, demokratisch verfasste Staat, der alle Menschen mündig gesprochen hat zur politischen Mitverantwortung in Staat und Gesellschaft und dafür deren Rechte und Pflichten als Bürger eines Rechtsstaates durchgesetzt hat und dauerhaft garantiert.

– Es war der säkulare, demokratisch verfasste Staat, der die Grund- und Menschenrechte auf einer Basis formuliert hat, die für alle Menschen unabhängig von ihrer Herkunft und Religion gilt und deshalb von allen auch Zustimmung ermöglicht, ohne ihre kulturellen Sonderrechte aufgeben zu müssen.

– Es war der säkulare, demokratisch verfasste Staat, der keine Antimodernisteneide schwören ließ, sondern die Freiheit der Naturwissenschaften gesichert hat und ihre Forschungsergebnisse in konkrete Politik umsetzt zum Fortschritt und Nutzen der Gesellschaft und zur Bildung und Ausbildung ihrer Bürger.

– Es war der säkulare, demokratisch verfasste Staat, der das Recht auf jedwede persönliche Selbstentfaltung des Individuums festgelegt hat und aktuell in Wissenschaft und Wirtschaft, in Meinungsäußerung und Pressefreiheit, in Weltanschauung und Religion, im künstlerischen Gestalten und allen möglichen spirituellen Ausdrucksformen sicherstellt.

– Es war der säkulare, demokratisch verfasste Staat, der die materiellen Grundbedürfnisse des Menschen gesetzlich fest anerkannt hat und damit nicht nur selbst nachhaltig zur Mitverantwortung gerade auch im Einzelfall verpflichtet ist, sondern darüber hinaus auch generell gesellschaftliche Solidarität mit den sozial Schwachen einzufordern.

[3] Der autonome Mensch und die res publica[26]

Als Staatsbürger eines demokratischen Staates wie der Bundes-republik Deutschland lebt der autonome Mensch überraschend einfach. Unsere Verfassung, das GRUNDGESETZ von 1948 mit der späteren Einbeziehung der Grund- und Menschenrechte, gibt die verbindlichen Leitlinien vor für ein Verhalten als deut-scher Staatbürger und führt sie – für alle Bürger gleich – in Ge-setzen und Verordnungen für den Normalfall eindeutig aus. Der Bürger ist verpflichtet, sich in allen Belangen der *res publica* nach der Verfassung und den daraus folgenden gesetzlichen Bestim-mungen zu richten. Punkt.

Der *Geist dieses Gesellschaftsmodells* entstammt einem ideellen Gesellschaftsvertrag, dem *Contrat Social*. Den hat Jean-Jacques Rousseau 1754 als Grundmuster einer Demokratie entworfen[27]. In ihm ist die staatsrechtliche Idee entwickelt, dass alle Bür-ger einer Nation sich wie in einem Vertrag zur gemeinsamen gesellschaftlichen Verantwortung verpflichtet haben mit dem utilitaristischen Ziel: *Do ut des – ich gebe, damit du gibst.* Diesen Grundsatz haben die alten Römer in ihrer Denkart eher streng juristisch formuliert. Konzilianter, weil eingehender, klingt er so:

Ich nehme, also gebe ich.
Auch du nimmst, also gib auch du.
Wir alle nehmen, also geben wir auch alle.

---

26 Mit *res publica* bezeichneten die Römer alle öffentlichen Angelegenheiten der Gesellschaft und des Staates; mit *res privata* (nächstes Kapitel, Seite 231 ff.) alle persönlichen Angelegenheiten.
27 DU CONTRAT SOCIAL, OU PRINCIPES DU DROIT POLITIQUE – VOM GESELL-SCHAFTSVERTRAG ODER PRINZIPIEN DES STAATSRECHTS, neu ediert im Marix Ver-lag, Oktober 2008.

In diesem Grundsatz liegt die nüchterne Einsicht in den realen Wert einer sich gegenseitig nützenden Gemeinschaft von prinzipiell gleichberechtigten Menschen. Im Einvernehmen der Bürger darf es dabei prinzipiell keine Leistungsverweigerung des Einzelnen auf die Gemeinschaft hin geben. Ein Nehmen in dieser Gemeinschaft ohne ein Geben ist nicht möglich. Jeder hat seinen Beitrag zu leisten. Der Staat, die auf Zeit gewählte Repräsentanz aller Mitglieder der Gesellschaft, darf und muss sich gemeinschaftsschädigendes oder ein sich der Gemeinschaft verweigerndes Verhalten im Namen seiner Mitglieder nicht gefallen lassen. Das betrifft nicht nur jeden einzelnen Bürger, sondern auch alle Institutionen in der Gesellschaft, gerade aber auch alle Wirtschaftsunternehmen, die in der Gesellschaft aus Profitgründen Geschäfte machen. Für alle gilt ohne Einschränkung:

Salus publica suprema lex.

Das Allgemeinwohl ist höchstes Gesetz.

Daraus leiten sich drei Grundsätze ab:

1. Es gibt in einem demokratisch-verfassten Staat keine Legitimation für Betrug am Staat oder an der Gesellschaft – dies reicht vom privaten Versicherungs- und Steuerbetrug bis hin zum Beutekapitalismus der Großkonzerne und ihrer Manager. Die derzeit aufgedeckten korrupten Strukturen gerade auch in deutschen Großkonzernen sind unerträglich, zumal sie immer zu Lasten der Steuergemeinschaft, also der Geld gebenden Bürger in der Gesellschaft, gehen.

Positiv: Jeder Bürger im Staat, jeder Verein und jede Institution, jedes Geschäft und jedes Unternehmen ist verpflichtet, aus Verantwortung für die Gesellschaft Schädigungen selbst zu unterlassen und seitens anderer zu verhindern.

2. Es gibt in einem demokratisch-verfassten Staat keine Legitimation für Politikverdrossenheit des Bürgers. Jeder Staatsbürger empfängt für sich Vorgaben von der Gesellschaft, bevor er selbst irgendetwas gibt: Sicherheit- und Rechtsschutz, Mobilitätsmittel und Verkehrswege, medizinische Versorgungen und Dienstleistungsangebote, Informationsquellen und Kommunikationstechniken, Versorgungs- und Wohnstätten, Handels- und Finanzplätze, Bildungseinrichtungen und Arbeitsmärkte, Freizeit- und Kulturangebote – die gesamte gesellschaftliche Infrastruktur steht jedem Bürger vorweg zur Verfügung. Insofern ist jeder Bürger verpflichtet, sich gegenüber dem Staat konstruktiv zu verhalten. Seine Mitarbeit an der gemeinsamen Gesellschaft ist eine unverzichtbare Bringschuld.

Positiv: Jeder Bürger und jede Institution ist verpflichtet, sich aus Verantwortung für die Gemeinschaft für bessere Lösungen, nützlichere Regeln und Gesetze, gerechtere Ordnungen und Verhältnisse einzusetzen. Dies gilt gerade auch dann, wenn der Bürger mit aktuellen Zuständen nicht zufrieden ist. Dies schließt das Recht ein auf Protest und Widerstand innerhalb demokratisch vorgegebener Oppositionsmittel.

3. Es gibt in einem demokratisch verfassten Staat keine Legitimation für Verweigerung von zumutbaren Leistungen,
die verfassungsmäßig gedeckt vom Staat beschlossen sind und eingefordert werden. Der Staat ist beauftragt, für die staatliche und gesellschaftliche Funktionsfähigkeit im Allgemeinen, auf allen Ebenen, und in allen Einzelbereichen Sorge zu tragen, gerade auch in Krisenzeiten und Phasen der Bedrohung.

Positiv: Jeder Bürger, jede Institution, jede Unternehmung ist verpflichtet, den vom Staat auferlegten Verpflichtungen gegenüber dem Gemeinwohl konstruktiv nachzukommen. Dies behält Ausnahmen aufgrund persönlicher Umstände vor.

Staat und Religion

Der Staat ist als Repräsentant der Gesellschaft absolut souverän. Über ihm ist keine Autorität anzuerkennen, kein Gott, keine Religion, keine Kirche, kein Papst. Darum ist eine wesentliche Forderung der Gesellschaft an den säkularen demokratisch-verfassten Staat eine sachgerechte Regelung der Religionsfrage. Dazu fünf Thesen:

Erstens: Die Legitimation der Demokratie liegt in der Macht, die vom Volk ausgeht. Sie liegt nicht in einer Obrigkeit von Gottes Gnaden. Demokratie hat deshalb auf jeden Anspruch religiöser Legitimation zu verzichten und damit schlechthin auf jede Instrumentalisierung der Religion für sich selbst.

Darin besteht der radikale Gegensatz zu theokratischen-monarchistischen Staatsformen sowohl des Christentums als natürlich auch des Islam. Beide haben immer für ihren Staat – welchen und wie verrucht auch immer – in Anspruch genommen, dass Gott letztlich ihre Obrigkeit setzt. Jede Obrigkeit brauchte deshalb immer genau die spezifische Religionsform (cuius regio eius religio – wes Obrigkeit, des Religion), die sie in ihrem Machtanspruch bestätigte.

Der säkulare demokratische Staat braucht keine Religion mehr, um sich durch sie als von Gott gesetzt zu legitimieren und damit vom Volk anerkennen zu lassen. Religion hat staatsrechtlich keinerlei konstituierende Funktion mehr. Der säkulare demokratische Staat ist deshalb von Grund auf überreligiös und kann die Religion in all ihren verschiedenen Formen freigeben.

Zweitens: Für den säkularen, demokratischen Staat ist Religion deshalb ganz allein Privatsache des einzelnen Menschen. Jeder Mensch hat das Recht auf freie Religionsausübung, sowohl das Recht, eine Religion zu haben, wie das Recht, ohne Religion zu leben. Jeder einzelne Mensch in der Gesellschaft kann seine Religion haben, wie er sie will. Er braucht auch gar keine zu haben.

Mit dem Recht auf seine Religion und ihre Ausübung steht jeder Bürger unter dem Schutz der Verfassung des säkularen demokratischen Staates. Nur weil dieser atheistische Verfassungsschutz besteht, hat der Bürger heute Religionsfreiheit. Noch nie war der Mensch so frei und so sicher in seiner Religion wie unter dem atheistischen Schutz des säkularen, demokratischen Staates.

Drittens: Über 30 Prozent der in Deutschland lebenden Staatsbürger sind konfessionsfrei[28]. Seit 2003 sind die drei großen Weltanschauungsgruppen etwa gleich stark: Römisch-katholisch 31,3, evangelisch 31,3, konfessionsfrei 31,8 Prozent. Im Jahr 2005 verloren die katholische Kirche etwa 110.000, die evangelische Kirche etwa 241.000 Mitglieder. Auch wenn sich die Verringerung der absoluten Mitgliederzahlen und des Anteils an der Bevölkerung etwas verlangsamt hat, ist die grundsätzliche Tendenz des Rückgangs der Mitgliederzahlen in den beiden großen Kirchen unverändert. Die Anzahl der Konfessionsfreien ist dagegen deutlich gewachsen. Dieser Trend hält unvermindert an. Kein Zweifel herrscht unter – auch kirchlichen – Fachleuten, dass etwa um 2025 die Mehrheit der bundesdeutschen Bevölkerung keiner der beiden großen Kirchen mehr angehören wird. Die Mitgliedschaft allein der evangelischen Kirche wird in der nächsten Generation (bis 2030) um ein Drittel schrumpfen.

---

28 Dazu auch oben Seite 42 mit Beleg (FOWID = Forschungsgruppe Weltanschauungen in Deutschland) in der dortigen Anm. 23.

Viertens: Die Trennung von Staat und Kirche ist in Deutschland 1919 mit der Weimarer Verfassung eingeführt worden und seitdem zumindest nominell Bestandteil deutscher Verfassungen. Allerdings praktizierten alle deutschen Regierungen, besonders die Regierungen nach dem Zweiten Weltkrieg und gerade auch die Regierung heute Laizität in Form eines Kommunikationsmodells, das heißt: Der Staat selber ist zwar bedingt kirchen- und religionsneutral. Er pflegt aber ein enges Kooperationsmodell mit den religiösen Institutionen, speziell mit den beiden großen Kirchen.

Dieses Kooperationsmodell hat zu vielen Verwerfungen geführt, besonders zu einer immensen Bevorzugung der großen Kirchen. Selbst neueste Staatsverträge – etwa der Vertrag in Baden-Württemberg mit der evangelischen Kirche im Juli 2007 – führen an die Grenze unerträglicher Zugeständnisse des Staates.

Die Praxis des Kommunikationsmodells birgt für die Zukunft große Gefahren. Denn indem der Staat einzelne religiöse Institutionen bevorzugt, drängen nach dem Prinzip der Gleichbehandlung auch andere Gruppen auf gleiche Privilegien. Religionsunterricht an öffentlichen Schulen als ein Beispiel: Wenn der Staat einer Konfession in Schulen Glaubensunterricht einräumt, muss er dies – bei gleichem Status – auch anderen Konfessionen zugestehen: Evangelischer, katholischer Unterricht. Also auch Islam-Unterricht. Wieso nicht auch buddhistischer Glaubensunterricht in Deutschland? Und nicht auch Atheismus-Unterricht?

Der säkulare Staat wird so durch die Religionen und Religion erpressbar, ist mit dem Beispiel der anderen zunehmend unter religiösen Druck zu setzen. Religion wird damit zur politischen Schacherware, ein Geschäft der Lobbyisten. Der säkulare Staat mag dabei zwar selbst religionsneutral bleiben, gibt aber auf

Dauer den Religionen die säkulare Gesellschaft als Konkurrenz-
und Kampffeld frei. Das ist gegen die deutsche Verfassung.

Fünftens: Dagegen muss konsequenter Laizismus das Ziel sein.
Als Atheist plädiere ich für eine strenge Trennung von Staat und
Kirche, von Staat und Religion. Dies umso mehr, als Religion
nicht allein die Politik aggressiver Staaten prägt, sondern religiöser Fundamentalismus von dort gerade auch in Deutschland mit
aggressiven Methoden um Einfluss kämpft.

Deshalb: *Ceterum censeo postestatem religionis esse delendam.* Der
Einfluss der institutionalisierten Religionen und der Religion in
welcher Form auch immer muss zumindest in westlichen demokratischen Staaten und Gesellschaften gebrochen werden.

[4] Der autonome Mensch und die res privata[29]

Verhält sich der Mensch im Rahmen seiner öffentlichen Verpflichtungen gemäß der Verfassung, dann kann er sich in seinem Privatleben so verhalten, wie er es will:

– Der Mensch kann in Gemeinschaft leben, mit wem er nach
seiner persönlichen Veranlagung möchte. Er allein entscheidet
über seine Lebensform.

– Der Mensch kann, wie es seinen sexuellen Lustbedürfnissen
entspricht, moralisch leben oder auch unmoralisch. Er muss sich
geltende Moralprinzipien nicht aufzwingen lassen.

– Der Mensch kann sein Leben besonnen und zurückgenom-
men führen oder riskant und leichtsinnig in abenteuerlichen
Unternehmungen. Er allein gestaltet seine Lebensgewohnheiten.

---

29 Siehe S. 225, Anm. 26

– Der Mensch kann sozial und menschenfreundlich leben, aber auch völlig egoistisch und unsozial. Er prägt selbst sein soziales Ansehen in seinem privaten Umfeld.

– Der Mensch kann religiös glauben, was er will oder auch nicht. Viele Wege stehen ihm offen, ohne dass er wegen seiner Konfession oder Konfessionslosigkeit belangt wird.

– Der Mensch kann bis zu seinem Lebensende leiden oder in den Freitod gehen. Er ist Herr über sein Leben und auch Herr über sein Sterben und damit über seinen Tod.

Diese Beispiele sollen andeuten, dass die private Lebensfreiheit viel reicher und unbegrenzter ist, als es sich die meisten Menschen vorstellen oder gar erlauben Die Lebensfreiheit hängt ab von der Fantasie und vom Mut des Einzelnen, von seinen Bedürfnissen und seiner Kommunikationsfähigkeit und natürlich von seinen Partnern.

Die einzige Grenze jeder persönlichen Lebensfreiheit ist die Unversehrtheit und das Eigenrecht der Partner, mit denen der Mensch seine Lebensfreiheit gestaltet. Unversehrtheit und Eigenrecht aber sind durch die res publica gesicherter grundsätzlicher Rechtsanspruch des Partners und deshalb auch in der res privata uneingeschränkt gültig.

Innerhalb der Lebensfreiheit des Menschen definiert sich das *hedonistische Prinzip*, das Streben nach Sinnlichkeit und Genuss, nach Lebensfreude so:

Der Mensch ist zum Leben frei geboren. Der Mensch hat nur ein Leben, sein Leben vor dem Tod. Das eine Leben hier auf Erden zwingt den Menschen geradezu, alles aus seinem persönlichen Leben herauszuholen, was ihm das Leben zu bieten hat.

Innerhalb der säkularen, demokratisch verfassten Gesellschaft hat der Mensch das Recht auf Lebensfreude in vielfältiger Form.

Der große Lehrer der Lebensfreude war und ist Epikur, 300 Jahre vor Christus. Im hohen Alter schrieb er einen Brief an seinen jungen Freund Menoikeus[30], in dem er seine Philosophie der Freude unter dem Motto *Die Lust ist Anfang und Ende des glücklichen Lebens* in Kurzform zusammengefasst hat.

Ohne Frage hat Epikur[31] einen Sinn für den Reichtum und die Schönheit der Welt. Er schöpft aus der Fülle und aus dem Überschwang des Lebens für sich selbst Lebenskraft und bewältigt alle Hürden des Alltags. Aus der Lebensfülle und Lebensdynamik schöpft er seinen Optimismus, sein bis ins hohe Alter ungebrochenes Ja zum Leben. *Carpe diem, den Tag voll nutzen*, heißt für ihn, sich selber nützen.

Doch Epikur war ein äußerst besonnener Mann: *Wir halten,* so schreibt er seinem jungen Freund, *die Selbstgenügsamkeit für ein großes Gut, nicht als ob wir ohne weiteres mit dem Dürftigen zufrieden wären, sondern weil wir, wenn wir nicht vieles haben können, uns mit dem Wenigen begnügen, überzeugt, dass der den Reichtum am glücklichsten genießt, der seiner am wenigsten bedarf.* Der Originaltext beweist das tiefe Lebensverständnis dieses großen ethischen Menschen.

Epikur hat dabei immer dem Geistigen höhere Bedeutung zugemessen als dem rein Körperlichen. Er lebte als ein bescheidener Mensch. Die innere Ruhe, die Ausgeglichenheit, der heitere Friede war ihm viel wichtiger als die laute Spaßgesellschaft. Nicht dass er sie der Jugend missgönnte.

Aber ihm lag daran, auch seinem jungen Freund Menoikeus beizeiten die Augen für höhere Werte zu öffnen. Der Mensch

---

30 Im Zusammenhang mit der Todesfrage oben Seite 130 f. ist Epikur bereits vorgestellt und sein Brief zitiert worden (Anm. 7).

31 Epikur hatte viele philosophische Freunde und Sympathisanten, die Epikureer. *Epikureer* ist von den Christen immer als Schimpfwort benutzt worden. Darüber hinaus haben sie Epikur selber gnadenlos verteufelt.

muss als Mensch innerlich wachsen, so hatte doch schon der
alte Diogenes mit seiner Laterne ganz am Anfang gemeint.

Deshalb ist Epikur auch mit seiner Lebensphilosophie für jeden wichtig, der für sich alleine lebt. Der Mensch muss sich selber real einschätzen, um mit sich zur Ruhe zu kommen und die
innere Mitte in sich selber zu finden. Er macht ihm Mut, aus sich
selbst heraus zu leben mit offenen Sinnen für alles, was sich ihm
darbietet, auf alles Neue neugierig zu sein und dabei auch einen
Blick für das Glück im Kleinen zu bekommen.

Das ist keine Resignation, kein Rückzug, keine Niederlage. Das
ist eine Konzentration, um sich aus innerer Kraft immer wieder
neu auf Menschen hin öffnen zu können. Epikur ist der Predi-
ger der Freundschaft. Freundschaft ist ihm die höchste Form der
Menschlichkeit. Schaff dir Freunde! *Man wählt die Freunde um der
Lebensfreude willen*, sagt er, *aber für seine Freunde nimmt man die
größten Schmerzen auf sich.* Eine Blume blüht schöner, wenn man
gemeinsam ihren Duft spürt. Leid wird erträglicher, wenn man
Freunde zur Seite hat.

In der Freundschaft liegt die Lebenskunst. Jeder kann das. Natürlich muss man sich anstrengen. Aber das Leben ist anstrengend.
Doch die Anstrengung lohnt sich, denn in der Freundschaft gibt
das Leben die größten Lebenswerte zurück: Verständnis, Vertrau-
en, Geborgenheit.

Deshalb muss man alles dafür tun, sich dafür einsetzen. Jeder
Weg dafür lohnt sich. Jeder Mensch, der einem begegnet, ist eine
Chance für eine Freundschaft – das ist der Überfluss, den das
Leben jedem Menschen bereitstellt. Wer über Einsamkeit klagt,
muss sich zuerst fragen, ob er selber genügend getan hat, um die
Chancen des Lebens zu nutzen. Carpe diem. Nutze den Tag!

Ich bin ein Epikureer. Keine Frage. Ich weiß um die Fülle der Lebensfreuden und ihre Antriebskraft. Ich weiß auch dies:

Das Maß der Lebensfreude begrenzt sich selber durch eine natürliche Einsicht, die jeder Mensch letztlich ganz allein umsetzen muss. Aus der Erfahrung meines Lebens dazu ein Ratschlag, ja, ein Appell:

Lerne in deiner Lebensfreude zu verzichten auf Übertreibungen und Ausschweifungen, die deiner Lebensfreiheit schaden.

Überlege vorher die Folgen. Das Glück liegt in der lang andauernden Lebensfreiheit und nicht im kurzen Augenblick der Lebensfreude. Wer sich in seiner Lebensfreude nicht im richtigen Augenblick befiehlt, wird in seiner Lebensfreiheit schnell zum Knecht von Zwängen, die das ganze Leben diktieren.

Gehe also um deiner Lebensfreiheit willen verantwortungsvoll mit dem Maß deiner Lebensfreuden um. Vermeide Lebensfreuden, die dir durch gefährliche Nachwirkungen deine zukünftige Lebensfreiheit verderben. Selbstverantwortung bedeutet deshalb ständige Selbstkontrolle:

Du solltest immer einen Freund haben, einen vertrauten Menschen, mit dem du dich besprechen kannst, um deine Situation abzuschätzen. Du solltest bereit sein, auf ihn zu hören, denn den klareren Blick hat meist der, der außerhalb der aktuellen Situation steht.

Letztlich aber entscheidest du allein. Es ist dein Leben. Es ist der Reichtum deiner Chancen. Du musst deinen eigenen Weg finden. *Faber sui.* Schmiede das Eisen. Schwinge den Hammer. *Sei deines eigenen Glückes Schmied.*

[5] Atheistisches Manifest 26 – 30

Der starke, autonome Mensch
Öffentliche und private Selbstverantwortung
[Zur Frage von Ethik und Moral]

(26)

1. *Die Religion, allzumal die christliche Religion, redet den natürlichen Menschen klein. Sie macht ihn in seinem Selbstbewusstsein kaputt.* Sie zwingt ihn immer wieder zu dem Eingeständnis, dass er von Natur aus eine sündige, eine verdammungswürdige Kreatur sei.

2. In der Theologieentwicklung von Paulus über Augustin zu Luther manifestiert sich die Verdammungswürdigkeit des Menschen in der ihm angelasteten Erbsünde. Nicht durch sich selbst, sondern ausschließlich durch die Heilstat Gottes in Jesus Christus ist jeder Mensch vor der ewigen Verdammnis zu retten.

3. Trotzdem bekennt sich der gläubige Christ in allen liturgischen Gesängen und Gebeten der Kirche und in ihren Kirchenliedern immer erneut als elender Sünder und erfleht von seinem Gott, von Christus, von Maria und allen Heiligen Vergebung, Erbarmen, Rettung. Ihm droht – trotz persönlicher Taufe – auch als Christ das Weltgericht zur ewigen Verdammnis. Wie viel mehr natürlich allen, die keine rechtgläubigen Christen sind.

4. Solche Unterwürfigkeit geht zurück auf Grundstrukturen eines theokratisch-monarchistischen Herrschaftssystems. Das

sind rudimentäre Verhaltensmuster aus Zeiten, in denen die Menschen Leibeigene absolutistischer Herrscher waren, subaltern, unterprivilegiert. Der Mensch – ein Underdog.

5. Sie erniedrigt nicht nur den Gläubigen als Sünder. Sie diffamiert den autonomen Menschen mit dem Willen zur Selbstständigkeit von Grund auf als böse. Die permanente Devotheit der Menschen dient der institutionalisierten Religion zur Erhaltung ihrer Herrschaft.

(27)

1. *Dieses christliche Erscheinungsbild des Menschen schreit geradezu nach einem Kontra gegen die religiöse Diffamierung der natürlichen menschlichen Existenz.* Es ist eine der kulturellen Ungeheuerlichkeiten unserer modernen Gesellschaft, dass Menschen mit Verstand in einem derart selbstzerstörerischen Menschenbild festgehalten werden.

2. Das Kontra definiert die Existenz eines starken, selbstbewussten Menschen. Du kannst auch ohne Gott. Du hast einen freien Willen. Du kannst dich befreien aus jeder religiösen Gemeinschaft. Bekenne dich zu dir selbst. Werde der du bist, ein autonomer Mensch, dein eigener Herr.

3. Dazu drei Basiswerte des heutigen Zeitbewusstseins.

– *Erstens:* Der starke, autonome Mensch ist als freier Mensch geboren, von der Natur frei ins Leben gesetzt. Der Mensch als ein Ich ist sein eigener Herr, ein Herr, der keine fremdbestimmende Autorität über sich duldet, auch keinen Gott. Der

Kampf um diese menschliche Freiheit ist ein Befreiungskampf vom menschlichen und göttlichen Absolutismus.

– *Zweitens:* Der starke, autonome Mensch ist ein Gleicher unter Gleichen. Er duldet keinen Sklaven unter sich, keinen wie immer geknechteten Menschen. Die Würde jedes Menschen ist ihm unantastbar. Alle Menschen haben gleichberechtigt Ansprüche auf ein individuelles selbstbestimmtes Leben in der Fülle der Möglichkeiten.

– *Drittens:* Der starke, autonome Mensch handelt in einem von ihm selbst verantworteten Wertesystem. Verpflichtend ist für den Starken in der Gemeinschaft nicht das Prinzip des persönlichen Gutseins. Prinzip ist für den Starken in der Gemeinschaft, dem Guten verpflichtet zu sein. Im Humanum vollzieht sich das nützlich Gute für den Anderen.

4. Der starke, autonome Mensch ist Atheist. Da er niemanden über sich duldet, duldet er auch keinen selbstherrlichen Gott über sich. Diese Grundhaltung macht ihn zu einem neuen Menschentyp, der sich mit seiner eigenen Kraft dem Leben und der Zukunft stellt.

5. Diese Kraft gründet für ihn in der menschlichen Vernunft.

(28)

1. *Die Frage nach dem Individuum als einer eigenverantwortlichen Persönlichkeit ist zum ersten Mal in der griechischen Aufklärung aufgekommen mit dem Kampfsatz gegen die Götter: Der Mensch ist das Maß aller Dinge (Protagoras).* Nach ihm entstand eine

breite Ethikdebatte der Vernunftphilosophen von Sokrates bis Epikur.

2. Cicero fasste alle vor ihm in der griechischen Antike gelaufenen Ethikversuche zusammen in seinem neuen Begriff der *humanitas*, der *Humanität*, der *Menschlichkeit*. Der Mensch ist ihm selbst nicht das Gute. Humanität bedeutet ihm, dem Guten verpflichtet zu sein. Cicero wurde so zum Vollender der antiken Ethik.

3. Kurz darauf verkündete Jesus von Nazareth seine Nächstenliebe als eine nützliche Humanität. Er begründet das ethische Handeln mit der Not dessen, dem geholfen werden muss. Der Starke ist gefordert zu einer Solidarität mit den Schwachen. Meine These: Jesus hatte natürlich einen persönlichen Gottesbezug, aber er begründete seine Ethik ohne Gott. Seine Nächstenliebe ist deshalb eine atheistische Ethik der *nützlichen Humanität*.

4. Der säkulare europäische Humanismus ist durch die Wiederentdeckung Ciceros und seiner *humanitas* durch Francesco Petrarca entstanden, der Beginn der Renaissance. Der säkulare Humanismus als eine Ethik ohne Gott hat die europäische Geistesgeschichte entscheidend geprägt – durch die klassische humanistische Schulbildung (Wilhelm von Humboldt), durch den Sozialismus (Karl Marx), durch den Existentialismus (Jean-Paul Sartre) bis in die Gegenwart zu den neuen atheistischen Humanisten.

5. Entscheidend war die demokratische Bewegung: Die französische Nationalversammlung schuf 1792 mit ihrer ersten

Verfassung die säkulare Menschenrechtserklärung *Freiheit, Gleichheit, Brüderlichkeit* ohne Berufung auf Gott. Sie wurde zur Grundlage nahezu aller nachfolgenden Verfassungen des modernen Europa. Sie bildet heute den Grundbestand der Menschenrechtserklärung der UNO und der neuen EU-Charta – jeweils völlig ohne Gottesbezug.

(29)

1. *Als Staatsbürger eines demokratischen Staates wie der Bundesrepublik Deutschland lebt der autonome Mensch überraschend einfach.* Das Grundgesetz gibt die verbindlichen Linien vor für ein Verhalten als Staatsbürger und führt sie – für alle Bürger gleich – in Gesetzen und Verordnungen aus. Jeder Bürger hat sich danach zu richten.

2. Die Grundidee der Demokratie als *contrat social* (J.-J. Rousseau) liegt in der nüchternen Einsicht in den realen Wert einer sich gegenseitig nützenden Gemeinschaft von prinzipiell gleichberechtigten Menschen. Jeder Staatsbürger ist demnach ein mitverantwortliches Mitglied der Gesellschaft.

3. Jeder Staatsbürger empfängt für sich über seinen Staat Vorgaben von seiner Gesellschaft, bevor er selbst irgendetwas gibt. Deshalb ist jeder Bürger verpflichtet, sich gegenüber dem Staat konstruktiv zu verhalten. Seine Mitleistung an der gemeinsamen Gesellschaft ist eine unverzichtbare Bringeschuld.

4. Diese Verpflichtung gilt auch für Vereine, Institutionen, Geschäfte und Unternehmen, die in der Gesellschaft Geschäfte machen. Sie alle sind verpflichtet, aus Verantwortung gegen die Gesellschaft selbst Schädigungen zu unterlassen und sei-

tens anderer zu verhindern. Sie haben ihre Verpflichtungen gegenüber dem Staat korrekt und konstruktiv zu erfüllen.

5. In Sachen Religion besteht verfassungsmäßig Trennung von Staat und Kirche, von Staat und Religion. Die konsequente Lösung wäre ein reiner Laizismus: Die Religion ist ganz alleine Privatsache, vom Staat verfassungsmäßig als Grundrecht der Person und ihrer Religionsgemeinschaft garantiert ohne weitere Ansprüche gegen Staat und öffentliche Gesellschaft. Der säkulare Staat und die säkulare Gesellschaft sind damit frei von allen kirchlichen und religionsgemeinschaftlichen Forderungen.

(30)

1. *Verhält sich der Mensch im Rahmen seiner öffentlichen Verpflichtungen gemäß der Verfassung, dann kann er sich in seinem Privatleben verhalten, wie er möchte.* Die private Lebensfreiheit ist viel reicher und unbegrenzter, als sich die meisten Menschen vorstellen oder gar erlauben. Sie hängt ab von der Fantasie und dem Mut des Einzelnen und seiner Partner.

2. Die einzige Grenze jeder persönlichen Lebensfreiheit ist die Unversehrtheit und das Eigenrecht der Partner, mit denen der Mensch seine Lebensfreiheit gestaltet. Unversehrtheit und Eigenrecht aber sind durch die Verfassung gesichertes Grundrecht jedes Menschen und damit auch im Privatbereich voll gültig.

3. Das hedonistische Prinzip definiert das Streben nach Sinnlichkeit und Genuss, nach Lebensfreude. Der Mensch hat nur ein Leben, das Leben vor dem Tod. Das eine Leben hier auf Erden

zwingt ihn geradezu, alles aus seinem persönlichen Leben herauszuholen, was ihm das Leben positiv zu bieten hat. Gut ist, was Lebensfreude vermittelt, anderen und sich selbst.

4. Das Maß der Lebensfreude begrenzt sich durch die persönliche Einsicht, dass das Glück nicht im kurzen Augenblick der Lebensfreude liegt, sondern in der lang andauernden Lebensfreiheit. Der Mensch muss auf Übertreibungen und Ausschweifungen der Lebensfreude verzichten lernen, um seiner Lebensfreiheit nicht zu schaden. Wer sich in seiner Lebensfreude nicht im richtigen Augenblick selbst befiehlt, wird in seiner Lebensfreiheit schnell zum Knecht von Zwängen, die das ganze Leben diktieren.

5. Letztlich aber muss jeder Mensch selbst entscheiden. Es ist sein Leben, der Reichtum seiner Chancen. Jeder muss seinen eigenen Weg finden. Faber sui. Sei deines eigenen Glückes Schmied.

7. Die Nützlichkeit des Schönen
Lebensfreude bis zum Tod
[Zur Frage der Spiritualität]

Die Toskana ist ein Symposion des Schönen, ein höchster Zusammenklang von Kultur und Natur. Denn zum einen ist sie eine Kulturlandschaft, ein riesiger Garten. Die menschliche Sorgfalt ist überall zu spüren in Weinbergen und Olivenbaumpflanzungen, Mohn- und Sonnenblumenfeldern, Zypressenalleen und Natursteinhäusern. Zugleich verschwendet die Natur in dieser Landschaft ihre schönsten Farben unter azurblauem Himmel, in mildem Licht, in wohliger Wärme und exotischen Düften und in spätabendlicher Dunkelheit, in der auf manchen Wiesenstücken Hunderte von Glühwürmchen durch die Luft flimmern.

Es ist überhaupt nicht verwunderlich, dass es die verkühlten Norddeutschen immer wieder in diesen Garten des Schönen zieht, um an dessen malerischer Schönheit zu nippen. Vierzehn Tage dort entschädigen für alles, was zwischen Elbe und Weser oft im Regen versinkt. Deshalb unser Refugium oben auf einem toskanischen Weinberg, ringsum die Hügel nach Westen geöffnet in ein weites Tal, in dem abends die Sonne versinkt.

Schon am zweiten Tag zog uns der Sonnenuntergang wie magisch an. Als sich die Sonne senkte, öffneten wir eine Flasche *Chianti classico*, setzten uns in den noch heißen Sand dicht nebeneinander und sahen zu, wie die Sonne vom Himmel herabstieg, um den Tag zu beenden. Schließlich näherte sie sich langsam dem Horizont, um ihn für einen Augenblick ganz zärtlich zu berühren. Wir nahmen uns in die Arme und küssten uns, eine Berührung in roter Sonnenglut. Still versank die Sonne im Horizont. Die Dämmerung brach schnell herein und bald darauf die Nacht mit einem Himmel unendlicher Sterne.

Der Sonnenuntergang wurde so zu unserem abendlichen Urlaubsritual. Tagsüber sah ich hin und wieder zum Himmel, als taxierte ich den Sonnenlauf in seiner Zeit, die er noch bis zum Untergang brauchen würde. Ich richtete meine Arbeit am Buch so ein, dass das Tagespensum rechtzeitig geschafft war. Erwartungsvoll trafen wir uns zu unserem Rendezvous des Tagsausklangs.

Eines Abends ereignete sich etwas Neues. Die Sonne senkte sich, doch ein seltsam schwerer Dunst lag eine Hand breit über dem Horizont wie ein dunkler Morast. Die Sonne versuchte sich in einem dramatischen Gegeneinander mit vereinzelten Strahlen durchzukämpfen. Doch sie versank im Morast, ohne den Horizont zu berühren. Kein Kuss. Nein! Einen Kuss gibt es nur, wenn die Sonne wirklich den Horizont berührt. Verzicht im Normalfall erhöht die Spannung auf das wirklich Besondere. Mehrere Tage verschwand die Sonne so und ließ uns enttäuscht zurück. Erst am Abschiedsabend, am Abend vor der Abreise, berührte sie den Horizont wieder in strahlender Pracht ...

Am meisten haben wir später zu Hause diese Sonnenuntergänge vermisst und mit ihnen eine Besinnlichkeit und Ruhe, die den Tag beschließt. Bei unseren Spaziergängen hin und wieder an der Nordsee gab es auch faszinierende Sonnenuntergänge. Das hielt unsere toskanische Sehnsucht lebendig.

Bis wir dann eine neue Wohnung suchen mussten. Ein letzter Umzug für unseren Lebensabend. Da muss man aufpassen, sagt Cicero, *die Vorzüge des Alters kommen nicht von selbst. Man muss auch etwas dafür tun.* Also suchten wir besonders intensiv. Wir leben jetzt mit dem Blick auf einen weiten Himmel über dem Meer. Drohend auftürmende schwarze Sturmwolken oder sonnendurchglühte Abendwolken in magischer Farbenpracht oder klarer Sternenhimmel und fahler Mondschein über dem Watt,

auf dem das Meer in silberbleiigen Wasseradern gespenstisch
ausläuft.

Und natürlich unsere Sonnenuntergänge. Sie sind zum Ritu-
al unseres Lebens geworden, wann immer wir da sind: Das gemeinsame Warten auf den Augenblick, in dem die Sonne auf den
Horizont trifft. Ein kleines Anstoßen auf den Tag. Ein Kuss. Die
Faszination des Augenblicks der Berührung. Dieser Augen-*Blick*,
nur einen Lidschlag lang.

Sartre entwickelt den Augen-*Blick (le regard)* zu einem philosophischen Gedanken[1]. Mit dem Blick nimmt mein Ich die
Außenwelt wahr, ganz besonders im Anblicken des anderen
Menschen. In meinem eigenen Blick berührt mich der andere
Mensch, nimmt mich in Besitz, ja, er beherrscht mich. Er zwingt
mich, mich auf ihn einzulassen. Konzentriert im Augen-*Blick*
liegt das Transzendieren, das Hinüberschreiten zum Du.

Das lässt sich auch auf den Augenblick der Wahrnehmung des
Außergewöhnlichen übertragen. Im Erblicken eines großartigen
Geschehens wird das Ich ergriffen von dem Gewaltigen, dem Erhabenen. Es zwingt mich, mich über meine Grenzen hinaus zu
öffnen, mich selbst zu überschreiten, und mich damit in meinem tiefsten Gemüt bewegen zu lassen.

Deshalb ist dieser Augenblick, in dem die Sonne den Horizont
berührt, auch begleitet von der Berührung tiefer Wehmut. Dieser
einzigartige Augenblick ist zugleich ein Symbol des Vergehens,
des Flüchtigen, des *nur jetzt noch und gleich nicht mehr.* Mit diesem
Augenblick der Berührung ergreift mich angesichts des Schönen
die Wehmut, wie direkt unser Leben dem Vergehen verbunden
ist und damit einem endgültigen Abschied, denn:

---

1   An zentraler Stelle seines philosophischen Werkes DAS SEIN UND DAS NICHTS,
    Reinbek bei Hamburg 1962, Dritter Teil, Kapitel I, IV: Der Blick.

Es wird einen letzten Sonnenuntergang geben. Eine letzte Berührung. Einen letzten Kuss. Dann werden wir selber zu dem
Augenblick, der die Welt berührt hat und entflieht.

[1] Ethik kontra Ästhetik?

Jede Generation steht unter spezifischen Anforderungen, die sie
geistig aufnehmen und zu Lösungen führen muss. Die jeweilige
Problemfülle verdichtet sich dabei manchmal zu einem Motto, das die geistige Lage der Generation kennzeichnet. Wir, die
nachwachsende junge Generation nach dem Zweiten Weltkrieg,
waren stark bestimmt durch Theodor Adornos Feststellung:
Nach Auschwitz ein Gedicht zu schreiben ist barbarisch[2].
Adorno traf damit den Nerv der Zeit. Es ging nicht nur um die
Beseitigung der katastrophalen menschlichen Verluste und Ver-
nichtungen des Krieges, sondern auch um die Bewältigung der
Nazi-Ideologie und des Holocaust. Adorno hatte diesen Satz in
den 60er Jahren als Musiktheoretiker in der Auseinandersetzung
formuliert, ob Alban Bergs Oper *Wozzek* ein *Kunstwerk* sei. *Kunstwerk* war für ihn im Zusammenhang mit der Zwölftonmusik von
Arnold Schönberg ein Schimpfwort als ästhetischer Wertebegriff
einer kapitalistischen Gesellschaft.

Diese Kritik hatte sich darüber hinaus verselbstständigt und
wurde zur Basis grundsätzlicher Zeitkritik. Adornos epochale
Schlussfolgerung, nach dem Grauen von Auschwitz ließe sich
keine Lyrik mehr schreiben, trennt vor dem Hintergrund des
Bösen *gut* von *schön*. Sie diskutiert nicht das Böse, sondern an-

---

2   Gesammelte Werke GS X/1,30. Adorno war Professor am Institut für Sozialfor-
schung und der Universität in Frankfurt, mit Max Horkheimer Vertreter der *Frank-
furter Schule* und der *Kritischen Theorie*, anfangs Leitidol der linken Studentenbe-
wegung der 60er Jahre, später von ihr hart kritisiert.

gesichts des Bösen den Wert des Guten und des Schönen, den Gegensatz zwischen *Ethik* und *Ästhetik*. Sie fordert im Kampf für das Gute Verzicht auf das Schöne, setzt den absoluten Primat der Ethik gegen die Ästhetik.

Gerade auch für uns junge kritische Theologen stellte sich in der damals neuen deutschen Demokratie der Anspruch auf eine neue Menschlichkeit und damit aus der politischen die gesellschaftliche Frage, wie aus unserer Vergangenheit heraus eine bessere Zukunft zu gestalten sei inmitten des Kalten Krieges samt Atombombenszenario. Deshalb erschien vielen von uns die Forderung nach Ethik kontra Ästhetik zwingend, denn

– *Ethik ist existentiell*: Sie ist der Kampf für das Gute und Humane gegen das den Menschen Bedrohende und Böse, gegen das Unmenschliche. Sie schafft den Impetus zum positiven Handeln, zum konstruktiven Engagement, zur Verantwortung des Starken. Sie ist die menschbezogene Bereitschaft zur ständigen Veränderung, der Wille zum Notwendigen, zum Überleben.

– *Ästhetik ist ontologisch*: Sie ist die Kunst des Schönen. Sie hält fest an Harmonie, an Proportionen und an Ordnung. Sie zielt auf Bewahren im Beständigen, Erneuerung in der Restauration, Gestaltung in festen Formen und Dogmatik. Sie genügt sich in sich selbst, ist l'art pour l'art, gleicht letztlich Spiritualität und Religion. Anteilhabe am Geistigen.

Auf diese Dualität zielte schon Bertolt Brechts alte Moralkritik

– *Erst kommt das Fressen*[3] (Ethik),

– und mit Herbert Marcuse zugespitzt:

dann erst kommt die *Fünfte von Beethoven*[4] (Ästhetik).

---

3 DREIGROSCHENOPER: *Erst kommt das Fressen, dann kommt die Moral* (= bürgerliche Moral als ein statisches, kontrolliertes Ordnungssystem).
4 TRIEBSTRUKTUR UND GESELLSCHAFT, Frankfurt am Main 1973, Kapitel IX: Die ästhetische Dimension.

In Brechts Ethik kontra Ästhetik lag der Zwang zur Befriedigung der elementaren Bedürfnisse und Anforderungen zur Sicherung des Überlebens als die primäre Stufe der Existenz, die auf jeden Fall gewährleistet sein muss vor allem Höheren.

In einem größeren Gedankenhorizont hatte schon der junge Friedrich Nietzsche in der Auseinandersetzung mit Richard Wagners Musikdramen[5] die Daseins-Polarität philosophisch aus der Antike heraus versinnbildlicht als Kontroverse zwischen

– dem *dionysischen Prinzip* als zerrissene Existenz. Der Gott Dionysos, als kleines Kind zerstückelt und wieder zusammengenäht, Sinnbild für das umkämpfte Dasein zwischen Gut und Böse, für die Tiefen des Abgründigen mit höchster Todesnähe und das sich dennoch durchsetzende Überleben. Das Gute, das Ethische am ständigen Abgrund.

– und dem *apollinischen Prinzip* als überhöhtes Dasein. Der sonnengleich strahlende Gott Apoll, Symbol des Lichtes, des Erhabenen, des Schönen, des in sich Ruhenden, zugleich die unbeschwerte Klarheit der dichtenden und singenden Freude. Das Schöne, das Ästhetische im überhöht Kultivierten.

Für Nietzsche war das Dionysische im Kontra zum Apollinischen die urgründige Dimension, aus der die ethische Größe des Menschen hervorbricht, seine Schaffenskraft, sein Wille, die Welt in der Bedrohung des Zusammenbruchs neu zu gestalten. Dagegen wurde ihm das Apollinische, alles Sokratisch-Rationale, alles Vernünftig-Harmonische, alles Ästhetisch-Kunstvolle zum Zeichen von Stillstand und Dekadenz.

---

5 DIE GEBURT DER TRAGÖDIE AUS DEM GEISTE DER MUSIK (1872) = DIE GEBURT DER TRAGÖDIE (1886), in: Friedrich Nietzsche, Kritische Studienausgabe, München 1988.

In diesem Konflikt zwischen Ethik und Ästhetik widerspiegeln sich in jedem Menschen selbst zwei gegensätzliche Betrachtungsweisen seines Daseins und der Welt, die ihn als unterschiedliche Antriebskräfte bestimmen und motivieren:

– zum einen sein *Realitätssinn:* Er muss täglich mit den Widrigkeiten seines Alltags kämpfen. Fast ständig fühlt er sich in seinem Leben herausgefordert, bedroht, in Frage gestellt, missverstanden, aus der Ruhe gebracht. Im Kampf ums Dasein ist er getrieben und immer wieder zur Mitverantwortung und zum Einsatz gezwungen. *Ethik – Entscheidungen. Handlungen.*

– zum anderen seine *Imaginationskraft:* Er sehnt sich nach Kontemplation, nach Betrachtung und überhöhendem Kunstgenuss, nach Geborgenheit und Tröstung. Er sucht eine sich selbst übersteigende Perspektive, eine Anbindung an etwas Übergreifendes, einen höheren geistigen Raum, um Ruhe zu finden in sich selbst. *Ästhetik – Innere Mitte. Spiritualität.*

Die Renaissance hatte den Konflikt zwischen Ethik und Ästhetik zu harmonisieren versucht, indem sie mit ihrem neuen humanistischen Kunstverständnis eine sensationelle Symbiose herstellte. Künstler wie Sandro Botticelli, Michelangelo, Raffael, Leonardo da Vinci visualisierten mit ihren Bildern und Skulpturen leicht verständlich das aufbrechende Lebensgefühl einer besseren, schöneren Menschlichkeit. Sie schufen dabei wagemutig eine neue säkulare Gleichung für das Humanum: *Das Gute ist das Schöne, das Schöne ist das Gute.* Ethik (das Gute) und Ästhetik (das Schöne) wurden von ihnen als deckungsgleich empfunden und dargestellt. Maria, christliches Sinnbild des höchsten Guten, Venus, antikes Sinnbild des höchsten Schönen, liefen in dem neuen humanistischen Ideal zusammen:

Botticelli wagte, die Venus in voller weiblicher Schönheit, gar Nacktheit[6], bildkompositorisch an die Stelle der Gottesmutter Maria zu setzen; Michelangelo schuf mit seiner römischen Pietà die Mutter Jesu als junges schönes Mädchen, die ihren zerschlagenen alten Sohn im Schoß bettet. Auf Kritik antwortete er, er könne sich nicht vorstellen, dass die Gottesmutter als Sinnbild des Guten anders als für immer schön sein könne. Raffael malte die Maria mit seiner sixtinischen Madonna erklärtermaßen als schönste Frau der Welt, denn das Gute kann nur als das Schöne gefasst werden; auch Leonardo hob mit seiner Sicht der Natur nur das Schöne als summum bonum hervor.

Doch diese Renaissance-Gleichung des Humanum brach haltlos zusammen. Als Erster hob Francesco Goya die Symbiose des Guten-Schönen als Verkürzung der brutalen Wirklichkeit auf. Das Gute als das Schöne erwies sich ihm als völliger Fehlansatz, weil es das Hässliche und damit das typisch Menschliche prinzipiell ausschloss. Seine Frage war: Welche Bedeutung hat das Gute im Hässlichen? Denn wenn gut nur schön war, dann war nichts Gutes im Leben der Armen, der Hungernden, der Alten, Kranken, Rechtlosen. Nichts von dem war schön. Mit dem Anspruch der Ethik stellte sich Goya auf die Seite der Aufständischen der Französischen Revolution. Mit seinen Bildern malte er nicht nur das Nichtgute im Höfisch-Schönen. Als Hofmaler wurde er zugleich zum Revolutionsmaler, zum Maler des Menschlich-Hässlichen mit dem Anspruch des Guten im Hässlichen[7].

---

6   In seinen berühmten Bildern PRIMAVERA (1481) und GEBURT DER VENUS (1482).
7   Mit seinen CAPRICHOS (um 1797), einem Zyklus von 80 Graphiken mit radikaler Gesellschaftskritik, oder mit seinem Tagebuch ALBUM C (1808-14), 133 Tuschzeichnungen gegen Willkür und Ungerechtigkeit, schließlich der einzigartige Zyklus DESASTRES DE LA GUERRA (1808-15) gegen Napoleons brutalen Einmarsch in Spanien.

Im Fortwirken der Malerei Goyas war es dann schließlich Pablo Picasso, der auf der Suche nach einer tieferen Sicht des Humanum den schönen Schein der Wirklichkeit mit seinem Analytischen Kubismus zerlegte. Abgewendet von den verklärten Höhen der Renaissance und ihren klassischen Ausläufern malte er, obwohl er das schon als Jugendlicher grandios konnte, keine schönen Bilder mehr. Das Schöne zeigte ihm nicht zwangsläufig das Gute. Deshalb versuchte er hinter der schönen Form das Wirkliche, das wirklich Menschliche, zu analysieren und erreichte dabei in völlig neuer Formensprache Bilder mit bis dahin nicht gesehener Eindringlichkeit menschlicher Tiefe[8].

Ihm nach suchten viele Maler der Moderne das Wirkliche, speziell das Menschliche, nicht im Schönen, sondern vor allem auch da, wo es am meisten gefährdet ist, im Nicht-Schönen, im Hässlichen, da, wo es in seiner stärksten Bedrohung und Vernichtung, im Vergehen und Tod unterzugehen droht. Sie leisteten nüchtern und konsequent eine visuelle Analyse der säkularen Welt auf ihre humanen Werte hin. Um künstlerisch ehrlich zu bleiben, wagten sie sich oft so weit an das Hässliche in der Welt heran, dass ihre Bilder das Schöne verloren und immer stärker selber Ausdruck des Hässlichen wurden. Moderne Malerei ist in letzter Konsequenz sehr ernst und belastend.

Gerade aber diese nüchterne Sicht der modernen Malerei ist auch allgemein zur realen Sicht der Welt geworden. Die tägliche Nachrichtenflut zeigt aktuell immer neue Bilder einer Welt des Menschlich-Hässlichen an allen Enden unserer Erde. Der Mensch heute ist auf der untersten Stufe der säkularen Wirklichkeit und damit auf dem Boden krasser Tatsachen angekommen.

---

8 Ein Beispiel für alle: GROSSER AKT IM ROTEN SESSEL (1929) als Ausdruck des tiefen Konflikts mit seiner Frau Olga. Natürlich auch GUERNICA (1937), in dem er seinen konkreten Kriegsprotest als Menschheitskrise darstellt.

Wenn nicht in ihr das Humanum substanziell gesichert wird,
dann gibt es das Humanum – bestenfalls ästhetisch virtuell –
aber als ethische Grundqualität des Lebens nicht wirklich.

Bei der Suche nach dem Humanen in unserer modernen Welt ist
die Ästhetik verdächtig und trügerisch geworden. Sie erscheint
korrumpiert, zumindest bis zur Unkenntlichkeit fremd überla-
gert. Vom Kommerz missbraucht setzt das Schöne in unserer Gesellschaft in vielfacher Form Irrlichter

– durch alle Werbemedien, die eine heile schöne Konsumwelt
vorgaukeln, deren Angebote verführerisch leicht zu haben sind
und die man unbedingt braucht, um *in* zu sein;

– durch die brutale Marktsteuerung des Kunsthandels als ge-
winnbringende Anlageobjekte;

– durch den Glamourzirkus der Filmindustrie mit einer Welt
der Affären und menschlichen Zusammenbrüche;

– durch den TV-Flimmer mit seinen Handlungszwängen in Su-
perstarshows, Modelcastings und Songcontests;

– durch die Lustschocker der Spaßgesellschaft mit der Verfüh-
rung vor allem der jungen Leute mit den Erlebnisbeschleunigern
Alkohol und Drogen;

– durch die Designerwelt der Reichen, in der in protzigen Prä-
sentationen jeder denkbare Luxus möglich ist, Prunk und Ver-
schwendung oftmals im unmittelbaren Kontrast und Umfeld
von Armut, Not und Verzweiflung.

Gesamtgesellschaftlich hat Ästhetik als kommerzgesteuertes
Zerrbild des Schönen weitgehend seine positive Kraft im Sinne
des Guten, des Humanum, verloren. Im Letzten erscheint diese
Ästhetik sogar selber als Triebkraft des Nichtguten, nämlich als
ein Mittel zur sichtbaren Spaltung der Gesellschaft

– *in oben schön:* Wo die gesellschaftliche Ästhetik herrscht, da
ist das Reich der Privilegierten, die sich – warum und wodurch

auch immer – nach oben katapultiert haben. Sie schotten sich
mit dem Glanz ihres Reichtums ab ohne ausreichende Mitverantwortung für die Welt, durch die sie reich geworden sind[9]. Ihre
exklusive Ästhetik ist für die Nichtprivilegierten ohne Zutritt
und ohne Ethik für die generelle Gesellschaft[10].

– *und unten hässlich:* Denn wo unten die Armut herrscht, ist
nichts Schönes. Armut ist auch der Mangel an Teilhabe am Schönen. Der Entzug des Schönen macht die Armut unerträglich. Mit
dem Verlust des Bewusstseins für das Schöne sackt der Mensch
ab in Gefühls- und Kommunikationsverarmung, in ein Getto des
Hässlichen. Das Hässliche stigmatisiert nahezu ohne Ausweg.

Unsere Zivilisation scheint mehr und mehr in diese polaren
Blöcke *reich, gar superreich* oder *total verarmt* auseinanderzubre-
chen, dazwischen eine indifferente konsumgetriebene Masse
mit Tendenz in die Verarmung. Je mehr sich das Schicksal der
Verarmung zu einem Massenphänomen ausweitet, desto aktueller wird Adornos Verdikt zum gesellschaftlichen Primat der Ethik
gegenüber der Ästhetik. Adornos Herausforderung formuliert
sich heute adäquat so:

• Angesichts zunehmender Verarmung in unserer Gesellschaft
und angesichts der Verelendung breiter Massen in vielen Völkern ist der unglaubliche Luxus und der Glamour des Schönen
einer vom Kapitalismus gesteuerten Oberschicht[11] barbarisch.

---

9 In Hamburg hat 2008 einer der deutschen Groß-Unternehmer mit seinem Tod
dem Staat in einer Stiftung für Bildung und Wissenschaft eine Milliarde Euro zur
Verfügung gestellt, eine wirklich großzügige Tat eines Superreichen. Das zeigt
zwei Dinge: 1. Ein ethisches Bewusstsein der Reichen ist möglich, aus dem heraus
sie die Grenze in der Gesellschaft zugunsten der Gesamtgesellschaft überschreiten können. 2. Der eine oder andere positive Fall definiert zugleich die endlose
Zahl derjenigen, die nicht in dieser gesellschaftlichen Verantwortung handeln.

10 Schon die höfische Gesellschaft des Feudalismus ist mit ihrer exklusiven Ästhetik
ohne Ethik für die generelle Gesellschaft gescheitert.

11 Diese Feststellung meint hier nicht wie Seite 253, Anm. 9, den einzelnen Besitzen-
den. Sie meint vielmehr das generelle Prinzip und die Methoden der Kapitalvertei-
lung und Besitzschaffung durch den Kapitalismus.

Der Kampf gegen die gesellschaftliche Ästhetik erscheint zurzeit fast hoffnungslos, zumal zur Ästhetik des Kapitalismus weltweit die Vertuschung ihrer Opfer und ihrer Zerstörung der Natur und urständiger Kultur gehört. Im Aufrechterhalten des schönen Scheins, liegt die – auch politische – Methode der Verhinderung einer Ethik mit der Lebenssicherung aller Menschen.

Vor diesem gesellschaftlichen Hintergrund gilt es, überhaupt erst einmal eine Theorie der persönlichen Ästhetik zu entwickeln, einen Anspruch auf persönliche Nützlichkeit des Schönen. Das Schöne muss neu entdeckt werden als individuelles Anrecht, Ästhetik als persönliches Bewusstsein jedes Menschen.

Einen zentralen Ansatz dazu hat Joseph Beuys geliefert mit seinem neuen Kunstverständnis, mit dem er die Prinzipien der alten Ästhetik wenn nicht aufgehoben, so doch stark relativiert und auf jeden einzelnen Menschen hin ganz wesentlich erweitert hat. Dazu seine drei richtungweisenden Hauptpunkte in Stichworten:

Beuys zum Ersten: Das Bild entsteht im Kopf des Betrachters. Eben nicht das gegenständliche Bild selbst ist Kunst, wenngleich das Bild natürlich eine Botschaft des Künstlers transportiert als Anstoß, als Aufreißer, als Ausgangspunkt. Dennoch ist nicht das Kunstobjekt an sich die Kunst, sondern das dadurch im Kopf des Betrachters ausgelöste Bild, genauer der dadurch ausgelöste Denk- und Bewusstwerdungsprozess. Entscheidend ist, was das Kunstobjekt im Kopf des Betrachters als persönliche Reaktion bewirkt. Ein Bild, das im Kopf des Betrachters nichts bewegt, ist bestenfalls Kunsthandwerk. Ein Bild ist solange Kunst, wie es Bewusstwerdung, Veränderung, gar Revolution auslöst.

Beuys zum Zweiten: Jeder Mensch ist ein Künstler. Jeder ist ständig gefordert zum Gestalten, zum reflektierten Gestalten. Das Sujet ist sein Leben, das Leben schlechthin. Die Kunst, Leben zu ge-

stalten, bedarf Phantasie und Kreativität, Ausdrucks- und Gestaltungskraft in ständiger Veränderung. Sie verdichtet in Form und
Inhalt den gesamten Lebensprozess nicht nur in dem, was ist,
sondern vor allem auch in dem, was sein könnte, im Optimum
sein sollte. Überzeugt die Gestaltung des Lebens, wird der Gestalter gleichsam zum Künstler.

Beuys zum Dritten: Gestaltetes Leben ist ein existentielles Kunstwerk. Insgesamt oder im Einzelnen erscheint gestaltetes Leben
wie eine *Soziale Plastik*, in der im Bewusstsein des Betrachters
Leben in Kunst und Kunst in Leben ineinander übergehen als
Provokation zum Leben. Mehr noch als jedes Bild kann eine Soziale Plastik im Kopf des Betrachters Einsicht zur Veränderung
oder Erneuerung schaffen. So hat Beuys in seinen sozialen Happenings seine Zuschauer aufs Äußerste provoziert, um sie zu bewegen. Den Fluss derartiger Aktionsprozesse kennzeichnete er
programmatisch als *Fluxus*, als fließenden Übergang zwischen
Kunst und Leben, Leben und Kunst.

In diesen drei Schritten wird Kunst rein persönlich menschlich.
Beuys selber spricht von einem *anthropologisch erweiterten Kunstbegriff.* Dieser führt direkt zu meiner eigenen These einer *Kritischen Ästhetik:*

• Die Nützlichkeit des Schönen ist der Lebensanspruch jedes
Menschen. Die Ästhetik hat dann einen positiven Sinn, wenn
sie zusammen mit einer nützlichen Ethik zu einer persönlichen
Gestaltungskraft des eigenen Lebens wird und damit für den Betrachter zu einer positiven Provokation zum Leben.

[2] Die Sinnlichkeit der Erotik

Alle Wahrnehmungen sind sinnlich[12]. Diese alte Behauptung, etwa schon von Epikur, bestätigt sich durch neue Erkenntnisse über den Menschen. Die moderne Gehirnforschung zeigt, wie der Mensch mit seinen Sinnen die Reize von außen aufnimmt. In Sekundenbruchteil leiten die Sinne die Informationen an die Schaltzentrale (Thalamus) des Limbischen Systems weiter, über die der Körper dann unmittelbar reagiert. Durch diese blitzartige Schnelligkeit der Vermittlung steigert sich die Chance der Sicherung des Individuums vor Bedrohungen durch die Außenwelt. Unlustvermeidung ist das höchste Ziel der Sinne, wobei die emotionale Reaktion *Unlust* die gesamte Skala möglicher äußerer Bedrohungen meint. Bei vielen Tieren kann man beobachten, dass ihnen durch die Signale von außen auf ihre Sinne nicht einmal Zeit zum ruhigen Fressen bleibt, weil sie ständig angespannt auf der Hut oder gar auf der Flucht sind. Nur selten kommen sie wirklich zur Ruhe.

Das gleiche Gehirnsystem wie bei den Tieren sorgt beim Menschen für den Selbstschutz vor Bedrohung. Auch bei ihm zielte der ursächliche biologische Nutzen der Sinneswahrnehmungen auf den Schutz der Person. Speziell in der Vorzeit musste auch der Mensch alle Sinneskräfte auf die ständigen Bedrohungen und das tägliche Überleben konzentrieren, wodurch ihm wenig Zeit zur Muße blieb. Denn erst mit der Entwarnung, dass die Gefahr vorbei ist, entsteht die Fähigkeit, sich die von Unlust freie Zeit als positiv bewusst zu machen und zu genießen.

---

12 Als erste Einführung in die Gehirnforschung des Limbischen Systems und des Neo-Kortex siehe Paul Schulz CODEX ATHEOS op.cit., Seite 339 ff. Weiterführend Gerhard Roth, DAS GEHIRN UND SEINE WIRKLICHKEIT. KOGNITIVE NEUROLOGIE UND IHRE PHILOSOPHISCHEN KONSEQUENZEN. Frankfurt/Main 1995, 3. Aufl.

Heute bietet unsere Zivilisation um die Person einen großen Schutzraum, der die ständige Radikalbedrohung stark eingeschränkt hat. In dieser Beruhigungszone liegt der Anstieg der Möglichkeiten zum Lustgewinn. Zur genetischen Entwicklung des Menschen wurde festgestellt, dass sich im Menschen heute gegenüber dem Menschen vor zigtausend Jahren zusätzlich eine immense Zahl von Neuronen entwickelt hat, die zu Glücksempfindungen angeregt werden können[13]. In einem jahrtausendelangen Lernprozess hat sich die körperliche Genussfähigkeit des Menschen wesentlich gesteigert.

Die Sinnlichkeit des Menschen hat sich also stark zwischen Unlust und Lust ausdifferenziert. Natürlich ist der Körper auch heute immer noch auf Signalwirkungen der Sinne zur Abwehr von Bedrohung geeicht. Aber er hat sich zugleich zum starken Lustobjekt entwickelt. Seine Sinnlichkeit ist generell auf Eudämonie, auf Körperfreuden und Wohlempfindungen ausgerichtet, auf die Fähigkeiten, sinnliche Wahrnehmungen positiv zu nutzen.

Dabei sind die Reize, die von außen kommen, ganz entscheidend. Sie bewegen den Menschen. Auf ihn prasseln ständig neu Reize ein, eine ungeheure Masse an Informationen, die ihn stimulieren und die er differenziert als negativ oder positiv verarbeiten muss. Wie groß die Reizmenge auch immer sein mag, es sind immer nur fünf Reizarten: Die *optischen Reize* mit Licht und Farben, die *die Augen* aufnehmen. Die *akustischen Reize* mit Geräuschen und Tönen, die *die Ohren* empfangen. Die kontrastierenden *Gerüche und Düfte*, die *die Nase* wahrnimmt. *Der Geschmack* unterschiedlicher Konsistenzen von Genießbarem und Ungenießbarem, den *Zunge und Gaumen* prüfen. Jede *Körperbe-*

---

13 Etwa durch Endorphine, körpereigene Eiweißstoffe (Hormone) mit primär schmerzstillender Wirkung.

rührung, die *die Haut* mit ihrem hochempfindlichen peripheren Nervensystem abtastet. Augen, Ohren, Nase sind auf Distanz eingestellt. Was die Haut berührt[14], ist schon tödlich nah dran. Wilde Tiere riskieren Fremdberührung nur im entscheidenden Augenblick des Überlebenskampfes. Die alten Griechen nannten den positiven Reiz der Sinne Eros. Nicht die Sinne selbst, sondern das, was die Sinne positiv in Bewegung setzt, war ihnen der Eros. Sie waren auch davon überzeugt, dass dieses positiv Sinnliche ursächlich etwas mit der geschlechtlichen Liebe zu tun hätte. Eros war für sie der Liebesgott. Aber sie haben Eros nie auf Sexualität reduziert. Aus dem Eros heraus wird alles Sinnliche zur erotischen Anziehung: Das Anschauen des Anderen, das Hören, das Riechen, das Schmecken, das Spüren der Haut des Anderen. Der Einklang aller Sinne ist dabei der höchste Eros, eine Hochstimmung, eine zufriedene, eine gar glückliche innere Gemütslage.

Die Reize bilden die Fülle der Sinnlichkeit und damit des Erlebbaren. Natürlich nicht allein in Glücks-, sondern auch in Schmerzempfindungen. Negativ wahrgenommene Reize führen zu Stimmungen der Trauer, der Angst, des Heimwehs, des Ärgers, der Wut. Oft hängt das Bewusstsein in Zuständen zwischen negativen und positiven Stimmungen – eine breite Skala unterschiedlicher Gemütsverfassungen. Schnell wie die Reizempfindungen, weil davon direkt abhängig, kann die Stimmungslage von einer in die andere umschlagen.

---

14 Ich vermeide die Formulierung: Die Haut *fühlt*. Der Begriff *fühlen* ist schuld an einer totalen „Gefühlsverwirrung": *Die Haut fühlt* ist ein *Reiz*effekt; *ich fühle mich gut* ist ein *Stimmungs*effekt; das *Gefühl des Erhabenen* ist ein *Bewusstseins*effekt. Alles drei ist in jeweils völlig anderen Körperfunktionen begründet und wird dennoch immer wieder blind zusammengewürfelt ohne Sprach*gefühl* für begriffliche Unterscheidung. Das aber ist ein *Intelligenz*effekt und damit eine vierte eigene Körperfunktion.

Das Bewusstsein über die Reize bildet sich im Denkhirn des Menschen, im exklusiv menschlichen Neo-Kortex. Dort werden die Wahrnehmungen zu Erfahrungen umgearbeitet und im Gedächtnis gespeichert. Für diese Umarbeitung braucht das Denkhirn Begriffe – schön/hässlich, gut/böse, hell/dunkel, kalt/warm, Abend/Morgen, Freund/Feind. Ohne Begriffe kein denkendes Bewusstsein. Erst wenn die Reizwahrnehmungen in Begrifflichkeit festgemacht sind, sind sie als Erfahrung gesichert und können gespeichert werden. Mittels dieser Begriffe werden die Erfahrungen aus dem Gedächtnis wieder abrufbar, werden mit ihnen reflektierbar, erklärbar, bewertbar.

Die Begriffe selbst stammen aus der Kultur, die dem einzelnen Menschen als allgemeingültig vorgegeben ist. Sie sind dort über Jahrhunderte als kollektive Erfahrungen gesammelt und bilden eine komplexe Welt der Gedanken. Sie sind deshalb ziemlich statisch und unflexibel. Der Mensch lernt aus der Kultur durch seine Erziehung, indem er mit den Begriffen Erklärungen und Wertmaßstäbe, Orientierungs- und Handlungsmodelle übernimmt und sie in seinen Denk-Reflexionen mit seinen eigenen gespeicherten Erfahrungen zusammenführt.

Speziell die positiven Reize der Sinnlichkeit werden vom Menschen ganz individuell reflektiert. Er baut sich für seine Sinnlichkeit eine ganz persönliche Vorstellungswelt zusammen, eine ihm eigene Sicht von Schönheitsideal, emotionalen Vorlieben, sexuellen Wünschen und Begehrlichkeiten. Es entsteht eine ihm ganz eigene Erotik. Jeder Mensch, jeder Mann, jede Frau, auch schon jedes Kind, hat einen eigenen – in vielem tief geheimen – erotischen Gedankenmix, der ihn von allen anderen unterscheidet.

Diese persönliche Erotik wird zum gezielten Ideengeber, um Bedürfnisse und Wünsche zu erfüllen. Mann und Frau können

sich somit selbst motivieren oder motivieren lassen, können ihre
erotischen Vorstellungen und ihre individuelle Fähigkeit zur
Sinnlichkeit planen und gestalten. Im tiefen Unterbewussten ist
die Erotik ein ganz entscheidender Antrieb des Lebens, eine riesige Vitalkraft zur persönlichen Lebensgestaltung.

In unserer Zeit nun hat sich ein befreiender gesellschaftlicher
Wandel vollzogen. Die erotischen Wünsche der Menschen, ihre
Bedürfnisse und Empfindungen haben die lange gültigen Kultur-
normen der Gesellschaft gesprengt. Die ehemalige Dominanz eines einheitlichen Gefühls- und Verhaltenskodex ist zerbrochen.
Durch die Veränderung der Welt der Erotik ist eine völlig neue
persönliche Freiheit in der Gesellschaft entstanden. Das lässt
sich besonders an zwei Bereichen verdeutlichen:

*Zum einen: Die Freisetzung der Erotik der Frau von der Erotik des
Mannes.* Mit der ewigen kulturellen Vorrangstellung des Mannes
war natürlich auch seine männliche Empfindungsart vorgegeben. Natürlich war aus dieser kulturell-gesellschaftlichen Dominanz auch das Selbstverständnis des einzelnen Mannes entsprechend egozentrisch fixiert. Das Verhalten der Frau war darauf
fast vollständig abgerichtet, wobei die gesellschaftlichen Bedingungen generell gar nichts anderes zuließen[15].

Aus dieser Abhängigkeit hat sich die Frau freigekämpft. Das
ist noch gar nicht lange her. Simone de Beauvoir (DAS ANDERE
GESCHLECHT, 1949), Jean-Paul Sartres Lebenspartnerin, war die
große Vorkämpferin, die damals mit einer unglaublich mutigen
Eindeutigkeit das Befreiungsrecht der Frau einklagte und eine Lawine der Liberalisierung und Emanzipation auslöste. Es folgten
dann mit Anaïs Nin (DIE TAGEBÜCHER DER ANAÏS NIN, 1961
– 1971), Erica Jong (ANGST VORM FLIEGEN, 1973), Benoîte

---

15 Ich habe diese gesellschaftlichen Pressionen oben Seite 25 ff. ausführlich darge-
legt.

Groult (SALZ AUF UNSERER HAUT, 1988) jene Frauen, die ihre sexuellen Erlebnisse und ihre erotischen Phantasien, Träume, Sehnsüchte offenlegten. Die Frau wurde in ihren eigenen Empfindungen, gerade auch in ihrem Lustbewusstsein frei. Liest man diese Texte heute noch einmal, erkennt man unschwer, wie nahe sie damals noch an den Idealen ihrer männlichen Partner orientiert waren. Dennoch: Allein, dass sie als Frauen selber von ihrem sexuellen Erleben positiv sprachen, veränderte das Bewusstsein der jetzt älteren Generation völlig.

Wenn heute Charlotte Roche (FEUCHTGEBIETE, 2008) mit ihren erotischen Phantasien eine derartige öffentliche Aufmerksamkeit erregt hat, dann vielleicht eher aus dem Erstaunen heraus, dass weibliche Sinnlichkeit so völlig anders sein kann. Ihre Erotik irritiert. Die Art ihrer Sinnlichkeit setzt sich gar nicht gegen die Erotik des Mannes ab, sondern gegen die gewöhnliche Erotik der Frau. Das erschreckt offenbar weniger den Mann, der sich schnell entzieht, als vielmehr die emanzipierten Frauen. Von ihnen stammen die bittersten Kommentare. Zwar ist die Erotik der Frau in völliger Vielfalt freigegeben, doch sie wird sich in ihrer weiblichen Abgründigkeit noch weiter erschließen und damit die Frauen selbst herausfordern.

Zum anderen: Die Freisetzung der Erotik des Alters von der Erotik der Jugend. Die Generation der Jetzt-Senioren über 60 bildet seit 40 Jahren ein Art Vorauswelle des sozialen Wandels und ist auch die Generation, die seit kurzem die Erotik des Alters entdeckt hat. Auch hier entwickelt sich gerade für die reifere Frau eine völlig neue Lebensqualität einschließlich der Erfahrung erfüllter Sexualität. Die Erotik des Alters wird das Selbstverständnis der äl-

teren Frau und das Frauenbild der älteren Generation zukünftig
weiter wesentlich verändern[16].

Neu ist die Faszination einer älteren Frau mit Intelligenz und
geistigem Anspruch und dem daraus entstehenden Reichtum einer geistigen Kommunikation, die Frau also mit einem Wissens-
horizont, mit reflektierter Lebensfreiheit und eigenständigem
Lebenswagnis. Gerade dies kommt der Entfaltung der Sinnlichkeit des Alters entscheidend entgegen.

Die reife Frau als attraktiver sinnlicher und geistiger Typ wird
umso begehrter, je häufiger sie als selbstbewusste Partnerin gesellschaftlich in Erscheinung tritt.

Erotik ist bis ins hohe Alter erfahrbar als eine vitale Sinnlichkeit. Gerade im Alter ist die Erotik nicht – wie in der Jugend
– triebhaft auf Sexualität zugespitzt. Sie entfaltet sich in einem
Sublimationsprozess. Sublimieren heißt ursächlich: Etwas auf
eine höhere Ebene steigern. Etwas mit größerer Feinsinnigkeit
wahrnehmen und erleben. Dinge leben, die sich erst in größerer
Empfindsamkeit erschließen.

Genau darin liegt die Qualität der Erotik des Alters. Sie gibt
Sinn für alle Sinne und damit für die Vielfalt des Schönen. Sie
hält den Eros nicht nur wach, sie setzt ihn zugleich in einer immer noch möglichen Fülle von Lebensgenuss frei. Die Nützlichkeit des Schönen mit größerer Empfindsamkeit auf alle Sinne zu
übertragen schafft immer neue und andere Lebensfreuden:

Der süße Duft eines blühenden Rapsfeldes. Der Beifall für den
Künstler. Die Erfahrung tiefer Stille. Der erste Schrei eines Kindes. Ein exzellentes Rinderfilet. Das Wiedersehen mit einem alten Freund. Ein Ritt übers Watt bei Vollmond. Beethoven-Sonate
von Pollini live gespielt. Sturmfahrt mit offenem Cabrio allein.

---

16 Einen wirkungsvollen Aufbruch hat Andreas Dresen mit seinem mutigen Film
„WOLKE 9" (2008) geschaffen.

Das geglückte Manuskript. Leiser Schneefall. Das verzeihende Wort. Ein Arztbefund, der Befürchtungen auflöst. Ein Gespräch in weichen Sesseln bis morgens zum Sonnenaufgang. Die Naturschönheit einer weißen Margarite. Die enge Zweisamkeit in einem warmen Platzregen auf einem Rinnstein in Paris sitzend in durchnässter Sommerkleidung mit einer Flasche Rotwein. Eine neue Computerfunktion verstehen. Ein gutes Buch lesen. An schöne Orte reisen, in denen man schnell wieder zu Hause ist. Die Lust des Anderen miterleben. Ein Spaziergang im Nebel. Ein Rockkonzert am Meer bei untergehender Sonne. Das Siegtor in der 92. Minute ... und tausend wunderbare Erlebnisse. Gerade in der Fülle unterschiedlicher Lebensfreuden ist Leben immer wieder neu verführerisch und begeisternd.

Die Erotik der Sinne ermöglicht und fordert, auch im Alter neugierig zu bleiben. Sie zeigt heitere Gelassenheit, wenn denn eine Sache nicht mehr geht, um in einer anderen Sache um so ergiebiger zu verweilen. Ruhephasen verstehen sich als Sammlung des Ich mit Fantasie und Freude für Neues. Wichtig ist allerdings, vor sich selbst keine Angst zu haben und mit sich selber allein sein zu können – in der Vielfalt einer Zeit, die für die ältere Generation noch nie so anregend, so friedlich, so offen, so kommunikativ und zugänglich gewesen ist.

[3] Spiritualität als Erfahrung des Erhabenen

Die Spiritualität ist die Champions League der sinnlichen Wahrnehmungen. Der Spiritualität liegen die höchsten Empfindungswerte zugrunde, Erfahrungen, die den Menschen am tiefsten und nachhaltigsten bewegen, das Bewusstsein, sich selbst zu überschreiten, über sich hinauszuwachsen.

Ich setze diese Definition bewusst salopp voraus, um aus der Diskussion um die Spiritualität jeden religiösen Überdruck herauszunehmen. So wie in diesem ganzen Kapitel bisher, in dem das Wort Gott ja überhaupt noch gar nicht vorgekommen ist. *Lebensphilosophie ohne Gott* bedeutet ja: *Ohne Gott.* Das meint: Gott kommt eben gar nicht vor – alles erklärt sich aus sich selbst einfacher und überzeugender. Es fehlt nichts – außer Religion.

Konsequenterweise hat der Begriff „Gott" in der eigenen Rede des Atheisten auch gar nichts verloren. Er muss sich damit aber immer wieder auseinandersetzen, weil alles, was er sagt, immer schon stark religiös besetzt ist. Also muss er alle Begriffe, die er gebrauchen will, immer erst von Religion befreien, damit er dann anschließend mit ihnen ohne Gott reden kann. Das betrifft gerade auch die Spiritualität, das „Geistige" am Menschen, denn:

Auch die Erfahrung des Erhabenen ist natürlich sinnlich. Wie anders? Kommen doch – wie schon dargestellt[17] – alle Reize der Außenwelt ausnahmslos über die Sinne, und das ist sinnlich. Auch alle Reize der sogenannten Spiritualität kommen ausschließlich von außen über die Sinne nach innen. Es gibt keinen religiösen spiritualen sechsten sinnlichen Zugang ins menschliche Bewusstsein: Wollte Gott in den Menschen rein, müsste er über die fünf Sinne kommen, also über die Wahrnehmung des Limbischen Systems.

Will der Mensch von sich aus zu Gott raus, dann kann er das nur über sein Denkhirn, über den Neo-Kortex. Denn dort wird Gott gedacht. Das Denkhirn hat all die Begriffe, Theorien und Vorstellungen im Gedächtnis abgespeichert, die es durch seine

---

17 Das nimmt direkt die Ausführungen auf Seite 256 ff. auf.

Erziehung und durch sein allgemeines Lernen aus der Kultur übernommen hat wie etwa *Gott, Glaube, Spiritualität, Religion.* Es kann sie von dort jederzeit abrufen und sie mit seiner eigenen Erfahrungen reflektieren, bewerten, umgestalten, verarbeiten. Durch seine Reflexionen im Denkhirn kann sich der Mensch seine eigenen Vorstellungen und Theorien machen, insgesamt eine Welt der persönlichen Gedanken, eine *geistige Kopfwelt.* In dieser Kopfwelt kann der Mensch Gedanken und Vorstellungen entwickeln völlig unabhängig von der realen Wirklichkeit jenseits von Zeit- und Raumbedingungen. Die Gedanken sind frei, Dinge beliebig zu denken, zu erfinden, zu projektieren. Eine solche Projektion der menschlichen Kopfwelt ist Gott und sind die gesamten Religionsvorstellungen. Aus dieser persönlichen Kopfwelt behauptet der Mensch alle Glaubensaussagen und auch seine besondere Spiritualität.

Spiritualität entsteht im Denkhirn des Menschen. Der Mensch kann in seinem Denkhirn nicht nur Horrorszenarien entwickeln, die es real gar nicht gibt, die ihm aber trotzdem Angst machen und in Depressionen treiben. Er kann sich aber auch Glücksszenarien imaginieren, die ihm Freude, innere Ruhe und Entspannung vermitteln. Da, wo seine positiven Gedanken positive Erfahrungen erinnern oder neu erlebten, schafft er in sich, in seiner Kopfwelt, einen in sich geschlossenen Glückszustand, eine individuelle Spiritualität.

Religiöse Frömmigkeit und fundamentale Theologie sehen das natürlich völlig anders. Sie behaupten mit Spiritualität – ohne eigene Beweise und gegen die realen Tatsachen – die unmittelbare geistige Verbindung des Menschen eben ganz direkt mit dem Göttlichen, mit einer geistig transzendenten Wirklichkeit, mit Gott selbst. Sie beanspruchen mit Spiritualität eine religiöse Exklusivität der Erkenntnis, gleichsam einen realen Sonderzugang zu Gott und von Gott: Das Geistige im Menschen mit dem Geistig-Göttlichen – wie auch immer.

Daher wird dem nicht religiösen Menschen nicht nur Spiritualität abgesprochen als Technik des Zugangs zu Gott. Es wird ihm damit überhaupt der Zugang zu hochwertigen Emotionen bestritten, so als hätte ein Mensch ohne Gott gar kein tiefes Erleben, weil er eben nur materiell-rational dächte. Ein vernunftmäßiger Mensch sei gleichsam ohne Gefühlsregungen, der Atheist kalt und ohne höhere Empfindungen.

Das ist natürlich reiner Unsinn, denn der nicht religiöse Mensch hat alle Gefühle, die jeder religiöse Mensch auch haben kann. Gerade auch genetisch besteht keinerlei Unterschied. Jede sinnliche Erfahrung ist dem nicht religiösen Menschen voll verfügbar, weil sie wie bei jedem Menschen über seine natürlichen Sinne kommt. Nur: Der nicht religiöse Mensch sieht und begründet die Wahrnehmungen und seine gesamte Erfahrungswelt mit seinem Denkhirn völlig anders als der religiöse Mensch. Allein darin liegt der Unterschied.

Er muss nicht ständig Gott zitieren, um als geistiger Mensch die Schönheit, ja, die Erhabenheit des Seins zu erfahren und zu begreifen. Spiritualität entsteht ihm allein aus der weltlichen Sinnlichkeit des materiellen Daseins:

– Ein blühender Blumengarten ist für ihn nicht deshalb schön, weil sich ihm darin die Schöpferkraft Gottes erweist, sondern weil für ihn der Garten mit den Blumen wunderschön ist.

– Eine Musik ist für ihn erhebend nicht, weil sie das Göttliche preist, sondern weil sie in ihm eine erhabene Stimmung bewirkt, die ihn aus dem Alltäglichen loslöst und erhebt.

Die Beweislast liegt bei den Frommen, dass das, was sie als Spiritualität bezeichnen, ursächlich irgendetwas mit Gott zu tun hat. Der religiöse Mensch muss nachweisen, dass seine normalen

Empfindungen gleichsam mystisch die Transzendenz erfassen. Dafür müsste er natürlich erst beweisen, dass es Gott über seine eigene Einbildung in seiner Kopfwelt hinaus überhaupt gibt. Das mag freilich dauern. Bis dahin kehren wir getrost zu unserem eigenen Denken ohne Gott zurück und erklären Spiritualität rein weltlich so: Der Mensch wird ständig von Mengen sinnlicher Wahrnehmungen erregt. Die Bedeutung und Wirkung dieser Erfahrungen realisiert der Mensch in einem meist langwierigen Reflexionsprozess der Bewertung in seinem Denkhirn. Dabei verdichten sich die tiefsten und wichtigsten Erfahrungen zu seiner persönlich Spiritualität, ein Bewusstsein, in dem ein dauerhafter Einklang zwischen den Sinneswahrnehmungen und der persönlichen geistigen Deutung besteht. Solche Spiritualität ist in unterschiedlichen Grundelementen vorgegeben:

1. *Freundschaft.* Sie gründet im gegenseitigen Vertrauen zweier Menschen zueinander. Die Nähe liegt in der eigenen Bereitschaft, für den anderen da zu sein und in dem Glauben, sich selbst auf den anderen völlig verlassen zu können. In stärkerer Bindung heißt das, auch in Notsituationen füreinander da zu sein. In letzter Bereitschaft bedeutet das, sich für den anderen zu opfern. Der tiefste Berührungspunkt der Freundschaft liegt in dem Opfergedanken, in der Selbstlosigkeit des Ich für das Du als tiefste Selbsterfahrung. Diese Tiefe kann man nur im Allerletzten aus sich selbst heraus einem Freund erfahrbar machen oder von ihm selbst erfahren. In diesem Gedanken der Selbstlosigkeit liegt die Größe der Freundschaft, ihre Erhabenheit.

2. *Schöpferische Kraft.* In seiner vollen Schaffenskraft erlebt der Mensch – Künstler, Politiker, Sportler – Extremsituationen an der Grenze seiner Leistungsfähigkeit. Goethe lässt Faust von Mephisto auf den Punkt hin prüfen, an dem er seine höchste Tatkraft selber anerkennt mit der Feststellung, *Verweile doch, du bist*

so schön, und dafür alles andere, selbst seine Seele, opfert. Faust bestreitet für sich, dass es diesen Höchstpunkt je für ihn geben könnte. Mephisto wettet darum. Nach vielen Fehlschlägen blickt Faust zum Schluss[18], unter seinem schöpferischen Tatendrang zusammenbrechend, auf die von ihm geschaffenen und mit Leben erfüllten neuen Länder und ruft: *Auf freiem Grund mit freiem Volke stehn! Zum Augenblicke dürft ich sagen: Verweile doch, du bist so schön!* Absoluter Höhepunkt seiner Schaffenskraft, einmalig erhabener Augenblick seiner selbst.

3. *Selbsterfahrung des Ich.* Auf der Suche nach sich selbst versenken sich Menschen in sich selbst, in die Stille, in die Meditation, in die Yoga-Übungen. Dieser Weg nach innen hat darin seine ganz besondere Anziehungskraft, dass er Stufe für Stufe alles andere um sich herum ausschließt, immer stärker alles Äußere abfallen und hinter sich lässt. Das führt in konzentrierter Kraft Schritt für Schritt in eine reinigende Leere, ganz zu sich selbst. Die Menschen haben diesen tiefsten oder innersten Punkt in sich verschieden benannt: In der Tiefe ist Gott, ist die Wahrheit, das absolute Ich, das totale Unberührtsein, die Entselbstung, das Nichts. Glauben wir all denen, die an diesem inneren Punkt angekommen sind, liegt in ihm die Erhabenheit der größtmöglichen Freiheit.

4. *Das Ergriffensein von Musik.* Musik hat die Fähigkeit, die Sinne des Menschen zu erregen und dadurch Stimmung zu erzeugen, in denen der Mensch tief ergriffen ist. Schon die ekstatischen Rhythmen der Urvölker entrückten den frühen Menschen in höhere Sphären. Heute spiritualisiert nicht nur Friedrich Händels HALLELUJA aus dem MESSIAS die Zuhörer, sondern auch Marius Müller-Westernhagens FREIHEIT inmitten von 60.000 Fans oder

---

18 FAUST 2. Teil, 5. Akt, Großer Vorhof des Palasts, Zeile 11581 ff.

eine mitreißende Rock-Percussion wie einst in den 70er Jahren in dem legendären psychedelischen IN-A-GADDA-DA-VIDA von Iron Butterfly.

5. *Das Begreifen des Universums.* Schon immer war der Kosmos für die Menschen voller Faszination, egal ob sie das Funkeln der Sterne betrachteten, ob sie die Sterne als Löcher im Firmament sahen, hinter denen das Weltfeuer brannte, oder ob sie die Sterne als geheimnisvolle Zeichen der Götter deuteten. Immer haben die Menschen die Unendlichkeit des Himmels in religiöser Ehrfurcht zu verstehen versucht. Ihr Staunen war immer ein religiöses Ergriffensein, in dem die Größe der Schöpfung die noch viel gewaltigere Größe des Schöpfers widerspiegelte. Dem Schöpfer galt das menschliche Erschaudern. Auch heute noch ergreift die meisten Menschen eher das, was sie angesichts des Kosmos transzendent glauben, als das, was sie immanent sehen.

Das Faszinosum aber ist – über allen religiösen Glauben hinaus – das, was der Mensch mit seinem Verstand als Kosmos sehen und begreifen kann.

[4] Kosmische Erhabenheit

Nur das menschliche Gehirn stellt sich Fragen über sich selbst und damit über seine Herkunft und seine Entwicklung, über seine Umwelt und dessen Veränderungen. Seit 350 Jahren erschließt sich der Mensch mit seinem Verstand – erst in kleinen Schritten und dann immer rasanter – die Idee eines unendlichen Raumes mit einer ungeheuer komplexen materiellen Seinsstruktur.

Zur Erkundung dieses unendlichen Universums sind für den Menschen heute die Augen die Teleskope, die Ohren die Radioteleskope, die Fingerspitzen die Greifarme der Sonden, die Zungen deren automatischen Labore, Meisterwerke menschlicher Technik, mit denen wir Menschen den Kosmos zu durchforschen suchen. Schneller als es die biologische Evolution vermocht hätte, erlaubt uns die kulturelle Evolution die Reise durch das All mit faszinierenden Ausblicken in die Tiefe zurück bis fast an den Anfang vor fast 14 Milliarden Jahren. Dabei geben vor allem auch die faszinierenden Bilder[19], die uns das Hubble-Teleskop und die Raumsonden vermitteln – einen Eindruck von der erhabenen Größe und Schönheit unserer Welt:

Ein interstellarer Nebel, gewaltige Wolken aus vorwiegend Wasserstoff, stand einst am äußeren Rand unserer Galaxie. Er war größer als unser heutiges Sonnensystem über die Planetenbahnen hinaus. Vielleicht die Explosion einer Supernova, eines Supersterns, brachte die Wolken ganz langsam in Bewegung, bis sie unter der eigenen Schwerkraft kollabierten. Sie brachen in sich zusammen und setzten ungeheure Massen von Materie frei. Einer der Masseknoten geriet dabei vor 4,6 Milliarden Jahren mit immer größerer Geschwindigkeit in Rotation und formte sich so zu einem riesigen Gasball, der fast vollständig aus Wasserstoff bestand:

unsere Sonne. Sie ist kein riesiger Stern. Es gibt viel größere, etwa die blauen Überriesen. Die sind bis zu 100 Mal größer[20] mit einer Oberflächentemperatur bis über 38.000 Grad. Unsere Sonne als mittelgroßer gelber Stern ist immerhin so groß, dass eine Million Erden in sie hineinpassen würden. Ihre Außentempera-

---

19 Zwei großartige Bildbände: DAS ALL, Mary K. Baumann u.a. München 2005. – DAS UNIVERSUM. DIE GROSSE BILDENZYKLOPÄDIE mit 2500 Fotographien und Illustrationen, Martin REES (Hg.), Starnberg 2006. Zum einfachen Einstieg ist immer noch sehr empfehlenswert, weil bestens lesbar: Hubert Reeves u.a., DIE SCHÖNSTE GESCHICHTE DER WELT. VON DEN GEHEIMNISSEN UNSERES URSPRUNGS, Bergisch-Gladbach 1998.
20 Die größte Sonne in unserer Heimatgalaxie, der Stern Eta Carinae, hat die unvorstellbare Leuchtkraft von 4,7 Millionen Sonnen unserer Sonnengröße.

tur beträgt allerdings nur etwa 5.700 Grad. Das reichte gerade, um den Wasserstoff zu einer atomaren Kernfusion zu entzünden. Folglich erzeugt die Sonne Energie aus Wasserstoff, der dabei zu Helium verschmilzt. Die erzeugte Kernenergie braucht über eine Million Jahre, um aus dem Inneren der Sonne an die Oberfläche zu kommen und verströmt dann von dort enorme Energiemassen ins Weltall, so weit ihre Lichtstrahlen reichen.

Innerhalb des Wirkungskreises der Sonne liegen ihre Planeten, die schon mit der Entstehung der Sonne entstanden sind und sie seitdem auf je eigenen Bahnen umkreisen. Dieses Planetensystem wird durch die Gravitationskraft in einem exakten Gleichgewicht zusammengehalten und ist damit stabil. Die Planeten selbst sind sehr unterschiedlich. Merkur, Venus, Erde, Mars sind *Gesteins-*, Jupiter, Saturn, Uranus, Neptun sind *Gasplaneten*. Fast alle Planeten haben Monde, Jupiter hat allein 63. Unsere Erde bildet eine völlige Ausnahme durch die Tatsache, dass auf ihr lebende Natur entstanden ist und sich in immer größerer Vielfalt entwickelt hat bis hin zur Spitze Mensch, der als einziges Lebewesen sich selbst und den Kosmos reflektieren kann. Mit unserer Erde und den anderen Planeten schwebt unsere Sonne in *unserer Heimatgalaxie, der Milchstraße*, einem Meer von 150 bis 200 Milliarden anderer ähnlicher Sonnensysteme. Alle diese Sonnensysteme drehen sich wie ein Rad um eine innere Radnabe, kreisen also um einen Mittelpunkt. In diesem Zentrum mit einer Temperatur von über einer Million Grad liegt eine ungeheure Masse von heißen Sonnen. Sie sind bis zu zwölf Milliarden Jahre alt, also viel älter als unsere Sonne. Spät hinzugekommen, liegt unsere Sonne weit außerhalb auf einem Spiralarm am Rand. Um einmal den galaktischen Mittelpunkt zu umkreisen, braucht sie über 225 Millionen Jahre. Sie gehört mit unserer Heimatgalaxie Milchstraße zu dem Gesamtsystem der

bis zu 200 Milliarden Galaxien unseres Weltraums. Rund
200 Milliarden Galaxien also mit je 200.000 bis zu 3.000 Milliarden Sonnen pro Galaxie mit Planeten und Monden. Jemand
hat errechnet, dass die Gesamtmenge der Sonnen aller Galaxien
größer sei als die Zahl aller weißen Sandkörner an allen Stränden
der Erde zusammen. Das Weltraumteleskop Hubble hat Aufnah-
men gemacht von den allerersten Galaxien überhaupt, die sich
etwa 300.000 bis 400.000 Jahre nach dem Urknall als erste makrokosmische Ordnungssysteme in vielfältigen Formen als
unser Kosmos entwickelt haben. Er ist vor knapp 13,7 Milliarden Jahren durch eine Energieexplosion, den Urknall, entstanden.
Das Urkosmische ist Energie. Wir kennen vier unterschiedliche
Energien: Schwerkraft, starke Kernenergie, elektromagnetische
Kraft, schwache Kernkraft. Diese unterschiedlichen Energien
sind vor dem Urknall in einer Art Superenergie gebündelt gewesen. Sie waren unter höchsten Temperaturen so auf engstem
Raum zusammengepresst, dass die gesamten stellaren und inter-
stellaren Massen unseres Weltraums in einen Raum nicht größer
als eine Streichholzschachtel hineinpassten. Diese geballte Energie ist explodiert und hat sich in weniger als einer Billionstel
Sekunde ausdifferenziert und dabei die elementaren Bausteine
der materiellen Welt entstehen lassen.

Seitdem breitet sich das Weltall in Lichtgeschwindigkeit von
300.000 Kilometern pro Sekunde aus. Das ergibt vom Urknall-
Zentrum aus[21] in unsere Zeit hinein einen Weltraum nach allen
Seiten von 300.000 Kilometern x 60 (Sekunden) x 60 (Minuten)
x 24 (Stunden) x 365,42 (Tage) = 1 Lichtjahr = 9,467 Billionen

---

21 Viele denken den galaktischen Urknall von einem Ausgangspunkt linear. Doch
der Urknall liegt im Mittelpunkt des Kosmos wie die Sonne im Mittelpunkt des
Sonnensystems und breitet sich in alle Richtungen kugelförmig aus. Die berech-
nete Lichtstrecke ist also nur der Radius der Kosmoskugel.

Kilometer x 13,7 Milliarden (Jahre) = 1 Milliarde mal über 130
Billionen Kilometer, ein Raum, der immer noch expandiert und
dabei das Universum mit allen Galaxien in einen offenen Raum
auseinandertreibt. Doch neben unserem *Heimatkosmos* könnten
noch **unzählige andere Kosmen**[22] bestehen und immer neu entstehen. Immer stärker festigt sich die Annahme, dass unser Urknall
aus einem Raum heraus geschehen ist, aus dem heraus auch andere „Urknalle" geschehen sein könnten. Unser Urknall wäre
dann nur ein Urknall unter vielen möglichen. Das würde bedeu-
ten, dass unser Kosmos nicht der einzige Kosmos ist, sondern
dass vor und außerhalb unseres Kosmos noch andere Kosmen
bestehen oder entstehen können. Das macht ein
Superuniversum denkbar um unseren Kosmos herum. In ihm
könnten unsere Naturgesetze anders funktionieren oder gar andere Naturgesetze herrschen. Denn die Naturprinzipien unseres
Kosmos haben sich erst nach den ersten 300.000 Jahren mit dem
Aufbau der Atome verfestigt. Als Parallelbeispiel: Es gibt grundsätzlich zwanzig Aminosäuren, vier von ihnen bilden die Grundsubstanz des irdischen Lebens. Diese Grundsubstanz könnte aus
anderen Aminosäuren zusammengesetzt sein als aus unseren
vier. Dann würde von Grund auf ein völlig anderes Lebenssys-
tem mit andersartiger Genomik entstehen. Derartige Verschie-
bungen wären gerade auch im Grundlagenbereich des Aufbaus
der Materie zu Atomen und zu Elementen und zur gesamten Mo-
lekularstruktur denkbar.

Zumindest aber in unserem Kosmos insgesamt scheinen die
gleichen Naturgesetze zu gelten, deren Totalität wir allerdings

---

22 Dies ist eine Hypothese der Kosmologen aufgrund wissenschaftlicher Schlussfolgerungen aus konkreten Daten, kein Glaubenssatz. Wissenschaftliche Hypothesen
sind jederzeit zu falsifizieren. Dazu oben Seite 97 ff., 104 f.

noch lange nicht kennen[23]. Sicher ist wohl, dass da, wo sich ein Naturgesetzmodell durchgesetzt hat, alle anderen möglichen Modelle total unterdrückt werden. Das ist dadurch bedingt, dass sich aus dem Urknall heraus ein physikalischer Determinismus entwickelt hat, durch den innerhalb der ersten 300.000 Jahre die Atome geschaffen wurden und mit ihnen eine unabdingbar einheitliche Struktur der Elemente. Sie bilden von Anfang an die mikrokosmische Grundstruktur der Materie und garantieren damit die globale Einheitlichkeit des Universums.

Aus ihr heraus entwickelte sich eine kontinuierliche Evolution der Materie zu immer größerer Komplexität, das bedeutet: Aus dem größtmöglichen Unordnungszustand der Materie (Entropie) sind immer neue Ordnungszustände entstanden, die sich zu immer umfangreicheren und höheren Ordnungsstufen entwickelt haben und entwickeln. Evolution lässt sich also beschreiben als die Schaffung von materiellen Ordnungen aus chaotischen Unordnungen, Ordnungen in immer komplexeren Formen.

Der uns bekannte höchste Ordnungszustand ist der Mensch. In der 4,6 Milliarden Jahre langen Evolutionsgeschichte der Erde hat sich der Mensch zum *homo sapiens* entwickelt. Er steht zurzeit an der Spitze der uns bekannten Welt. Doch die Evolution läuft nicht nur auf der Erde weiter. Die NASA hat vor kurzem veröffentlicht, dass kosmosweit über 38.000 Planeten der Erde ähnliche Voraussetzungen für Leben haben könnten. Es ist deshalb anzunehmen, dass in der naturgesetzlichen Entwicklung der Materie auch außerhalb der Erde menschliches Leben auf niedrigerem oder sogar viel höherem Niveau entstanden ist.

---

23 80% im Weltall ist *Dunkle Materie*, die bisher nicht erklärt ist. Ähnliches gilt für die *Dunkle Energie*, eine der Schwerkraft entgegengesetzte Kraft.

Der Kosmos und ich, der Mensch:

Mit Sokrates haben wir unser Fragen nach unserer Welt und nach uns selbst begonnen. Sokrates folgend haben seither viele gedacht, zum Beispiel Descartes mit seiner Frage: *Bin ich eigentlich überhaupt?*
– *Cogito, ergo sum – ich denke, also bin ich.* So folgerte Descartes und sicherte sich damit die Erkenntnis, dass er als Mensch, als Ich, wirklich existiert.
– *Cogitavi, ergo fui – ich habe gedacht, also bin ich gewesen,* füge ich hinzu. Descartes' Erkenntnisgewissheit in die Vergangenheit des Ich gelegt, beweist, dass ich in dieser Welt denkend existiert habe: Ich bin ein winziger Teil in diesem Kosmos gewesen. Ich habe diesen Kosmos für einen Augenblick berührt, ihn in meinen Möglichkeiten erkannt, ihn gedacht, ihn erlebt und gelebt. Dieser Augenblick der geistigen Berührung des Seins war die Erhabenheit meines Menschseins, meines Ich. Ich war Paul Schulz. Das begeistert mich.

Jeder von uns trägt seinen eigenen Namen, ist eine eigenständige Identität in dieser Welt mit vielen Möglichkeiten mit zu denken, mit zu sprechen, mit zu leben. Doch nicht auf die große Nummer kommt es an, sondern auf die persönliche Verlässlichkeit – und sei es im Kleinsten und im Verborgenen. Gerade der autonome Mensch kann sich selbst im Guten treu bleiben.

[5] Atheistisches Manifest 31 – 35

Die Nützlichkeit des Schönen
Lebensfreude bis zum Tod
[Zur Frage der Spiritualität]

(31)

1. In dem Gegensatzpaar Ethik – Ästhetik liegt ein ursächlicher Konflikt:

    – *Ethik ist existentiell:* Sie ist der Kampf für das Gute und Humane, gegen das den Menschen Bedrohende, gegen das Unmenschliche.

    – *Ästhetik ist ontologisch:* Sie ist die Kunst des Schönen. Sie hält fest an Harmonie, an Proportionen und an Ordnung.

2. Theodor Adorno hatte nach dem Zweiten Weltkrieg diesen Konflikt zwischen Ethik und Ästhetik heraufbeschworen mit seinem berühmten Satz: *Nach Auschwitz ein Gedicht zu schreiben ist barbarisch.* Er diskutierte damit nicht das Böse, sondern angesichts des Bösen den Wert des *Guten* und des *Schönen*, den Gegensatz zwischen *Ethik* und *Ästhetik*.

3. Die Renaissance hatte den Konflikt zwischen Ethik und Ästhetik damals mit ihrem neuen Kunstverständnis zu lösen versucht mittels der säkularen Gleichung *Das Gute ist das Schöne, das Schöne ist das Gute.*

4. Der Maler Francesco Goya zerstörte diese Symbiose. Das Gute als das Schöne erwies sich ihm als völliger Fehlansatz, weil es

das Hässliche prinzipiell ausschloss. Die Frage seiner Revolutionsbilder war: Welche Bedeutung hat das Gute im Menschlich-Hässlichen, im Leben der Armen und Verelendeten.

5. Ähnlich hat Picasso seine Malerei verstanden. Mit dem Analytischen Kubismus zerlegte er den schönen Schein der Wirklichkeit, um das wirklich Menschliche hinter der Form zu finden. Nach ihm haben viele Maler der Moderne mit ihren Bildern das Wirkliche, speziell das Menschliche, nicht im Schönen, sondern vor allem auch da gesucht, wo es am meisten gefährdet ist, im Nichtschönen, im Menschlich-Hässlichen.

(32)
1. Der Mensch heute ist auf der untersten Stufe der säkularen Realität und damit auf dem Boden krasser Tatsachen angekommen. Die tägliche Nachrichtenflut zeigt immer neue Bilder einer hässlichen Welt an allen Enden der Erde.

2. Bei der Suche nach dem Humanum in unserer modernen Welt ist die Ästhetik trügerisch geworden. Sie erscheint als kommerzgesteuertes Zerrbild des Schönen weitgehend als negative Kraft des Nichtguten. Sie spaltet die Gesellschaft

– *in oben schön:* Wo die gesellschaftliche Ästhetik herrscht, ist die schöne Welt der Privilegierten. Ihre exklusive Ästhetik ist ohne Ethik für die generelle Gesellschaft.

– *und unten hässlich:* Wo die Armut herrscht, ist nichts Schönes. Armut ist auch der Mangel an Teilhabe am Schönen. Der Entzug des Schönen macht das Leben zu einem Getto des Hässlichen.

3. Im Kampf gegen das Menschlich-Hässliche in der Welt, im Kampf gegen die Armut, braucht unsere Welt eine humane Ethik gegen die Vorherrschaft der kapitalistischen Ästhetik.
Adornos Herausforderung damals formuliert sich heute adäquat so:
Angesichts zunehmender Verarmung in unserer Gesellschaft und angesichts der Verelendung breiter Massen in vielen Völkern ist der unglaubliche Luxus und der Glamour des Schönen einer vom Kapitalismus gesteuerten Oberschicht barbarisch.

4. Der Kampf gegen die gesellschaftliche Ästhetik erscheint fast aussichtslos. Deshalb gilt es, vor diesem Hintergrund eine Theorie der persönlichen Ästhetik zu entwickeln, die die Nützlichkeit des Schönen als Anspruch jedes einzelnen Menschen definiert.

5. In diesem Sinne meine These einer *Kritischen Ästhetik:*
Die Nützlichkeit des Schönen ist der Lebensanspruch jedes Menschen. Die Ästhetik hat dann einen positiven Sinn, wenn sie zusammen mit einer nützlichen Ethik zu einer persönlichen Gestaltungskraft des eigenen Lebens wird und damit für den Betrachter zu einer positiven Provokation zum Leben.

(33)
1. Alle Wahrnehmungen sind sinnlich. In Sekundenbruchteil leiten die Sinne die Reize der Außenwelt in die Schaltzentrale des Limbischen Systems mit direkter motorischer Reaktion.

2. Ursächlicher Sinn ist die Unlustvermeidung. Speziell in der Vorzeit musste auch der Mensch alle Sinneskräfte auf die stän-

digen Bedrohungen und das tägliche Überleben konzentrieren, wobei ihm wenig Zeit zur Muße blieb.

3. Heute bietet die Zivilisation dem Menschen einen großen
Schutzraum vor ständiger Bedrohung. In dieser Beruhigungs-
zone liegt der Anstieg der Möglichkeiten zum Lustempfinden.
Seine Sinnlichkeit ist dadurch stärker auf positive Reize, auf
Körperfreuden und Wohlempfinden ausgerichtet.

4. Die alten Griechen nannten die positiven Reize der Sinne
Eros, nicht die Sinne selbst, sondern das, was die Sinne positiv
in Bewegung setzen. Die positiven Reize bilden die Fülle der
Sinnlichkeit und damit des positiv Erlebbaren. Der Einklang
der Sinne ist dabei der höchste Eros, eine Hochstimmung, eine
zufriedene, eine gar glückliche innere Gemütsstimmung.

5. In unserer Zeit hat sich ein befreiender gesellschaftlicher
Wandel vollzogen. Mit ihren erotischen Wünschen, Bedürfnissen und Empfindungen haben die Menschen lange gültige Verhaltensnormen der Gesellschaft zur Erotik zerbrochen,
speziell in zwei Bereichen:

– *Die Erotik der Frau:* Die Frau hat sich aus der Dominanz des
Mannes freigekämpft. Sie hat in den letzten fünfzig Jahren
ihre eigenen sexuellen Erlebnisse und erotischen Phantasien
offengelegt und damit eine Lawine der Liberalisierung und
Emanzipation ausgelöst.

– *Die Erotik des Alters:* Die Generation der Jetzt-Senioren hat
seit kurzem die Erotik des Alters entdeckt. Auch hier entwickelt sich gerade für die reifere Frau eine völlig neue Lebens-

qualität einschließlich der Erfahrung erfüllter Sexualität: Die
reife Frau als attraktiver sinnlicher und geistiger Gegentyp zur
Jugend. Gerade im Alter ist die Erotik nicht – wie in der Jugend – triebhaft auf Sexualität zugespitzt. Erotik ist bis ins hohe Alter erfahrbar als eine vitale Sinnlichkeit. Sie gibt Sinn für alle Sinne
und damit für das Bewusstsein, die Vielfalt des Schönen mit
höherer Empfindsamkeit als Lebensfreude wahrzunehmen.

(34)
1. Der Spiritualität liegen die höchsten Empfindungswerte zugrunde, das, was einen Menschen am tiefsten und nachhaltigsten bewegt, das Bewusstsein, sich selbst zu überschreiten,
   über sich selbst hinauszuwachsen.

2. Auch die Erfahrungen des Erhabenen sind natürlich sinnlich. Auch alle Reize der sogenannten Spiritualität kommen
   ausschließlich von außen über die Sinne nach innen. Es gibt
   keinen religiösen spiritualen sechsten sinnlichen Zugang ins
   menschliche Bewusstsein.

3. Im Denkhirn sind die Gedanken frei, Dinge beliebig zu denken, zu erfinden, zu projizieren. Eine solche Projektion sind
   Gott und alle Religionsvorstellungen. Aus dieser persönlichen
   Vorstellungswelt entsteht auch die Spiritualität des Menschen.

4. Dabei verdichten sich die tiefsten Erfahrungen in einer persönlichen Spiritualität, einem Bewusstsein, in dem ein fort-
   dauernder Einklang besteht zwischen den Sinneswahrnehmungen und der geistigen Bewertung.

5. Einklang zwischen den Sinneswahrnehmungen und der geistigen Deutungskraft liegt meist in fünf Grundelementen:

– *Freundschaft:* Ihr tiefster Erfahrungswert ist die Selbstlosigkeit des Ich für das Du, Grundwert des Humanum.

– *Schöpferische Kraft:* In seiner Schaffenskraft erlebt sich der Mensch in Extremsituationen an der Grenze seiner Leistungsfähigkeit, Basis höchster Selbstbestätigung.

– *Selbsterfahrung des Ich:* Auf der Suche nach sich selbst versenken sich Menschen in die mystische Stille ihrer selbst, um alles Äußere von sich abfallen zu lassen.

– *Das Ergriffensein von Musik:* Musik hat die Fähigkeit, im Menschen eine Stimmung tiefer Ergriffenheit zu erzeugen, in der er sich oft wie dem Irdischen entrückt empfindet.

– *Das Begreifen des Universums:* Der Kosmos war und ist dem Menschen immer eine einzigartige Faszination seines Daseins.

(35)
1. Unser Kosmos ist vor 13,7 Milliarden Jahren durch eine Energieexplosion (Urknall) entstanden, aus der heraus sich der Weltraum entwickelt hat. Es könnte sein, dass diese Explosion aus einem Raum heraus erfolgte, in dem viele Kosmen bestehen oder durch Urknall entstehen können. Unser Kosmos wäre dann innerhalb eines Superuniversums nicht der einzige Kosmos.

2. Der makrokosmische Raum des Universums beinhaltet bis zu 200 Milliarden Galaxien, jede Galaxie im Schnitt mit 200 Milliarden Sonnensystemen mit Planeten und Monden. Eine der Galaxien ist unsere Milchstraße.

3. Unsere Heimatgalaxie Milchstraße hat etwa 200 Milliarden Sonnensysteme. Diese Sonnensysteme drehen sich um den Mittelpunkt der Galaxie. Erst spät, vor 4,6 Milliarden Jahren, ist unsere Sonne mit ihren Planeten dazugekommen.

4. Unser Planet Erde bildet im All bisher eine völlige Ausnahme, weil allein auf ihr Natur entstanden ist und sich in immer größerer Vielfalt entwickelt hat bis hin zur Spitze Mensch. Doch die Evolution läuft nicht nur auf der Erde. Es ist deshalb als sicher anzunehmen, dass in der naturgesetzlichen Entwicklung der Materie auch außerhalb der Erde menschliches Leben auf niedrigerem oder sogar viel höherem Niveau besteht.

5. Der Mensch existiert in diesem Kosmos als bewusstes Ich mit der Möglichkeit, den Kosmos zu denken, zu erkennen, zu erleben. Dieses Ich ist nur ein winziger Teil in der Geschichte des Kosmos, aber mit der Erhabenheit des Menschseins, den Kosmos denkend zu berühren.

Anhang

Personenregister